21 世纪海上丝绸之路研究丛书

统计学视角下的“21 世纪海上丝绸之路”

RESEARCH ON THE "21ST CENTURY MARITIME SILK ROAD" FROM THE PERSPECTIVE OF STATISTICS

王婷婷　著

社会科学文献出版社
SOCIAL SCIENCES ACADEMIC PRESS (CHINA)

序

当今社会，世界格局正在发生复杂变化，世界经济全球化、区域经济一体化进程加速，世界经济也面临转型升级的关键阶段。但国际金融危机爆发以来影响了世界经济的复苏，中国的稳定发展对世界范围内的经济形势有重大的影响，世界经济的发展需要进一步激发区域范围内的合作潜力。而中国的发展同时也需要和平稳定的国际环境，更需要和谐繁荣的周边环境。从国内来看，一方面，改革开放 30 多年后，改革步入深水区，中国各方面需要作出重大调整和变革。另一方面，中国 30 多年改革开放带来的经济飞速发展使得中国成为世界能源进口和消费大国。但目前单一的能源进口来源和运输渠道，为经济发展带来隐患。因此，“一带一路”倡议应运而生，这是针对世界形势深刻变化、统筹国内外宏观局势所提出的重大决策，其中的“21 世纪海上丝绸之路”倡议属于该倡议的重要子命题之一。海洋是各国经贸文化交流的天然纽带，“21 世纪海上丝绸之路”是在全球政治、贸易格局不断变化的形势下，中国连接世界的新型贸易之路。所以，对“海上丝绸之路”非结构化数据和结构化数据的挖掘与研究具有重大的现实意义。

本书在梳理有关研究成果的基础上，建构自身的研究体系，分别从关于“海上丝绸之路”方面的非结构化数据和结构化数据入手，研究相关重大命题。在非结构化数据分析方面，分别从 CNKI 数据资源平台抓取有关“海上丝绸之路”的科技论文文本数据，以及新闻门户网站上有关“海上丝绸之路”主题的新闻文本数据，对其进行数据清洗、降维、建模工作。

并在此基础上分析词频、构建可视化词云图以及 LDA 主题模型下的文本主题识别工作。本书为此类问题的研究提供了新的技术手段和研究视角，并对非结构化文本数据的解读等提供宏观认知与把握。在结构化数据分析方面，根据研究内容和对象的不同，分别采用拓展的引力模型、动态面板模型、含有“非期望产出”的博弈交叉 DEA 模型等基于“海上丝绸之路”的研究视角，考察中国“海丝”沿线省份与“海丝”沿线国家的贸易影响因素、中国与“海丝”沿线国家的贸易、汇率波动对中国对外直接投资的影响以及中国与“海丝”沿线国家的能源合作等关于“21 世纪海上丝绸之路”建设中相对重要和值得关注的问题。希望本书在方法和研究成果上，对后续“海上丝绸之路”问题的研究具有一定的借鉴意义。

最后，感谢“华侨大学海上丝绸之路研究基金项目”（编号：HSZD2014-15）对本书的资助！同时感谢秦琳杰、韩满、王鸿源、王燕凤、程思涵、谢堤芸等同学对本书写作所作的贡献。

王婷婷

目录
Contents

第一章　绪论

第一节　丝绸之路古与今

早在 2000 多年前，分布在亚欧大陆上的人民，艰苦卓绝、勇于探索，打通了多条连接亚欧非地区几大文明古国的贸易、人文交流通道，这几条通道被历史学家统称为“丝绸之路”。丝绸之路所秉承的“和平合作、开放包容、互学互鉴、互利共赢”精神千百年来薪火相传，不但推动了人类文明的进步，还成为东西方交流合作的象征，并促进了沿线各国的繁荣发展。丝绸之路成为世界各国共有的历史文化遗产，并在 21 世纪被赋予新的历史使命和人文内涵。

2013 年 9 月和 10 月，中国国家主席习近平分别提出共建“丝绸之路经济带”和“21 世纪海上丝绸之路”的合作倡议，两者合起来称为“一带一路”（the Belt and Road，B&R）。

当今世界正发生复杂深刻的变化，国际金融危机深层次影响继续显现，世界经济缓慢复苏、发展分化，国际投资贸易格局和多边投资贸易规则酝酿深刻调整，各国面临的发展问题依然严峻。在这种情况下，共建“一带一路”顺应世界多极化、经济全球化、文化多样化、社会信息化的潮流，“一带一路”倡议秉持开放的区域合作精神，致力维护全球自由贸易体系和开放型世界经济。共建“一带一路”旨在促进经济要素有序自由流动、资源高效配置和市场深度融合，推动“一带一路”沿线各国实现经济政策协调，开展更大范围、更高水平、更深层次的区域合作，共同打造开放、包容、均衡、普惠的区域经济合作架构。共建“一带一路”符合国际社会的根本利益，彰显人类社会共同理想和美好追求，是国际合作以及全球治理新模式的积极探索，将为世界和平发展增添新的动力。

共建“一带一路”致力亚欧非大陆及附近海洋的互联互通，建立和加强沿线各国互联互通伙伴关系，构建全方位、多层次、复合型的互联互通网络，实现沿线各国多元、自主、平衡、可持续的发展。“一带一路”的互联互通项目将推动沿线各国发展战略的对接与耦合，发掘区域内市场的潜力，促进投资和消费，创造需求和就业，增进沿线各国人民的人文交流与文明互鉴，让各国人民相逢相知、互信互敬，共享和谐、安宁、富裕的生活。

当前，中国经济和世界经济高度关联。中国将一以贯之地坚持对外开放的基本国策，构建全方位开放新格局，深度融入世界经济体系。推进“一带一路”建设既是中国扩大和深化对外开放的需要，也是加强和亚欧非及世界各国互利合作的需要，中国愿意在力所能及的范围内承担更多责任义务，为人类和平发展作出更大的贡献。

一　古代丝绸之路的缘起

据历史资料记载，公元前139年和公元前119年，西汉张骞从长安出发，两次出使西域，打通了横贯欧亚的内陆交通，并成功地掀开了东西方之间最后的珠帘。因西运货物以丝绸制品影响最大，中外史学家将其命名为“丝绸之路”——连接亚欧大陆的交通大动脉，中国、印度、希腊三种不同文化融合的桥梁和纽带。将“丝绸之路”作为抽象名词提出的是一位德国人。1877年，德国地理学家李希霍芬在他的《中国》一书中首次提出“丝绸之路”：“从公元前114年到公元127年，中国与河间地区以及中国与印度之间，以丝绸贸易为媒介的这条西域交通路线。”① 不过，他书中的丝绸之路仅指汉代时中国与中亚、印度之间的商贸交通线。30多年后的1910年，德国历史学家赫尔曼在他的《中国和叙利亚之间的古丝路》中，将这条线路延展至地中海及小亚细亚，使丝绸之路的长度超过了7000公

① 李希霍芬：《中国——亲身旅行和据此所作研究的成果》，德文版。

里，这也就是我们现在所说的“丝绸之路”。

“丝绸之路”起源于文明的差异性和人类皆有的好奇心。远古的人类在不同的地理环境下，发展不同的文明，形成不同的思想与文化，创造不同的生产与生活方式，生产不同的产品。古代东西方之间虽然交往困难，但毕竟通过种种直接或间接的渠道相互知晓，进而互相吸引。

古代中国的政治、经济中心长期在北方，因而最早的东西交通是沿陆路发展起来的。我国西北边疆地区的居民，为发展丝绸之路作出了重要贡献。我国北方邻近蒙古草原，草原牧民过着游牧的生活，因而他们的活动范围与信息传播的距离远大于与之相邻的汉地农耕区。他们所驯化的马匹，使人类得以利用畜力，日行数百里。同时，从蒙古草原到东欧之间，没有难以逾越的地理障碍。因此总体来讲，蒙古草原的游牧民族拥有更多的遥远文明的消息，有着更便利的交往的能力与条件。我国西部是沙漠绿洲区域，这里的古代居民驯化了适宜在荒漠中行走的骆驼。绿洲居民因为当地经济规模有限，自古就有经商的传统。而星罗棋布的绿洲则成为长途旅行的天然中继站，为远客提供了歇息、补充饮食、就地贸易交换，以及获取更远地域知识的条件。生活在黄河流域的上古居民，在干旱少雨的自然环境下，发展出以粟为代表的旱作农业。而生活在长江中下游地区的上古居民，则利用当地的野生稻资源，发展出稻作文化。这里降水充沛，是宜农的自然环境，使上古居民能够在使用简陋工具的条件下获得稳定的收获，因此其土地承载人口的能力，远高于与之相邻的北部荒漠草原地区，人口繁衍的速率高，很早就形成了规模巨大的人口-经济复合体。在农业经济时代，这里异于其他地区之处还有高度的社会组织能力、高度发达的手工业，以及优越的经济体制。古代中国人口与经济的体量及社会的富裕，造就了旺盛的内需，使古代中国成为海外商品极为重要的吸纳地，为各国提供了巨大的市场。丝绸之路加强了中原地区与西域的交流往来，是陆路通往西方的必经之路，遍布丝绸之路两侧的大小绿洲城郭，是来往商贾进行贸易活动和贸易联络的处所，从这里的互助集市贸易中既能看到来自中原地区的物产，也可看到远道而来的舶来品，商品的流通促进了经济的发展、多边贸易的增多，又推动了整个地区的经济发展，同时促进了该地区的经济繁荣。

据《汉书·地理志》记载，海上丝绸之路的雏形在秦汉时期就已经形成，这是到目前为止有关中外海上交流的最早史料。但在唐朝中期之前，中国对外贸易交流的主要通道依然是从长安出发的陆上丝绸之路。由于唐朝后期出现的战乱等，中国经济中心逐渐南移，海上丝绸之路逐渐取代了陆上丝绸之路，成为当时中国联通外界的主要贸易通道。海洋虽然隔开了各国，但当勤劳智慧的古代中国人民掌握了造船技术和航海技术以后，它便成为无远不至的通途。于是，除了陆上丝绸之路外，古人进一步开通了海上丝绸之路，它在古代中外发展史上发挥着重大作用。古代中国人民通过增进船舶的适航性、提高海运的经济性、改进导航技术，以及利用自然动力，克服海洋障碍，发展远洋交通，促进了各国之间的物质和文化的相互交流、传播。尤其在宋元时期，中国造船技术和航海技术的大幅提升以及指南针的航海运用，全面提升了商船远航能力。这一时期，中国同世界60多个国家有着直接的海上丝绸之路商贸往来。

关于海上丝绸之路的线路大致如下。从中国东南沿海，经过东南亚各国，穿过印度洋，进入红海，抵达东非和欧洲，成为中国与外国贸易往来和文化交流的海上大通道，并推动了沿线各国的共同发展。中国境内海上丝绸之路主要由广州、泉州、宁波三个主港和其他支线港组成。从3世纪30年代起，广州已成为海上丝绸之路的主港。唐宋时期，广州成为中国第一大港，明初、清初海禁，广州长时间处于“一口通商”的地位，是世界海上交通史上唯一的2000多年长盛不衰的大港；宋末至元代时，泉州成为中国第一大港，并与埃及的亚历山大港并称“世界第一大港”，后因明清海禁而衰落，泉州是唯一被联合国教科文组织承认的海上丝绸之路起点；在东汉初年，宁波地区已与日本有交往，到了唐朝，宁波成为中国的大港之一，两宋时，中国沿海靠北的外贸港先后为辽、金所占，或受战事影响，外贸船运大量转移到宁波。

随着东西方商业贸易的频繁交流，东西方文明的相互影响也日益增多。在物质文化交流的同时，丝绸之路带来的文化成果也绚丽多彩。中国人民和丝绸之路沿线各国人民都是这一历史的创造者，也是丝绸之路的受益者。

二 “21世纪海上丝绸之路”倡议的提出

中国改革开放已经走过了40多年，这些年来改革从农村到城市、从经济领域到其他各个领域全面展开，逐步深化；对外开放的大门从沿海到沿江沿边、从东部到中西部循序打开，全方位推进。中国的发展，不仅使中国人民稳定地走上了富裕安康之路，而且为世界经济发展和人类文明进步作出了重大贡献。

中国虽然地大物博，但其实人均资源的占有量并不高，并不能满足全体人民达到工业化国家生活水平的需要。中国的人口固然众多，但国内市场已经容不下如此巨大的生产力。可以预计，按照目前的状况发展下去，中国对海外原材料与初级产品的需求量将越来越大，工业生产对海外市场的依赖也将越来越大。而对于仍然欠发达的国家来说，如果与中国展开经济合作，能够达到双赢目的。在这个过程中，中国所面临的过剩产能问题也能够得到有效解决。中国转移出一些旧的下游产能，在国内形成新的上游产能，将周边国家原材料与初级产品的优势、广阔市场与中国的经济活力结合起来，有可能形成共同繁荣的远景。中国作为一个人口与经济大国，如同世界上其他大国一样，不但产生了新的国家利益，而且已经产生了世界利益，未来还会有越来越大的世界利益。

共建“21 世纪海上丝绸之路”，是 2013 年 10 月习近平主席访问东盟国家时提出的倡议。古老的海上丝绸之路一直是沟通东西方经济文化的重要桥梁，而东南亚地区自古就是海上丝绸之路的重要枢纽和组成部分。习近平主席基于历史，着眼于中国与东盟建立战略伙伴关系十周年这一新的历史起点，为进一步深化中国与东盟的合作，构建更加紧密的命运共同体，为了双方乃至本地区人民的福祉而提出了共建“21 世纪海上丝绸之路”倡议。“21 世纪海上丝绸之路”的战略合作伙伴并不仅限于东盟，而是以点带线、以线带面，增进同沿边国家和地区的交往。“21 世纪海上丝绸之路”是我国在世界格局发生复杂变化的当前，主动创造合作、和平、和谐的对外合作环境的有力手段，有助于为我国全面深化改革创造良好的机遇和外部环境。

海洋是各国经贸文化交流的天然纽带，“21 世纪海上丝绸之路”，是全球政治、贸易格局不断变化形势下，中国连接世界的新型贸易之路，其核心价值是通道价值和战略安全。尤其在中国成为世界第二大经济体、全球政治经济格局合纵连横的背景下，“21 世纪海上丝绸之路”的开辟和拓展无疑将大大增强中国的战略安全。

中国要想更好地稳步发展经济就需要一个和平、繁荣的周边环境。而“21世纪海上丝绸之路”倡议对维护中国周边地区的和平稳定有很大的作用。“命运共同体”概念的提出也有利于化解中国和周边少数国家的矛盾，从利益共赢、命运共同的角度维护中国和平发展的环境。

在周边形势不稳定，部分国家想将中国排除在合作圈之外时，中国要尝试建立适合自己与世界各国的新的合作体系。虽然共建“21世纪海上丝绸之路”存在一些风险和挑战，但沿线国家加强与中国合作是大势所趋。共建“21世纪海上丝绸之路”应从现有区域合作机制着手，把这些国家和地区串联起来，搭建战略平台，携手重现海上丝绸之路的繁荣，促进沿线国家的经济发展与共同富强。这不仅保证了中国的国际战略安全，还能让沿线国家和中国互惠互利共赢。“21世纪海上丝绸之路”将是中国深化改革、产业升级的一个强大驱动力。同时，通过开辟这一通道，人才、技术、资金等市场要素的交流渠道将得到更大的拓展，大大弥补中国在创新和某些领域的不足，从而为以经济体制改革为主导的全面深化改革提供突破点。

三 “一带一路”倡议响应情况

据不完全统计，“一带一路”沿线国家大多是新兴经济体和发展中国家，总人口约44亿人，经济总量约21万亿美元，分别约占全球的63%和29%。[①] 专家指出，这些国家要素禀赋各异、发展水平不一，互补性很强。建设“一带一路”，有利于中国与沿线国家进一步发挥各自的比较优势，促进区域内要素有序自由流动和资源高效配置。商务部国际贸易经济合作研究院亚非研究所副主任袁波认为，目前中国在产业、技术、资金和市场等方面具备比较优势，可以与“一带一路”共建国家进行双向投资合作，中国不但能够在沿线国家投资设厂，而且可以帮助其产品进入广阔的中国市场。未来，中国应当紧密结合各国各方发展实际，推动实施一批有需求和共识、影响力大、带动性强的重大合作项目，以点带面、从线到片，共

① 《“一带一路”经济总量约21万亿美元 约占全球29%》，https：//www.chinanews.com.cn/cj/2014/10-21/6699000.shtml。

同打造沿线区域合作的贸易流、产业带、联通网、人文圈，以更广范围、更高水平的经贸合作加快推动“一带一路”建设。[①]

自“一带一路”倡议提出之后，中国一直在积极行动。2015年底亚洲基础设施投资银行（简称“亚投行”）正式成立。亚投行的成立标志着丝路基金的落实，这无疑将为“一带一路”建设提供强大的资金支持。截至2014年底，“一带一路”倡议得到沿线50多个国家的积极响应和参与。塔吉克斯坦总统拉赫蒙表示，塔方希望积极参与“丝绸之路经济带”建设，发挥中塔两国的互补优势；斯里兰卡总统拉贾帕克萨强调，他非常赞赏习近平主席提出的建设“21世纪海上丝绸之路”的构想，这一构想与斯方打造印度洋重要海上航运商务中心的设想不谋而合；塞尔维亚政府积极响应“一带一路”倡议，主动提出同中方签署共建“一带一路”谅解备忘录，“一带一路”倡议以基础设施建设为主要建设措施，可同塞尔维亚的需求实现紧密对接。

中国自2013年提出该倡议以来，一直努力推动有效的务实合作。2015年3月28日，国家发改委、外交部、商务部联合发布了《推动共建丝绸之路经济带和21世纪海上丝绸之路的愿景与行动》，该文件从时代背景、共建原则、框架思路、合作重点、合作机制、中国各地方开放态势、中国积极行动、共创美好未来等方面阐述了“一带一路”倡议的建设愿景，[②] 标志着“一带一路”倡议的实施有了更完备的指导方案和准则。

2017年5月14日，第一届“一带一路”国际合作高峰论坛在北京举行。贝尔格莱德平等世界论坛主席日瓦丁·约万诺维奇表示，在北京举行的“一带一路”国际合作高峰论坛是令国际社会高度瞩目的一次盛会，它进一步夯实了“一带一路”沿线各国合作的基础，为未来的互利共赢扩展新的视野。约万诺维奇1998—2000年出任南斯拉夫联盟共和国外交部部长，2000年创建智库“贝尔格莱德平等世界论坛”，并于2005年出任论坛主席。在“一带一路”倡议提出后不久，约万诺维奇便把“一带一路”倡议相关研究纳入贝尔格莱德平等世界论坛的中心工作，为“一带一路”倡议鼓与呼。此外，土耳其总统埃尔多安在“一带一路”国际合作高峰论坛

① 《“一带一路”打造世界最长经济走廊》，http：//www.dlqsyzz.com/104.html。

② 《推动共建丝绸之路经济带和21世纪海上丝绸之路的愿景与行动》，http：//news.xinhuanet.com/world/2015-03/28/c_1114793986.htm。

开幕式上表示，土耳其地处亚欧大陆交会点，因其独特的地理优势，曾在丝绸之路上扮演重要角色。中国的“一带一路”倡议，与土耳其通过安纳托利亚连接欧洲、中亚和中国的“中间走廊”计划相互呼应。英国财政大臣哈蒙德称，英国是中国“一带一路”倡议的天然伙伴，“一带一路”倡议具有“真正的开创性”，英国可以在融资方面为“一带一路”沿线国家的基础设施建设提供支持。澳大利亚 Kokoda 资本集团董事长 Michael Johnson 表示，任何事情都有支持者和批评者，在“一带一路”倡议的推进过程中，要注意回应不同的声音，他认为“一带一路”倡议可以帮助其沿线国家实现持续、稳定的发展。新西兰前总理詹妮·希普莉强调，“一带一路”倡议的重要性在于，其在全球发展需要转型的背景下，提出了新的发展路径，可以确保市场和民生关联在一起，会对人类的未来发展起到非常重要的作用。除此之外，与会各国代表都对“一带一路”倡议表示高度赞赏，称会积极参与“一带一路”的相关合作建设。

（一）我国涉及省份情况

海上丝绸之路由来已久，曾经是东西方经济和文化交流往来的重要渠道。中国国家主席习近平于 2013 年借助这一古老的历史符号提出共建“21 世纪海上丝绸之路”的构想。两年后，国家发改委、外交部和商务部联合发布《推动共建丝绸之路经济带和 21 世纪海上丝绸之路的愿景与行动》，其中明确了我国国内有关涉及“海丝”① 沿线省份以及定位。其中涉及的省份包括上海、浙江、福建、广东、海南、广西。在这些省份中，上海、福建和广东都属于我国比较重要的自贸区建设地区。因此，这些地区在“21 世纪海上丝绸之路”的建设中显得尤为重要，下面对上述地区的相关情况进行分析。

1. 6 个省份地区生产总值情况

上述 6 个省份当中，经济发展程度不一，既有我国经济发展相对较好的地区，如上海、浙江和广东，也有相对落后的地区，如广西、海南。其 2013~2015 年的地区生产总值情况见图 1-1。

---

① 为避免行文啰唆，本书在写作时，把“21 世纪海上丝绸之路”简写为“海丝”，在书中两词混用。此外，“海上丝绸之路”与“21 世纪海上丝绸之路”在分析时会同时使用。

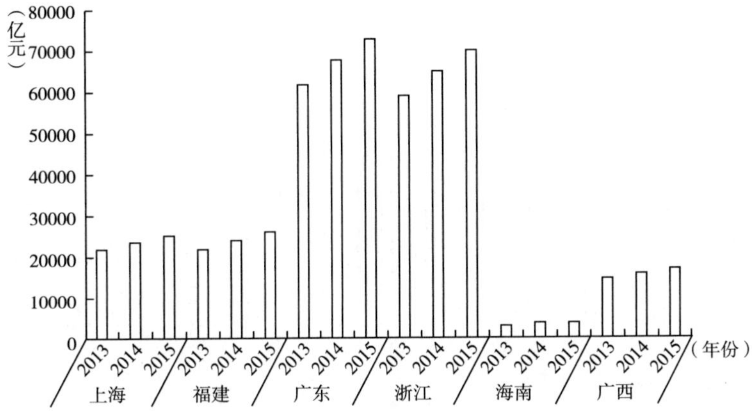

图 1-1 中国“海丝”沿线 6 个省份的地区生产总值（2013~2015）

资料来源：笔者根据中华人民共和国国家统计局编的 2014~2016 年度《中国统计年鉴》的数据制作而成。

图 1-1 反映了中国“海丝”沿线上海、福建、广东、浙江、海南和广西 6 个省份 2013~2015 年的地区生产总值情况。从各个省份的发展趋势来看，2013~2015 年的地区生产总值除了海南省之外，其他地区均出现稳定的上升趋势，其中上升趋势较为明显的地区为浙江和广东两省。从地区生产总值的体量来看，广东历年的地区生产总值都名列第一。第二名是浙江，与广东省差距较小。第三名是上海，与前两个地区存在一定的差距。第四名是福建。广西的地区生产总值处于倒数第二的位置，海南的地区生产总值则位列倒数第一，且与广西有较为明显的差距。以上是沿线 6 个省份的地区生产总值的情况，但由于地区生产总值仅能反映一个地区总体的生产总值的宏观情况，不能反映人均情况，加之以上地区在区域面积和人口数量上存在不小的差异，单用地区生产总值这一指标进行衡量不够全面。因此，以下将从人均生产总值的角度，对这个问题进行衡量。

图 1-2 反映了 2013~2015 年中国“海丝”沿线 6 个省份的人均生产总值的情况。不难发现，这一指标与单纯的地区生产总值所反映的情况并不相同，它从另一种视角去认知上述问题。从 2013~2015 年沿线 6 个省份的人均生产总值来看，上海的优势明显，成为 6 个省份中的第一名，并且比第二名浙江省超出很多。福建省位列第三名，比地区生产总值排名提高了一个名次，而广东省则由第一名跌落至第四名，其人均生产总值略逊于福

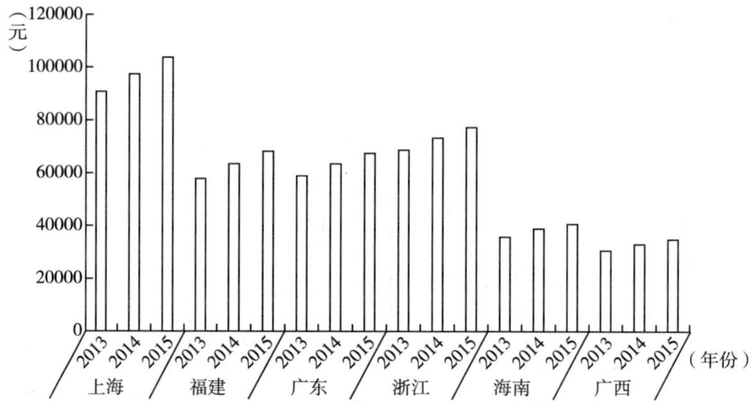

图 1-2　中国“海丝”沿线 6 个省份的人均生产总值（2013~2015）

资料来源：笔者根据中华人民共和国国家统计局编的 2014~2016 年度《中国统计年鉴》的数据制作而成。

建省。值得注意的是，海南的人均生产总值超过了广西，并且每年的人均生产总值数量也出现小幅度的提升。在地区生产总值指标考核下，海南的数额相对偏低，处于末尾。而在人均生产总值指标考核下，广西则处于不利地位。

2. 6 个省份的外商直接投资额情况

自从“21 世纪海上丝绸之路”倡议于 2013 年提出后，我国“海丝”沿线省份与“海丝”沿线国家的贸易往来密切性有所加强。加之各国之间的贸易往来也是“21 世纪海上丝绸之路”中最重要的组成部分之一，因此笔者在考察了国内相关省份的宏观经济情况之后，进一步考察了上述地区与“海丝”沿线国家的对外贸易情况。

图 1-3 显示了 2013~2015 年中国“海丝”沿线 6 个省份各自的外商直接投资额。其中上海的外商直接投资额最高，其次是广东。接下来外商直接投资额较高的地区依次是浙江省和福建省，浙江省 2013~2015 年的外商直接投资额每年在 2000 亿~3000 亿美元，并很有可能在 2016 年突破这一区间的上限。福建省 2013~2015 年的外商直接投资额每年在 1000 亿~2000 亿美元，并在 2015 年已经到达该区间上限。以上所有沿线省份中，广西和海南的表现较为逊色，但也出现不同程度的增长。无论是外商直接投资额最高的上海，还是外商直接投资额较低的海南和广西，随着 2013 年“21

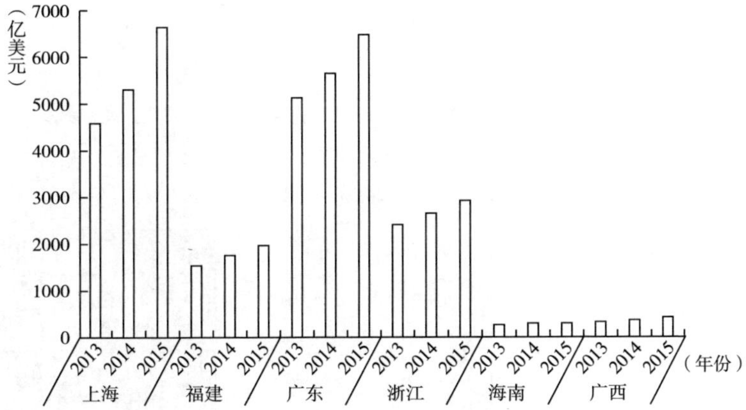

图 1-3 中国“海丝”沿线 6 个省份的外商直接投资额(2013~2015)

资料来源:笔者根据中华人民共和国国家统计局编的 2014~2016 年度《中国统计年鉴》的数据制作而成。

世纪海上丝绸之路”倡议的提出,2013~2015 年,以上地区的外商直接投资额都出现不同程度的增加,其中上海的增幅最为显著。这说明相关政策对“海丝”沿线 6 个省份的外商直接投资都产生了不同程度的促进作用。下面针对样本选取时间段中的 2015 年,考察“21 世纪海上丝绸之路”沿线 6 个省份的外商直接投资额。

图 1-4 显示了 2015 年中国“海丝”沿线 6 个省份的外商直接投资额的占比情况。在“21 世纪海上丝绸之路”倡议提出两年后,我国沿线 6 个省份的外商直接投资额占比情况如下。上海和广东占据了沿线 6 个省份外商直接投资总额的大部分份额,其占比分别为 35.4%和 34.5%。浙江占比为 15.6%,福建占比为 10.5%。广西和海南所占的外商直接投资份额相对较少,前面 4 省份已经占据了 96.0%,剩下的份额中广西占比为 2.3%,海南占比为 1.7%,是 6 个省份中外商直接投资最为薄弱的省份。

3. 6 个省份对“海丝”沿线部分国家的进出口总额

进出口总额由进口总额和出口总额两部分组成,是指进出某一地区的货物总金额,该指标是一个地区或者国家的对外贸易总规模的反映。以下分别考察 2015 年这 6 个省份对“海丝”沿线部分国家的进出口总额情况。

表 1-1 显示了中国“海丝”沿线 6 个省份对“海丝”沿线部分国家的进出口总额情况。从统计数据可以看出中国上述 6 个省份中对“海丝”沿

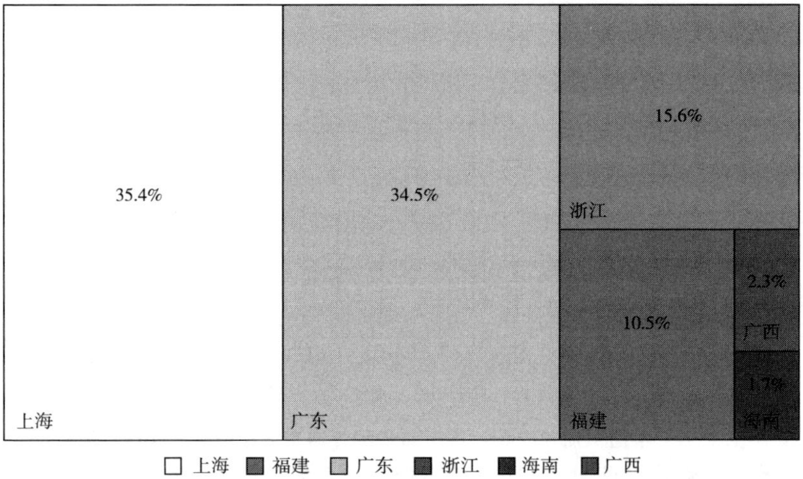

图 1-4 2015 年中国“海丝”沿线 6 个省份的外商直接投资额占比

资料来源：笔者根据图 1-3 数据计算得出。

线部分国家进出口总额最多的是广东，其次是上海、浙江、福建、广西、海南。

表 1-1 2015 年中国“海丝”沿线 6 个省份对“海丝”沿线部分国家的进出口总额

单位：万美元

	上海	福建	广东	浙江	海南	广西
文莱	1510.34	3330.56	103957.87	4364.08	72.09	344.28
缅甸	40607.07	24927.80	191847.57	94646.81	70163.31	13127.17
柬埔寨	46795.87	19784.36	109200.86	87684.45	266.02	4747.17
印度尼西亚	430270.01	420662.18	1443650.39	579024.20	60008.03	73685.94
老挝	26059.33	5425.07	29101.46	16043.54	16.78	1588.93
马来西亚	1432924.05	355690.14	3460133.41	505158.60	21067.26	74425.17
菲律宾	426578.58	356048.70	1412835.64	389381.10	13900.18	64757.58
新加坡	1245488.50	223956.57	2530497.67	418391.70	48868.43	124261.29
泰国	773574.31	412852.92	2364013.61	553451.10	32608.81	169016.10
越南	667790.26	252709.86	3250292.21	630181.81	103883.21	876273.94
合计	5091598.32	2075388.16	14895530.70	3278327.39	350854.12	1402227.57

资料来源：笔者根据上海、福建、广东、浙江、海南、广西等省份的 2016 年度统计年鉴制作而成。

（二）“海丝”沿线部分国家情况

1. 沿线国家国内生产总值和人均国内生产总值

国内生产总值（Gross Domestic Product，GDP）是指一个国家或地区的领土面积内经济情况的度量。具体来说，就是指一国或者地区一年以内在其境内生产出的全部劳务和产品的市场价值总和。GDP 是政府、学术界和百姓生活中最常用的指标之一，用来反映一个国家的经济实力和综合国力，其增长速度可以用来衡量所考察地区的经济发展情况。中国曾创造了 GDP 增长的神话，令世界瞩目。而人均国内生产总值也就是人均 GDP，顾名思义就是以某国或地区一定时期国内生产总值除以同时期平均人口所得。由于加入了人口这一因素，人均国内生产总值反映了一个国家或地区人均经济发展情况的好坏。以下是 2015 年“海丝”沿线国家人均国内生产总值和国内生产总值情况。

表 1-2　2015 年“海丝”沿线国家人均国内生产总值和国内生产总值

单位：美元

国家	人均国内生产总值	国内生产总值
菲律宾	3037.12	287190922634.30
柬埔寨	1146.09	16983672291.67
老挝	1815.84	11683083574.00
马来西亚	10654.04	292523856883.40
缅甸	1333.63	62600640734.75
泰国	5611.59	395166049758.91
新加坡	53604.15	275238157583.69
印度尼西亚	3511.40	834863937127.59
越南	2232.99	173869827064.89
文莱	26804.39	13174732127.66
印度	1808.41	1914113454040.18
巴林	25633.14	30836238297.87
伊朗	4982.73	401702397104.78
阿曼	14887.11	73675422626.79
卡塔尔	81602.85	175039838536.54

续表

国家	人均国内生产总值	国内生产总值
科威特	32719.73	131525748733.42
沙特阿拉伯	20677.22	652161423873.87
斯里兰卡	3818.16	76458670557.25

注：本书有关“海丝”沿线国家数据是以上18个国家的数据。

资料来源：笔者根据2015年度世界银行数据库、CEIC数据库的数据制作而成。

表1-2显示了2015年“海丝”沿线国家国内生产总值和人均国内生产总值的情况。但笔者发现两种不同的测算指标下，各个国家的排名情况相去甚远。如果从国内生产总值指标来看，印度无疑是这些国家中国内生产总值最高的国家。但从人均国内生产总值情况来看，印度的排名则一落千丈。因此需要对“海丝”沿线国家之间的相对排名进行分析，见表1-3。

表1-3　2015年“海丝”沿线国家国内生产总值和人均国内生产总值排名情况

国家	国内生产总值排名	人均国内生产总值排名	悬殊度
菲律宾	7	13	-6
柬埔寨	16	18	-2
老挝	18	15	3
马来西亚	6	8	-2
缅甸	14	17	-3
泰国	5	9	-4
新加坡	8	2	6
印度尼西亚	2	12	-10
越南	10	14	-4
文莱	17	4	13
印度	1	16	-15
巴林	15	5	10
伊朗	4	10	-6
阿曼	13	7	6
卡塔尔	9	1	8
科威特	11	3	8
沙特阿拉伯	3	6	-3
斯里兰卡	12	11	1

资料来源：笔者根据表1-2的数据制作而成。

表 1-3 显示了 2015 年“海丝”沿线国家国内生产总值和人均国内生产总值的排名情况，并用国内生产总值的排名减去人均国内生产总值的排名作为悬殊度指标。笔者发现在国内生产总值和人均国内生产总值指标下排名悬殊度最低的国家是斯里兰卡，仅变化了 1 个位次，其次是柬埔寨和马来西亚，均变动 2 个位次。变动悬殊度最大的是印度，一共变化了 15 个位次，其次是文莱，从国内生产总值的第 17 位上升到人均国内生产总值的第 4 位。在人均国内生产总值的排名中，卡塔尔、新加坡和科威特名列前三。

2. 进出口贸易情况

2015 年 3 月中国发布了《推动共建丝绸之路经济带和 21 世纪海上丝绸之路的愿景与行动》。“一带一路”的内涵被归结为“五通三同”，其中“五通”是指政策沟通、设施联通、贸易畅通、资金融通、民心相通；“三同”则指利益共同体、命运共同体和责任共同体。“五通”中，贸易畅通是连接其他四通的桥梁，贸易的畅通有利于促进政治互信、基础设施的建设、资金平台的搭建，进而最终达到民心相通。因此，有必要对“海丝”沿线国家与中国的贸易进行研究。以下给出 2015 年“海丝”沿线国家对中国的出口额、进口额，以及进出口总额。

表 1-4 2015 年“海丝”沿线国家对中国的贸易情况

单位：万美元

国家	出口额	进口额	进出口总额
菲律宾	2667079	1896565	4563644
柬埔寨	376339	66660	442999
老挝	122576	154734	277310
马来西亚	4398039	5327733	9725772
缅甸	965091	544930	1510021
泰国	3829080	3716875	7545955
新加坡	5194244	2758076	7952320
印度尼西亚	3434197	1988619	5422816
越南	6601702	2983175	9584877
文莱	140741	10116	150857
印度	5822803	1336855	7159658

续表

国家	出口额	进口额	进出口总额
巴林	101185	11154	112339
伊朗	1777011	1605745	3382756
阿曼	211639	1504742	1716381
卡塔尔	227564	461437	689001
科威特	377267	749707	1126974
沙特阿拉伯	2161293	3002105	5163398
斯里兰卡	430405	25852	456257

资料来源：笔者根据中华人民共和国国家统计局编的 2016 年度《中国统计年鉴》的数据制作而成。

表 1-4 显示了 2015 年“海丝”沿线国家对中国的贸易进口额、出口额，以及进出口总额，其中进出口总额反映了我国跟相关国家之间贸易环境的好坏，进出口总额越多，说明两国之间的贸易往来越频繁，贸易环境较好。随着“海丝”建设的开展，各个国家与中国之间的进出口总额将保持稳定增长，实现共同繁荣。而进口额和出口额则是更加细化的指标，可以分析出各个国家与中国的贸易往来中，进口和出口分别所占的份额，这既有利于中国的政策分析和研究，也有利于其他“海丝”沿线国家的政策分析和研究。

第二节　研究内容与特色

一　研究目的与意义

（一）研究目的

“21 世纪海上丝绸之路”属于“一带一路”倡议的一部分，与之相对应的是“丝绸之路经济带”，一个陆路一个海路，构成了“一带一路”的两翼。该倡议将充分发挥中国与“一带一路”沿线相关国家现有的一些双边、多边机制，本着合作发展的理念，打造在政治上相互信任、经济往来融洽、文化交流融合的利益共同体。无论是“丝绸之路经济带”的建设还是“21 世纪海上丝绸之路”的建设，都会给上海合作组织、“中国-东盟”(10+1)、欧亚经济联盟等现有机制注入新的内涵，带来新的发展机遇。“海丝”倡议能够促进中国和沿线国家、地区的市场潜力，增进各个国家和地区人民的经济、文化交流，并在相互交流的过程中，增强政治互信，共同打造和平发展、经济繁荣、文化昌盛的周边环境和国际局势。

“一带一路”倡议在 2013 年提出后，受到国内外媒体的广泛关注。不管是“一带一路”沿线的国家，还是非“一带一路”沿线的国家均对此十分重视。这说明“一带一路”倡议对国际经济、文化等方面具有十分深远的影响。在百度网站上对“21 世纪海上丝绸之路”进行搜索，截至 2017 年 6 月 8 日 10：50，有关该词组的网页有 426 万个之多，新闻有 17.4 万多篇；而关于“一带一路”倡议的搜索数量则更多，相关网页为 1150 万个，新闻达到 91.7 万多篇。这充分说明媒体的重视程度，同时也说明在信息化高度发达的今天，人们能够通过互联网获取相当惊人数据量的资讯。但在浩瀚的互联网数据海洋之中，我们如何很好地提取这些信息，如何迅速地从海量的数据中读取有效信息，挖掘其中的潜在模式是大数据时代需要迫切解决的问题之一。加之，截至 2016 年有关“海丝”命题下的文本研究在国内尚属空白。因此，有必要在这样一个背景下，对当今社会的重大政治热点问题进行文本数据的分析。

除了从互联网直接获取文本信息之外，还可以将目光投向学术领域。“一带一路”倡议提出之后，无疑也在学术界引起关于“一带一路”“海丝”等问题的研究热潮。每年刊发的论文数据就可以很好地说明这一点。与新闻类非结构化数据不同的是，该类文本数据的专业性更强，文章内涵更深刻，对这类文本进行数据的搜集、语义的挖掘和主题的分类等工作，能更好地了解学术领域对“海丝”倡议的研究重点和多层视野。

此外，“海丝”在发展过程中，涉及地区之广、范围之大、人口之众多、文化形式之多样都是前所未有的机遇和挑战。在实行对接的过程中，难免出现碰撞、磨合。这无疑是一个机遇与挑战并存的宏大蓝图，我们在看到积极因素的同时也应当看到潜在的风险，并进行深入的思考，力争解决在倡议实施过程中出现的各种问题。“海丝”倡议牵涉法律、文化、政治、外交等各个领域的知识和方案，本书囿于专业学科的限制，自然无法涵盖“海丝”倡议中所有可能出现的问题。但依然力争从贸易、能源等视角，采用较为翔实和全面的经济统计数据，对“海丝”沿线部分国家和地区，乃至“一带一路”沿线国家和地区与中国的双边贸易问题进行计量模型研究。由于“贸易畅通”是与“海丝”沿线国家进行联系和发展的重要纽带，同时也是打造政治互信、文化融合的基础，因此，针对该方面进行结构化数据下的计量经济学分析，也是本书研究的侧重点之一。

在技术层面，本书立足于大数据时代下的信息数据特征，拟从结构化数据和非结构化数据的研究视角，提供几种具有创新性和普适性的研究方法，并将其运用在“海丝”相关问题的实证分析领域当中，这在现阶段国内的相关分析中，尚属首次。本书的研究目的主要有三个：第一，旨在为理论方法提供一定的拓展和创新；第二，将全新的分析理念引入“海丝”问题的研究中来，以期获得更加确切和科学的结果；第三，针对目前国内研究对“海丝”文本数据尚未开展，传统模式下的研究中数据分析不足，缺乏可靠、充分数据支撑的问题进行一定的补充和创新。

（二）研究意义

“21 世纪海上丝绸之路”倡议的提出，在国际范围内引发了广泛的讨论和重视。该倡议的提出具有重大意义，这也是本书研究的意义所在。首先，“21 世纪海上丝绸之路”倡议是我国 40 多年改革开放政策的一种深化，能够为我国对外开放和经济发展提供新的引擎。其次，“21 世纪海上丝绸之路”建设为中国要素流动转型的需求，通过“贸易畅通”等“五通”理念将中国过剩的优质生产要素输出国外，实现与其他相关地区的经济发展共享。最后，“21 世纪海上丝绸之路”倡议能够加强国际经贸合作和合作机制的转型，并有效带动自贸区的发展，以及在区域化发展的基础上，构建和平互信的周边环境，为国际良好新秩序的建立提供帮助。

本书研究的理论意义：针对大数据时代的数据特征，从非结构化数据和结构化数据的研究视角出发，对关于“海上丝绸之路”的新闻文本数据、科技文献文本数据进行传统文本数据分析和 LDA 模型的主题分析并进行可视化呈现。这有效解决了在互联网时代，面对各种类型的非结构化数据和激增的数据量，对特定主题数据的爬取问题。并在此基础上，面对较大信息量的文本数据，进行降维和结构化处理，从而达到快速、高效获取文本信息的目的，以简化人们搜集信息、梳理信息和掌握信息的成本，提供了一套基本的关于文本数据的分析手段，以填补国内关于“海上丝绸之路”研究领域下文本数据分析的空白。

此外，针对关于“海上丝绸之路”主题的研究侧重于文字性解读和策略分析的问题。分别收集“海上丝绸之路”相关国家和地区，甚至“一带一路”相关国家的面板数据，力争在翔实、可靠的结构化数据中，利用动态面板、贸易引力等模型，以中国国内“海丝”相关省份、国外“海丝”相关地区为研究对象，从汇率、贸易、能源等多个角度，分析研究对象之间相互影响的因素，以期发现“海丝”倡议实施过程中的部分问题，并提供切实有效的分析和解决方案。

本书研究的现实意义：立足于统计学学科的特征，把握时代特点和国内研究热点问题，力争从量化分析的角度，提供更客观、科学的研究视角、方法，并从中得出有意义的结论，从而助力“21世纪海上丝绸之路”的建设。

二 研究内容与思路

（一）研究内容

本书的研究内容基于数量化的实证分析展开，根据研究内容分为结构化数据分析和非结构化数据分析两大部分。其中，第一章、第二章为全书的绪论与文献综述。第三章、第四章为关于“海上丝绸之路”的非结构化文本数据分析，第五章至第八章分别从贸易、汇率、投资、能源等视角对“海上丝绸之路”所涉及的国内外地区的情况进行结构化数据分析。最后是结语。本书的研究内容具体如下。

第一章为绪论。本章阐述了本书研究的现实背景。主要包括古代丝绸之路的缘起、“21世纪海上丝绸之路”的诞生、“海丝”沿线国家的响应程度、我国国内所涉及的省份概况，以及“海丝”沿线国家概况五个方面。此外，本章还对本书的研究目的与意义、研究内容与思路进行了阐述。

第二章为关于“海丝”研究的理论方法与文献综述。本章系统梳理和回顾了以“海上丝绸之路”为主题的科技文献内容。由于本书写于2017年，“一带一路”倡议的提出至2017年不过4年时间，文献数量较少，国外文献尤其不多，因此本书主要针对国内的科技文献进行分析。根据文献的研究特征和题材，首先分为定性分析和定量分析两大类别；并在此基础上对研究范围、研究所涉及的理论方法等进行梳理；最后分别指出两大类科技文献研究存在的不足和问题。

第三章为基于“海丝”科技论文的文本数据分析。首先对CNKI数据平台上的文献发表情况进行描述性统计分析，包括文献总体情况、“21世纪海上丝绸之路”倡议提出前后的文献发表量比较、研究机构的分布等；其次介绍文本主题的挖掘流程，对处理科技文献的方法进行简单梳理；最后，在阐述背景和模型方法的基础上，开展关于“海丝”的文本主题分析。

第四章为“海丝”新闻文本数据的统计学分析。在本章内容中，首先对新闻事件情况从国家宏观战略层面、“海上丝绸之路”所涉及的国内省份以及国外沿线地区的重大新闻事件和动向进行梳理；其次，利用百度百科中的词条信息，构造关注度指标，分别对“一带一路”“海上丝绸之路”的关注度进行分析和时间趋势对比；再次，对新闻数据的获取和处理进行基本技术方法的梳理和阐述；最后，对“海上丝绸之路”新闻数据进行文本数据挖掘分析。

第五章为中国“海丝”沿线省份与“海丝”沿线国家双边贸易的结构化数据研究。首先，区分了结构化数据和非结构化数据的不同，并介绍了中国“海丝”沿线省份的经济、外贸等情况；阐述了中国“海丝”沿线省份为加入“海丝”所进行的对接。其次，介绍了本章内容的研究背景与模型评价方法，通过研究的目的与意义，说明对该问题进行研究的重要性。通过对国内外文献的梳理和模型介绍，为下文的实证分析提供基础和铺垫。再次，对数据进行预处理，包括指标选取和数据描述等工作，在此基础上对影响中国沿线省份与沿线国家贸易的因素进行分析。最后，通过实证分析结论得出本章的建议与启示。

第六章为基于拓展引力模型的中国与“海丝”沿线国家贸易的研究。首先，对“海丝”沿线国家的总体和个体情况进行介绍；其次，对模型的理论和研究背景进行梳理，并对实证分析所要采用的指标和数据的选取来源进行说明；再次，考虑到基础贸易引力模型存在除距离、两国经济规模之外的隐变量，纳入EM算法进行参数估计，研究双边出口贸易问题；最后，在上述研究基础上得出本章的结论与启示。

第七章为“一带一路”视角下汇率波动对中国对外直接投资的影响。首先，根据所研究的问题和数据，对“一带一路”和“海丝”沿线国家的情况进行分析，并比较了“一带一路”和“海丝”之间的关系，以及东盟与欧盟之间的对比分析。其次，针对本章所采用的计量模型进行方法研究和文献综述。再次，进行词云分析和数据说明，目的是在进行计量模型之前，采用文本数据的可视化技术，佐证本研究的重要性。考虑到数据量较大、牵涉国家范围较广，故同时进行数据说明和指标选取。最后，采用动态面板模型进行实证测算与结果分析。

第八章为中国与“海丝”沿线国家的能源合作。首先针对中国与“海丝”沿线国家的能源合作现状及领域进行分析。分别从中国能源的使用和生产情况以及同“海丝”沿线国家的合作现状进行阐述。其次，对中国“海丝”沿线地区的能源效率进行测度。在测度过程中，采用改进的效率测度模型，考虑污染物排放等因素，力争测度的客观与科学。并在此基础上比较了中国“海丝”沿线地区和自贸区的能源利用情况。最后，根据中国能源消费特征和利用效率的情况，对能源合作领域和模式进行探讨。

最后是结语。提出了本书在研究方面的不足和今后需要继续研究的方向。

（二）研究思路

截至 2017 年，由于时间的限制，关于“海丝”“一带一路”方面的研究成果数量并不多。在这为数不多的研究成果当中，大部分文章都是从定性的角度分析“海丝”倡议中的某一个问题，缺乏一定的量化分析，使文章的论述显得过于单薄。即使在逐渐出现的量化分析当中，基本集中在传统数据模式，即结构化数据的分析。鲜有学者从非结构化数据和结构化数据两个方面去研究该问题，而这正是本书研究的主要思路。

本书的研究思路主要分为两大方面。

第一方面，依托文本数据挖掘技术，研究非结构化数据当中有关“海丝”的热点问题。在此，又可以分为两点。

第一点，关于科技文献类的“海上丝绸之路”研究成果的研究。本书着眼于当下学术领域针对“海上丝绸之路”这一研究热点，基于 CNKI 数据平台，对已发表文献进行非结构化数据的文本分析。实现对海量文献潜在信息的挖掘，找出研究热点和关注的主要问题。学术界的科技论文研究能够反映中国“海上丝绸之路”发展的问题，并有针对性地提出一些建议。因此，展开此类分析不但有利于了解“海上丝绸之路”这一研究热点下的研究方向和动态，而且能够发挥文本挖掘优势，从海量文本中搜集潜在模式和信息，找到文献的主题分布情况。

第二点，关于新闻文本类的“海上丝绸之路”文本数据分析。这也是非结构化数据处理的关键环节。作为科技文献文本数据的补充，新闻文本数据具有更强的时效性、丰富性，能够及时反映中国各地区乃至“海丝”沿线国家有关“海丝”倡议的重大新闻动态和相关评价等，蕴含大量信息。因此，在开展科技文献这类专业性、深度性较强的文本分析基础上，展开新闻领域的“海丝”文本数据分析，从海量新闻中找到焦点问题、动向及倾向。

第二方面，依托计量经济学模型，研究“海上丝绸之路”结构化数据当中的经济问题。在此，又可以分为三点。

第一点，通过构造 GCD 距离函数对影响中国国内相关省份与“海丝”沿线国家贸易的因素进行分析；基于改进的引力模型对影响中国与“海丝”沿线国家之间贸易的因素和畅通情况进行分析。

第二点，采用动态面板模型，基于“海丝”“一带一路”沿线国家的视角，研究汇率波动对中国对外直接投资的影响。同时加入欧盟的相关数据进行对比分析。

第三点，采用改进的 DEA 模型，研究中国“海丝”沿线地区的“含非期望产出”的能源利用效率问题。同时根据能源效率情况，阐述中国与“海丝”沿线国家的能源合作问题。

综上，本书研究方法主要分为结构化数据分析和非结构化数据分析。将这种分析思路引入到有关“海丝”问题的研究中，既是对该问题研究方法和角度的拓展，也为文本数据分析提供了一个全新的应用领域。为了更加清晰地展示本书的总体研究思路和技术手段，用图 1-5 进行表示。

（三）研究特色

本书的创新点，主要表现在以下几个方面。

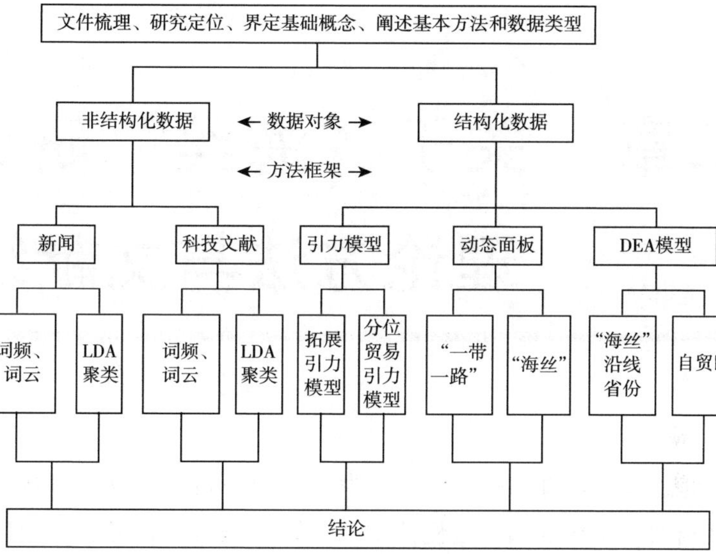

图 1-5　本书的研究思路

第一，理论模型的创新与改进。主要包括两个模型，一个是用来处理不含非期望产出问题的 eco-GCDEA 效率评价模型，该模型从统计学指标构造的角度出发，将相关指标有效综合并结合博弈交叉效率思想，为 eco-DEA 模型提供了一种新思路。关于这个模型的构建和实际测评能力在后文有详细介绍。另一个是基于拓展的引力模型对中国与“海丝”“一带一路”沿线国家贸易畅通问题的分析，从而获得更科学的研究结果。

第二，把文本数据分析的思路与技术引入“海丝”问题的研究当中。将该分析方法应用到“海丝”领域，从科技文献和新闻两个角度研究非结构化的文本数据，弥补了仅从结构化的传统数据入手研究“海丝”问题的单一模式。采用非结构化的数据挖掘与分析不仅为“海丝”问题的研究提供了一种全新的视角与思维模式，同时也为文本数据分析的应用领域作出了一些有意义的实践。

“21 世纪海上丝绸之路”作为“一带一路”倡议的一部分，自 2013 年提出以来，就受到社会各界的广泛关注。福建省地处“海丝”沿线，属于该倡议的核心区域，对该问题具有更高的关注度和研究热情。

第二章　关于“海丝”研究的理论方法与文献综述

“21世纪海上丝绸之路”倡议作为“一带一路”倡议不可或缺的组成部分，从当初的构想到如今慢慢落实与行动，涵盖了世界各个地区及多个领域。随着2017年5月第一届“一带一路”国际合作高峰论坛的召开，该倡议又进入新的发展阶段。自从该倡议提出之后，新闻媒体、科研院所等部门都给予了高度重视，有关“21世纪海上丝绸之路”和“一带一路”问题的研究越发深入和广泛。本章通过对该领域文献的研读和梳理，进行文献综述。

第一节　定性分析方面

对“21世纪海上丝绸之路”和“一带一路”的研究，是一个不断更新的具有挑战性的问题。所有的研究都是从一个角度对该倡议中的某一问题进行分析，并且现阶段基于数据量的限制等原因，大部分学者的研究都停留在基于理论与经验判断的定性分析方面。主要表现在以下几个研究领域当中。

一　法律领域

2013年“21世纪海上丝绸之路”倡议提出后，许多学者对此展开了研究，贺鉴、宫高杰指出，西方国家为了主导国际海洋新秩序，充分利用国际海洋法的漏洞，竞相抢占各种海洋权益。“21世纪海上丝绸之路”倡议不仅是我国建设新型海洋强国的重要内容，而且有利于维护我国的海洋权益。对此，“21世纪海上丝绸之路”建设迫切需要提高海洋权益的意识和能力。[①] 张兰廷、任国征也认为，虽然学术界较少把“21世纪海上丝绸之路”与海洋权益维护结合在一起讨论，但面对“海丝”带来的机遇与挑战，将二者结合在一起研究非常有必要。[②]

中国提出的“21世纪海上丝绸之路”倡议，倡导互信、互利、平等、协作的新安全理念与《联合国海洋法公约》缔约国的责任精神相契合。然而，“海丝”倡议提倡的沿线国家之间开放包容、合作共赢的海洋文化，也面临着若干海洋权益挑战。中国与“海丝”沿线国家的法律制度差异大，法律冲突协调不一，各国司法协助和行政协助效率低。为了让“海丝”沿线各国都能有所发展，就需要沿线国家完善经贸往来、交通秩序、海上安全等方面的法律法规，建立区域性共同法律机制，明确底线，画出红线。韩永红、石佑启认为21世纪海上丝绸之路法律保障机制是一个多层级、多主体参与的，国际法与国内法相衔接的，正式机制与非正式机制相结合的网络化机制，需要处理好与现行多边、双边法律机制之间的关系，也需要国内法的支持。[③] 李建勋认为在“21世纪海上丝绸之路”倡议全面推进的当下，发展软硬法有机联系的法律机制，完善合作法律机制的内在构成要素，还需增加促进机制有效实施的工具手段。[④] 张晏瑲指出，“21世纪海上丝绸之路”沿线国家在进行经济、文化等方面的往来时，必然会面临沿海各国追求更多海洋权益而《联合国海洋法公约》却不足以解决所有国际海洋法律的难题。[⑤] 此时，“21世纪海上丝绸之路”的关键就在于

---

① 贺鉴、宫高杰：《“海上丝绸之路”战略下中国海洋权益的维护》，《湘潭大学学报》（哲学社会科学版）2015年第4期。

② 张兰廷、任国征：《海上丝绸之路视野下的海洋权益维护》，载中国海洋学会编《中国海洋学会2015年学术论文集》，海洋出版社，2015。

③ 韩永红、石佑启：《论21世纪海上丝绸之路法律保障机制的构建》，《国际经贸探索》2015年第10期。

④ 李建勋：《南海航道安全保障法律机制对21世纪“海上丝绸之路”的借鉴意义》，《太平洋学报》2015年第5期。

⑤ 张晏瑲：《由国际海洋法论海上丝绸之路的挑战》，《法律科学（西北政法大学学报）》2016年第1期。

各国的政治意愿。通过各国的通力合作，完善相关的法律法规，才能在“21 世纪海上丝绸之路”上越走越远。张中泽指出，中国的“21 世纪海上丝绸之路”倡议，不仅是突破自身经济发展的瓶颈，而且是保护和拓展中国海洋权益的方式。① 同时，海洋是倡议的基础和载体，注重海洋合作与发展已经成为国际共识，所以加强自身的海洋维权具有重要的意义。

二　经济领域

在经济发展新常态背景下，“21 世纪海上丝绸之路”通过海上互联、港口及其城市合作机制建立了国际沿海经济带。陈万灵、吴旭梅指出，“21 世纪海上丝绸之路”沿线国家总体上出口需求不断扩大，资本密集型、劳动密集型和技术密集型产品进口比重下降，资源密集型产品和各航段进口需求大幅度上升。中国与“海丝”沿线国家的贸易稳步增长，而口岸效率低下、通关程序烦琐、规章制度不透明等贸易壁垒阻碍了贸易增长。② 汪洁、全毅通过模拟沿线各国贸易便利化水平提高 50%后，中国对沿线各国出口贸易增加额，结果证明了贸易便利化能提高中国的出口贸易。③ 李艳芳、李波认为中国与“海丝”沿线区域的贸易发展合作具有很大的潜力，同时也面临着各区域的贸易发展不平衡、贸易联系差异大、经贸潜力实现度不高等问题，所以提出“海丝”有关泛区域经济合作方面的建议。④

保建云认为中国作为“21 世纪海上丝绸之路”建设的主要发起国、出资国、经济大国、贸易大国和货币金融大国，能够为沿线国家提供人民币交易工具与平台，所以，人民币贸易圈的形成与发展是“海丝”建设的必然产物。⑤ 范丹、朱妮娜、王博通过分析“21 世纪海上丝绸之路”对中国

---

① 张中泽：《21 世纪海上丝绸之路与中国海洋权益维护》，《山西社会主义学院学报》2016 年第 4 期。

② 陈万灵、吴旭梅：《海上丝绸之路沿线国家进口需求变化及其中国对策》，《国际经贸探索》2015 年第 4 期。

③ 汪洁、全毅：《21 世纪海上丝绸之路贸易便利化研究》，《国际商务：对外经济贸易大学学报》2015 年第 6 期。

④ 李艳芳、李波：《中国与“海上丝绸之路”沿线区域/国家的贸易联系和贸易潜力分析》，《南亚研究季刊》2015 年第 3 期。

⑤ 保建云：《论海上丝绸之路建设与海上丝路人民币贸易圈的形成与发展》，《江苏行政学院学报》2015 年第 2 期。

与东盟经济关系带来的影响，提出了中国-东盟经贸合作发展的建议和对策。[①] 余珍艳指出，印度尼西亚是个海洋资源丰富的国家，其海洋经济在国民经济发展中占据重要地位，同时，它也是“21 世纪海上丝绸之路”的关键枢纽，中国与印度尼西亚在“21 世纪海上丝绸之路”建设方面高度契合，但同时仍然面对一些挑战。[②] 丁丽红、朱智洺经过数据分析认为“21 世纪海上丝绸之路”沿线国家的贸易便利化水平每提高 1 个百分点，我国的农产品出口量将上升 0.3351%。[③] 可见，“21 世纪海上丝绸之路”倡议的提出，促进了我国农业的发展。李勇选择“21 世纪海上丝绸之路”沿线的 13 个国家进行研究，发现该区域的货币一体化程度较低，国与国之间采用固定汇率制度的经济成本越大，不适合广泛的货币制度安排。所以，要不断建立自由贸易区，加快生产要素市场统一，建立高效的人民币回流机制，实现人民币区域化的目标。[④]

三　文化领域

在“一带一路”的建设中，文化互信是一个重要命题，因此有众多学者在文化方面展开研究。杨国桢认为建设“21 世纪海上丝绸之路”需要历史的借鉴和海洋文化的支持，要认识到中华民族有着源远流长、灿烂辉煌的海洋文化和勇于探索、崇尚和谐的海洋精神，在新海洋时代下，要赋予“21 世纪海上丝绸之路”新内涵，认识中国的海上特性和海洋社会。[⑤] 伍庆认为在“21 世纪海上丝绸之路”建设的背景下，应积极建设面对东南亚的离岸文化中心，提升我国的文化软实力。[⑥] 韩炜师对《ICOMOS（国际古

① 范丹、朱妮娜、王博：《海上丝绸之路战略下中国东盟经贸形势分析》，《探求》2017 年第 1 期。

② 余珍艳：《21 世纪“海上丝绸之路”战略推进下中国-印度尼西亚海洋经济合作：机遇与挑战》，《战略决策研究》2017 年第 1 期。

③ 丁丽红、朱智洺：《中国对“21 世纪海上丝绸之路”沿岸国家的农产品出口研究——基于贸易便利化视角》，《山东农业科学》2017 年第 1 期。

④ 李勇：《“21 世纪海上丝绸之路经济带”区域货币一体化研究》，《西安交通大学学报》（社会科学版）2017 年第 2 期。

⑤ 杨国桢：《海洋丝绸之路与海洋文化研究》，《学术研究》2015 年第 2 期。

⑥ 伍庆：《21 世纪海上丝绸之路背景下建设面向东南亚的离岸文化中心研究》，《学术论坛》2015 年第 7 期。

迹遗址理事会）文化线路宪章》进行解读，利用世界文化遗产中的定义和共识，提高对海上丝绸之路史迹的保护水平。① 张洁、郑港龙、任思远从宁波市文化的形成基础与动力、发展实例与意义、传承与保护的措施、传播的困境与对策四个方面，探讨了“21世纪海上丝绸之路”对区域文化的发展和传播的促进作用，并提出相应的建议。② 廖中武提出参考美国等国家输出软实力的做法，增强“海丝”沿线国家的经贸往来。另外该文章还通过对妈祖文化在“21世纪海上丝绸之路”这一区域的传播状况与历史贡献的分析，提出在“海丝”建设新形势下妈祖文化的传播策略。③

四 交通领域

曾庆成、滕藤分析出21世纪海上丝绸之路的航线网络平均距离较短，对枢纽港依赖程度高，容易造成网络的脆弱性，需要进一步完善航线网络结构。④ 樊秀峰、余姗发现海湾国的物流绩效指数均值好于东盟国家，南亚国家水平最低，而物流基础设施质量和海关效率是拉低物流绩效的主要原因，物流绩效的改善有利于提高中国对“海丝”沿线国家的进出口贸易水平。⑤ 李大海、孙杨、韩立民分析“21世纪海上丝绸之路”沿线国家地缘政治与国家关系状况，提出了建设“海丝”主要通道的关键水路、分支通道，以及与“丝绸之路经济带”对接的重要通道的方案，同时强调保障关键支点建设。⑥ 张华春、黄有方、胡坚堃指出港口的地位不仅取决于其基础设施的完善、港口中心化程度，而且取决于航线质量的高低，因为港

---

① 韩炜师：《从海上丝绸之路的遗产价值探讨文化遗产保护的理念》，《文物世界》2017年第1期。

② 张洁、郑港龙、任思远：《海上丝绸之路与区域文化发展传播初探——以2016年度东亚文化之都宁波市为例》，《商场现代化》2017年第3期。

③ 廖中武：《“21世纪海上丝绸之路”战略中妈祖文化的传播研究》，《中共福建省委党校学报》2017年第2期。

④ 曾庆成、滕藤：《海上丝绸之路航线网络的复杂性分析》，《中国航海》2015年第2期。

⑤ 樊秀峰、余姗：《“海上丝绸之路”物流绩效及对中国进出口贸易影响实证》，《西安交通大学学报》（社会科学版）2015年第3期。

⑥ 李大海、孙杨、韩立民：《21世纪海上丝绸之路：物流分析、支点选择与空间布局》，《太平洋学报》2017年第1期。

口经济腹地的重叠，东亚港口之间的争夺日趋积累，面临着越来越多的挑战。① 熊勇清、许智宏认为港口物流与港口城市经济之间存在长期的稳定关系，而港口货物吞吐量和集装箱吞吐量与港口城市存在双向因果关系。所以，港口城市经济发展对港口物流有发展、促进作用。②

第二节　定量分析方面

“21 世纪海上丝绸之路”倡议的研究中，涉及一些难以量化的问题，针对这些问题主要以定性分析为主。但定性分析难以克服其主观性，且缺乏有效的数据支撑，因此需要用定量分析进行补充。不少学者通过对相关子命题的数据采集，利用模型对该领域的一些重大问题进行研究和探析。笔者通过对文献的研究发现，关于“21 世纪海上丝绸之路”问题的定量分析，主要集中在经济、贸易等领域。

一　引力模型

季鹏收集了 2005~2013 年东盟十国的面板数据，通过贸易引力模型，分析福建出口贸易的影响因素和贸易潜力。研究表明，福建对东盟部分国家再无贸易潜力，急需寻求新的合作方式。③ 傅国华、林爱杰、张琪通过多层贸易引力模型研究海南对东南亚八国出口贸易的影响，提出海南应发挥地缘优势、降低运输成本、提高出口产品依赖度、修建跨国产业链，以促进海南经济发展。④ 谭秀杰、周茂荣利用随机前沿引力模型研究了“21 世纪海上丝绸之路”沿线主要国家间的贸易潜力，并采用一步法分析了影

① 张华春、黄有方、胡坚堃：《海上丝绸之路下东亚港口枢纽地位评价》，《华中师范大学学报》（自然科学版）2017 年第 2 期。

② 熊勇清、许智宏：《海上丝绸之路上港口与港口城市的互动发展机制研究》，《财经理论与实践》2017 年第 1 期。

③ 季鹏：《海上丝绸之路背景下福建与东盟贸易潜力分析——基于贸易引力模型的实证研究》，《哈尔滨商业大学学报》（社会科学版）2015 年第 4 期。

④ 傅国华、林爱杰、张琪：《海南对东南亚八国出口的多层贸易引力研究——基于国家“21 世纪海上丝绸之路”战略下海南外贸发展的新思考》，《海南大学学报》（人文社会科学版）2015 年第 6 期。

响因素。研究表明，尽管“海丝”的贸易效率不断提高，但中国在“海丝”的出口仍有很大潜力。① 汪洁、全毅收集了 2013 年中国及“21 世纪海上丝绸之路”沿线主要国家的贸易便利化水平数据，通过引力模型分析贸易便利化对中国出口的影响，结果显示贸易便利化对出口有显著的促进作用，而且超过 GDP 对出口的影响。②

二 网络分析

张洪雨通过对比分析和分析 BP 神经网络方法，对“21 世纪海上丝绸之路”沿线港口进行评估。从研究结果中确定了符合“21 世纪海上丝绸之路”要求的境外枢纽港口。③

郑军、张永庆、黄霞采用社会网络分析方法，从贸易网络整体性、贸易伙伴关系、贸易中心地位和贸易社团四个方面，分析了 2000~2014 年“21 世纪海上丝绸之路”沿线 62 个国家贸易网络结构特征以及演化规律。④

三 面板回归和因果分析

熊勇清、许智宏采用格兰杰因果关系检验、Johansen 协整检验和面板数据回归分析模型，分析了“21 世纪海上丝绸之路”的港口物流与港口城市经济的动态关系以及相互作用机制。⑤ 张璐、殷焕焕运用非集计 logit 模型，从港口腹地划分方法的改进和“21 世纪海上丝绸之路”倡议对港口潜在发展影响两方面，证明了 logit 模型的可行性，分析了某腹地不同货物选择

---

① 谭秀杰、周茂荣：《21 世纪“海上丝绸之路”贸易潜力及其影响因素——基于随机前沿引力模型的实证研究》，《国际贸易问题》2015 年第 2 期。

② 汪洁、全毅：《21 世纪海上丝绸之路贸易便利化研究》，《国际商务：对外经济贸易大学学报》2015 年第 6 期。

③ 张洪雨：《海上丝绸之路背景下的境外枢纽港口选点分析》，硕士学位论文，大连海事大学，2015。

④ 郑军、张永庆、黄霞：《2000—2014 年海上丝绸之路贸易网络结构特征演化》，《国际贸易问题》2017 年第 3 期。

⑤ 熊勇清、许智宏：《海上丝绸之路上港口与港口城市的互动发展机制研究》，《财经理论与实践》2017 年第 1 期。

的运输方式和出海口，解释了港口与腹地的竞争现象。[①] 刘运昌、王绍仁、潘文军收集了“21 世纪海上丝绸之路”10 个重点省、自治区、直辖市 2011～2014 年的面板数据，通过因子分析和回归分析，研究各个省、自治区、直辖市的科技创新能力和物流发展水平的关系，为实现两者协同发展、增加竞争合作的优势提供了新的思路。[②] 曲国明采用修正的 CS 指数和 CC 指数构建了评价指标，分别测算出江苏省与“21 世纪海上丝绸之路”沿线国家的出口互补性指数、进口互补性指数和贸易竞争性指数，最后从加强科学技术创新、推进基础设施的互联互通等方面提出了江苏省加快与“海丝”沿线国家经贸合作的建议。[③] 魏海蕊、盛昭瀚收集了中国 136 个无水港和“21 世纪海上丝绸之路”沿线的 127 个港口数据，由此建立了跨境贸易流通复杂网络和测度评价体系，结果表明中国内陆省份在“海丝”网络中的外向型水平整体较低，而且外向型水平与辖域内无水港建立合作关系的海港数目和海港在网络中的地位与作用存在正相关关系。[④] 蔡婷、侯方淼运用三维引力模型，选取 2002～2015 年“21 世纪海上丝绸之路”沿线国家的林产品相关数据，结果表明贸易双方经济规模、汇率、距离和贸易壁垒等因素对中国的林产品出口有显著影响。所以，中国要加大贸易支持力度，完善和“海丝”沿线国家的金融市场。[⑤] 罗景峰在文献分析结合专家意见基础上，首先利用灰色统计方法构建“21 世纪海上丝绸之路”文化遗产旅游开发适宜性评价体系；其次利用二元比较法确定各评价指标权重，并基于集对分析理论、可变模糊集理论及二元语义方法，建立“21 世纪海上丝绸之路”文化遗产旅游开发适宜性评价集对分析-可变模糊模型，以此为基础建立旅游开发适宜性评价体系并进行实证分析。[⑥] 吴旭梅、陈万

① 张璐、殷焕焕：《21 世纪海上丝绸之路战略下港口腹地划分研究》，《交通运输研究》2017 年第 1 期。

② 刘运昌、王绍仁、潘文军：《科技创新与物流发展——基于“海上丝绸之路”重点省市数据分析》，《科技与经济》2017 年第 1 期。

③ 曲国明：《江苏省与 21 世纪海上丝绸之路沿线国家贸易互补性与竞争性研究》，《江苏商论》2017 年第 5 期。

④ 魏海蕊、盛昭瀚：《我国内陆省份参与海上丝绸之路的外向型特征与优化策略——基于无水港海港定向合作视角》，《国际贸易问题》2017 年第 5 期。

⑤ 蔡婷、侯方淼：《中国对“海上丝绸之路”沿线国家出口贸易实证分析——以林产品为例》，《北京林业大学学报》（社会科学版）2017 年第 1 期。

⑥ 罗景峰：《泉州海上丝绸之路文化遗产旅游开发适宜性可变模糊评价》，《开发研究》2017 年第 2 期。

灵采用2001~2015年中国对“21世纪海上丝绸之路”沿线33个国家出口前10类商品的出口数据，通过CMS模型进行分航段、分阶段的出口增长来源分解，分析出中国出口商品结构与进口国需求结构存在供需错位问题，中国需要优化出口商品结构，提升贸易便利化水平。[①]

第三节 其他研究视角与范围

“21世纪海上丝绸之路”倡议与“一带一路”倡议所涵盖的学科之多、范围之广是其他研究命题所无法比拟的，因此，还有其他一些研究视角与范围。

一 “海丝”研究的其他视角

佟尧、王国华从区域经济一体化与法律一体化的视角，对“21世纪海上丝绸之路”沿线国家存在海事法律冲突，缺失配套区域性统一海商实体法和海事国际私法制度进行研究，提出要创设区域性统一国际私法典并构建由我国主导的区域性统一海商法律体系。[②] 李凡从历史地理的视角，以史为鉴，探讨“21世纪海上丝绸之路”在岭南所产生的区域效应。[③] 谢博、岳蓉从地缘政治学的视角进行研究，认为在“21世纪海上丝绸之路”途经的东南亚和北印度洋两大安全局势复杂的地缘政治区域，需要加强海上力量、打造战略支点、构建安全合作机制，以保障“21世纪海上丝绸之路”的安全。[④] 关雪凌、祝明侠从博弈论的视角，阐述以“五通”为重点的立体化合作模式可以克服双边、区域和WTO多边体制存在的缺陷，从

① 吴旭梅、陈万灵：《中国对海上新丝路沿线国家出口增长的来源分析——基于CMS模型的需求效应、结构效应和竞争力效应分解》，《西部论坛》2017年第1期。

② 佟尧、王国华：《21世纪海上丝绸之路背景下的海事法律冲突解决机制研究》，《中国海商法研究》2015年第2期。

③ 李凡：《历史地理视角下海上丝绸之路在岭南的区域效应》，《热带地理》2015年第5期。

④ 谢博、岳蓉：《论21世纪“海上丝绸之路”的安全——以地缘政治学为视角》，《哈尔滨师范大学社会科学学报》2015年第3期。

而达到合作博弈的均衡解，实现合作博弈的共赢。[①] 李锋、徐兆梨从非对称演化博弈的视角分析了“21 世纪海上丝绸之路”对南海问题产生的作用，得出不同的演化路径和稳定策略，结果表明“21 世纪海上丝绸之路”能够起到调和南海问题的作用。[②] 张林、刘霄龙从异质性、外部性的视角出发，指出中国建设“21 世纪海上丝绸之路”应基于全球市场的外部性、产业链重塑、能源分布不均与要素全球流动，同时面临着地缘政治的变化和经济外部性的分配问题，所以，为建设“21 世纪海上丝绸之路”提出了尊重差异、技术为本、公共产品和组团格局的对策。[③]

二　“海丝”研究的其他领域

王爱虎在梳理海上丝绸之路的发展历史和国内外学术文献的基础上，对“21 世纪海上丝绸之路”建设的价值和意义、战略内涵、实现路径和政策进行了探讨。[④] 罗佐县、杨国丰、卢雪梅、谭云冬指出中国与东盟的油气合作是“21 世纪海上丝绸之路”的重要内容，需保持高层密切交往，扩大政府合作，加大对东盟国家的油气投资。[⑤] 赵泓博从建设“21 世纪海上丝绸之路”的意义和它与中国海洋强国战略的内在联系，有着悠久历史文化的中国“古代丝绸之路”及其对当今“21 世纪海上丝绸之路”建设的积极影响，“21 世纪海上丝绸之路”的经济文化价值及其对当前国际经济形势和促进文化传播重要意义，“21 世纪海上丝绸之路”的建设对西太平洋局势的积极影响和对中国“印度洋困境”的缓解作用等四个方面来研究“21 世纪海上丝绸之路”对海洋强国战略的影响。[⑥] 沈伟腾、胡求光指出

---

① 关雪凌、祝明侠：《博弈论视角下的“海上丝绸之路”建设》，《学习与探索》2015 年第 6 期。

② 李锋、徐兆梨：《21 世纪海上丝绸之路战略对解决南海问题的作用——基于非对称演化博弈视角和对称性演化博弈视角的分析》，《求索》2015 年第 6 期。

③ 张林、刘霄龙：《异质性、外部性视角下 21 世纪海上丝绸之路的战略研究》，《国际贸易问题》2015 年第 3 期。

④ 王爱虎：《从海上丝绸之路的发展史和文献研究看新海上丝绸之路建设的价值和意义》，《华南理工大学学报》（社会科学版）2015 年第 1 期。

⑤ 罗佐县、杨国丰、卢雪梅、谭云冬：《中国与东盟油气合作的现状及前景探析——兼论油气合作在共建海上丝绸之路中的地位》，《西南石油大学学报》（社会科学版）2015 年第 1 期。

⑥ 赵泓博：《“21 世纪海上丝绸之路”对海洋强国战略的影响研究》，硕士学位论文，西北师范大学，2015。

中国对印度、泰国及东非国家的农产品出口具有较大的潜力，但对大部分国家来说，中国的农产品出口额达到了最大出口额的 80%，具有相对较小的出口潜力，所以，中国应该加大与印度、泰国、东非国家的合作，释放农产品出口潜力。[①] 郑崇伟、孙威、陈璇、张仲、孔洁指出“21 世纪海上丝绸之路”规划覆盖了海洋环境、资源、人文、地理、经济、法律等方面，所以要建立“海丝”的数据基础，构建“海丝”的综合应用平台。[②] 邓颖颖、蓝仕皇指出南海文化遗产保护的重要性，倡导南海文化遗产保护和旅游开发。[③] 齐庆华、蔡榕硕分析了“21 世纪海上丝绸之路”沿海区域海表温度异常变化的相关性特征和差异，为我国的海洋环境安全和预报减灾提供依据和科技支持。[④] 倪杰文、胡永祥、陈国良分析了医学地理信息系统在“21 世纪海上丝绸之路”遇险船只救援及落水人员搜救等方面的作用，并提出了相应的对策。[⑤]

① 沈伟腾、胡求光：《“海上丝绸之路”农产品贸易潜力及其影响因素分析》，《科技与经济》2016 年第 6 期。

② 郑崇伟、孙威、陈璇、张仲、孔洁：《经略“21 世纪海上丝绸之路”：综合应用平台建设》，《海洋开发与管理》2017 年第 2 期。

③ 邓颖颖、蓝仕皇：《南海文化遗产保护及其旅游开发利用研究——基于 21 世纪“海上丝绸之路”建设背景》，《贵州省党校学报》2017 年第 1 期。

④ 齐庆华、蔡榕硕：《21 世纪海上丝绸之路海表温度异常与气候变率的相关性初探》，《海洋开发与管理》2017 年第 4 期。

⑤ 倪杰文、胡永祥、陈国良：《医学地理信息系统在“21 世纪海上丝绸之路”战略构想中的作用》，《第二军医大学学报》2017 年第 3 期。

第三章 基于“海丝”科技论文的文本数据分析

与新闻文本数据不同的是，基于中国知网（CNKI）引文数据库的科技文献数据是全国各地高校和科研院所的“海上丝绸之路”领域专家、学者经过调查、研究和讨论所得出的知识结晶，具有一定的技术水准和价值，反映了现阶段我国国内对“海上丝绸之路”倡议研究的基本层次和水平，也是我国该领域总体科研质量的宏观反映。这些资料可以视为比新闻文本数据更具价值和深度的知识成果，因此，有必要对其全貌进行分析。

然而传统的分析以文献综述形式展开，这种类型的文献分析具有很强的针对性和逻辑性，但基本倾向于研究作者本身的意志，主观性较强。此外，此类文献综述都是基于相对较少的文献数量得出的结论，不能从更加宏观的角度把握有关“海上丝绸之路”问题研究的方方面面。随着大数据时代的来临和网络信息的迅速发展，文本数据量变得更加庞大。而本书所研究的“海上丝绸之路”主题下的科技文献也属于文本数据的一种，网上可供爬取的数量可以一直追溯到资源提供起始日期的数据，因此文献数据偏多。即使 2013 年 10 月之后有关“21 世纪海上丝绸之路”方面的文献，也大量呈现和出版。因此，传统的综述形式只能较为笼统地进行一些大致的分析和归纳，更加量化和科学的评价方式需要在大数据背景下，通过统计分析方法进行更全面、深入的分析。这样的分析不但简单、快捷，而且相对客观，不会掺杂研究者的主观因素。

因此，本书采用统计学方法和深度学习等技术手段，对非结构化数据——文本数据进行结构化处理，进行统计学视角下的量化分析和可视化。与传统文献计量分析不同的是，本章将采用LDA主题模型等贝叶斯模型，对语义、主题等进行深度挖掘，而非停留在简单的统计分析表面。以下，则由浅入深，进行针对“海丝”主题的文献分析工作。

第一节 “海丝”文献发表态势的量化分析

2013年10月，习近平主席在出访印度尼西亚时，发表了同东盟各国加强海上合作、发展好海洋合作伙伴关系的主题演讲，并创造性地提出了共同建设“21世纪海上丝绸之路”的宏伟蓝图。这是“一带一路”倡议的海上经济圈的重要组成部分，这一倡议的提出引起了国内外媒体的高度关注。“21世纪海上丝绸之路”从地理位置上来说，以中国上海、浙江、福建、广东等东南沿海地区为主体，从海路出发途经南海、太平洋海域和印度洋，建立以海洋经济为合作纽带的互联互通共同体。这一倡议也符合党的十八大提出的海洋强国战略目标。

“21世纪海上丝绸之路”倡议提出后，受到社会各界的普遍关注。尤其对东南沿海省份而言，身在“海丝”倡议的核心区域，如何把握战略定位、结合自身优势进行战略对接等都是极为重要的问题，因此这些省份也对“海丝”倡议的实施具有相对其他地区更高的关注热情。有关“海丝”的问题，在学术界也一石激起千层浪，各个科研院校的相关科研人员纷纷将目光聚集到该倡议的方方面面，进行了一系列的研究和分析。涵盖内容十分广泛，包括宏观战略思想的解读、法律体系的建设、对外经贸往来的影响因素等。但鲜有学者从文献本身出发，将研究“21世纪海上丝绸之路”的科技文献作为研究对象，对其采用一些量化分析手段，分析文献的题材选取、研究机构、发布时间和文献核心主题等问题。本章则从文献发表的时间序列趋势入手，进行描述性统计分析和可视化工作。

一 “海上丝绸之路”主题文献总体情况

关于“海上丝绸之路”文献发布时间序列的研究，数据采集平台定为中国知网（CNKI）。该平台由清华大学和清华同方于 1999 年 6 月共同发起成立，以社会知识资源的传播、共享、增值利用为宗旨与目标，现在已经成为各大院校和科研机构在国内文献搜索方面的重要信息平台。该平台是国家知识基础设施（National Knowledge Infrastructure）建设的重要部分，经过多年努力，CNKI 网络资源共享平台广泛服务于全社会的知识资源数字化、知识共享传播和知识的整合出版等方面，成为全世界最大的中文知识门户网站，具有巨大的社会价值和意义。

数据选取时间为 1979 年 1 月至 2017 年 5 月，搜索主题为“海上丝绸之路”，搜索的文献包括以下 3 种类型：全体文献、全体期刊、CSSCI 期刊。其中全体文献的总体数量和涵盖范围最广，全体期刊次之，而 CSSCI 期刊的涉猎数量最少。首先从全体文献的数量考察对“海上丝绸之路”问题的研究广泛性，CSSCI 方面的文献则更兼重质量，可以反映相对高质量文献在“海上丝绸之路”主题方面的投入度。其中，CSSCI 为 Chinese Social Sciences Citation Index 的简称，即中文社会科学引文索引，该项目由南京大学下属的中国社会科学研究评价中心研制，采用文献量化的手段并结合定性评价，从中国 2700 多种人文社会科学类期刊中去粗取精，甄选出具有较强学术性和规范性的知识资源。这也是本书加入 CSSCI 刊源信息进行分析的原因。

笔者对有关“海上丝绸之路”的文献在全体文献、全体期刊、CSSCI 期刊中的 1979~2017 年的时间序列进行了排序。

图 3-1 显示了 1979~2017 年有关“海上丝绸之路”主题的各类文献随时间的分布情况。根据前面的分析可知，“海上丝绸之路”有别于“一带一路”，并不是在 2013 年才出现的名词，因此有关该问题的研究在 CNKI 信息平台上可以追溯到我国改革开放之初的 1979 年。但从图 3-1 中各曲线的分布趋势可以发现，有关该问题的研究热度可以分为 3 个阶段，分别是 1979~2000 年、2001~2012 年和 2013~2017 年。在第一阶段即 1979~2000 年这一阶段，关于“海上丝绸之路”问题的研究成果一直保持比较平稳的低态势，研究数量相对比较平稳但总体关注度不高，并不是这个阶段国内学者研究的热点问题。在第二阶段，即 2001~2012 年这一阶段，关于“海上丝绸之路”这一问题的研究较第一阶段有明显上升，从文献数量来看，从 2001 年的 67 篇上升到 2012 年的 280 篇，为此阶段初期的 4 倍多。而其他

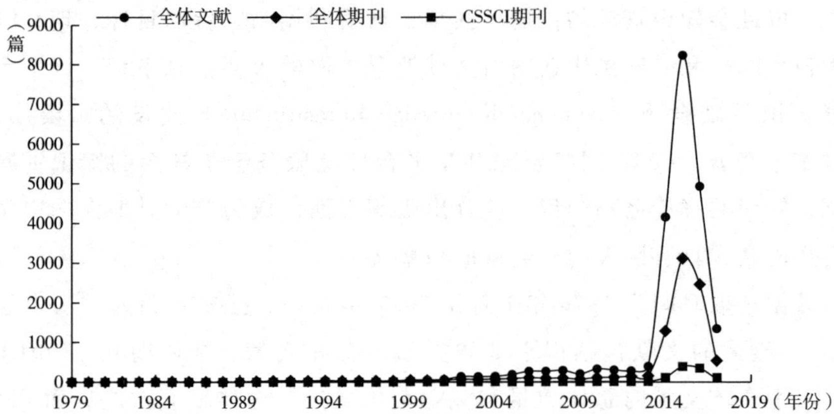

图 3-1　1979~2017 年“海上丝绸之路”文献时间序列趋势

资料来源：笔者对 CNKI 1979~2017 年涉及“海上丝绸之路”主题的文献数量整理而来。2017 年数据为不完全统计，采集日期截至 2017 年 5 月 26 日。

两种期刊的刊出数量也出现明显的增多趋势。

本书关注的重点为第三阶段，也是三个阶段当中最为显著的时期。由于“21 世纪海上丝绸之路”倡议的提出，有关“海上丝绸之路”相关问题的研究进入学者的视野，各个相关专业的科研人员就该问题从各种不同的角度进行研究，囊括范围包括法律、金融、文化、交通、旅游等。在此阶段，全体文献、全体期刊和 CSSCI 期刊都出现类似的曲线形式。2013 年，全体文献中有关“海上丝绸之路”主题的文章数量为 395 篇，但到 2014 年就增长为 4152 篇，这一增长量到 2015 年达到峰值，为 8230 篇，随后有关“海上丝绸之路”主题的文献数量有所下降，2016 年的刊发数量为 4923 篇。2017 年数据为不完全统计，仅截至本书数据采集日期 2017 年 5 月 26 日，因此不能与前者进行横向对比，但依然具有 1340 篇的刊发数量。可见，当“21 世纪海上丝绸之路”倡议提出之后，对该问题的研究进入空前高涨的历史阶段，使这一古老的“海上丝绸之路”重新焕发新的研究热点和价值，因此在“一带一路”倡议背景下，对该问题的研究又赋予了新的历史意义和使命，具有较强的研究潜力和空间，有利于促进相关地区的经济、文化等多领域的繁荣发展。

二 “21世纪海上丝绸之路”倡议提出前后的文献情况

上述研究着眼于1979年至2017年5月26日的宏观历史格局，对全体文献、全体期刊、CSSCI期刊的有关“海上丝绸之路”主题文章的历年发表数量与2013年提出的“21世纪海上丝绸之路”倡议的关系进行了分析。但由于2013年“21世纪海上丝绸之路”倡议提出之后，有关该问题的研究热情高涨，以至于以上述3种类型发表的文章数量激增，分别从改革开放初期的1篇、1篇和0篇，增长到2015年的8230篇、3114篇和389篇。

尤其在上一小节的第一阶段和第二阶段当中，有关“海上丝绸之路”主题的研究热潮出现过一些明显的波动趋势，但由于第三阶段的数据过大，因此掩盖了前两个阶段各类文章随时间波动的趋势。故在此进行分时段的文献时间序列趋势分析。时间节点为2012年底，即把此前的第一阶段和第二阶段纳入同一坐标体系，第三阶段单独纳入坐标体系，从而进行更加细化的研究，具体展示见图3-2。

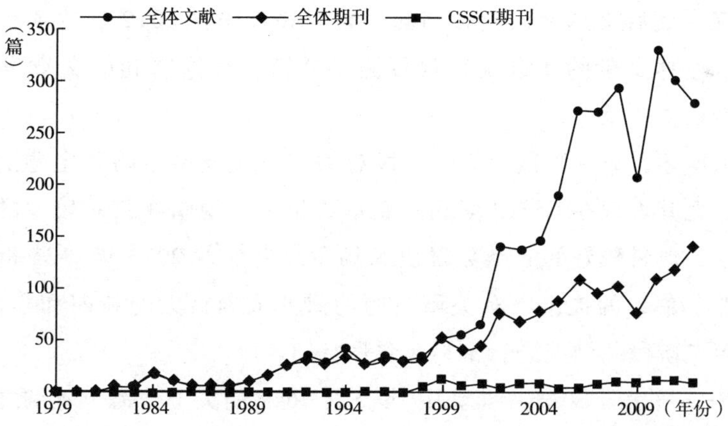

图3-2 1979~2012年“海上丝绸之路”文献时间序列趋势

资料来源：笔者对CNKI 1979~2017年涉及“海上丝绸之路”主题的文献数量整理而来。

图3-2显示的是1979~2012年有关“海上丝绸之路”主题的3种不同类型文献的时间序列趋势。从图3-2中可以看出3条曲线在1979~2012年的考察范围内出现明显的趋势变化，而这一情况在总趋势的分析中由于第

三阶段增长量过于强劲而得不到充分展示。因此，本书在此展开对第一阶段和第二阶段的全体文献、全体期刊和CSSCI期刊的时间序列趋势考察。纵观3条曲线，CSSCI期刊曲线的发展趋势无论从数量上还是形态上，都与全体文献曲线和全体期刊曲线有所不同。1979~1997年，有关“海上丝绸之路”主题的CSSCI期刊文章数量一直为零，这意味着在此期间没有任何相关题材的CSSCI期刊文章发表或刊出。而在1998~2012年，CSSCI期刊中有关“海上丝绸之路”主题的文章开始出现，但每年的平均发表量为9.125篇，不到10篇的刊出数量依然较为稀少，说明有关这一问题的研究相对较为冷门，而且比较缺乏有质量的文章。

全体文献曲线和全体期刊曲线，则在时间趋势上表现出一定的趋同情况，1979~1999年，这两条曲线不但发展形态一致，并且在发表的文章数量上也十分接近，出现范围内的重合。2000~2012年，这两条曲线在发表的文章数量上出现不同的发展趋势，文献类文章的数量显然具有更强劲的增长趋势，而期刊类文章的数量也出现增长，但涨幅相较于前者偏缓慢。但两者在曲线形态上依然十分接近。在该阶段的持续上涨中，文献类和期刊类的文章数量在2009年都出现下滑，成为上升期内唯一一次较为明显的下降。此后又迅速回到较高的位置，并共同在2012年达到整个阶段的峰值，全体文献的文章发表数量为280篇，全体期刊的文章发表数量为142篇。

综上所述，第一阶段和第二阶段有关“海上丝绸之路”主题的研究热度欠佳，尤其表现在CSSCI期刊的文章数量上，说明在相对较少的科研学术成果中，质量较好的文献数量更为稀少。但随着2013年“21世纪海上丝绸之路”倡议的提出，有关该问题的研究成为极大的新闻和学术热点，下面对第三阶段的情况进行剖析，见图3-3。

图3-3显示了2013年至2017年5月26日的关于“海上丝绸之路”文章发表数量的时间序列趋势。由于2017年数据不全，图3-3中2016~2017年段的曲线形态不能做完全参考，在此主要考察2013~2016年3种不同类型文章的刊出数量。习近平总书记在2013年10月3日出访印尼时，在国会演讲中首次提出共建“21世纪海上丝绸之路”倡议。以此为时间节点，有关这一古老的“海上丝绸之路”主题的研究，出现空前的关注度。该倡议激发了广大学术研究者的热情，有关“海上丝绸之路”方方面面的研究

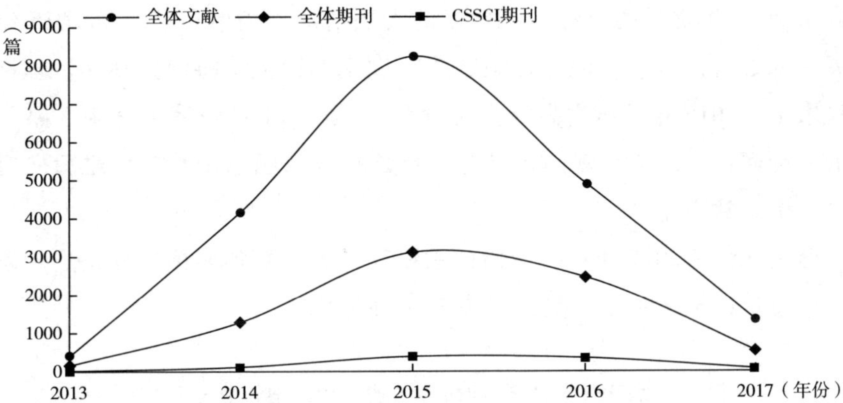

图 3-3　2013~2017 年的“海上丝绸之路”文献时间序列趋势

资料来源：笔者对 CNKI 1979~2017 年涉及“海上丝绸之路”主题的文献数量整理而来。

在各大研究机构和高校都开展起来。但就 2013 年当年的研究数量来看，成果数量偏少。这有两方面的原因，一方面由于“21 世纪海上丝绸之路”倡议提出的时间为 2013 年 10 月，已经接近 2013 年底；另一方面与研究问题的时长、审核修改进度和成果的刊出时滞等多方因素有关。这也反映出科技文章在反映一些热点问题上与新闻文章的区别所在，新闻强调及时、快捷，而科技文章则更注重研究内容的深度和科学性，故存在一定的滞后效应。

但依然可以看出“21 世纪海上丝绸之路”倡议提出后对学界深刻而广泛的影响。从 2014 年开始，3 类文章的数量都开始上升，文献类文章上升幅度最大，其次是期刊类文章，而 CSSCI 期刊类文章的数量只出现少量上升。2015 年是这个考察阶段中，3 类文章成果最多的一年，说明 2013 年 10 月提出“21 世纪海上丝绸之路”倡议后，经过 1~2 年的时间，大量相关科研成果陆续问世。这个周期符合一般的科研研究流程和时间特征。2015~2016 年，文献类文章的下跌幅度最大，其次是期刊类文章，最后是 CSSCI 期刊类文章，几乎与 2015 年的数量持平。由此也可以看出这几类文章之间的区别。全体文献包含的范围更广，具有相对较强的时效性，而全体期刊次之，CSSCI 期刊则更加注重文章的深度和质量，时效类文章并不多见，因此它的增长期表现得比其他两种类型更缓慢，而下降期的跌幅也更不显著。虽然2017年的数据不全，不能当作横向对比的科学依据，但也可以从2015年之后的走势预测后期的发展情况。相信在经历了2015年的发展高峰之后，有关“海上丝绸之路”问题的研究，将回归到一个理性的平稳水平。2015年的研究高峰作为对2013年“21世纪海上丝绸之路”倡议的一种回馈，后期出现的下降趋势只是在该问题趋于常态化之后研究数量的一个正常变化。

鉴于2013~2017年这一阶段的重要性，为了更加明确地反映这一阶段的文章总量以及增长率情况，用表3-1进行总结。

表3-1　2013~2016年3类文章的增长情况

年份	全体文献		全体期刊		CSSCI期刊	
	数量（篇）	增长率（%）	数量（篇）	增长率（%）	数量（篇）	增长率（%）
2013	395	41.07	156	9.86	14	40.00
2014	4152	951.14	1281	721.15	114	714.29
2015	8230	98.22	3114	143.09	389	241.23
2016	4923	-40.18	2461	-20.97	347	-10.80

注：受数据采集时间的限制，2017年数据不完全，并不能与2013~2016年的数据进行对比，故不展示。

资料来源：笔者对CNKI 1979~2017年涉及“海上丝绸之路”主题的文献数量整理而来。

从表3-1中可知，2013年的3类文章的数量相比前一阶段，增长并不明显，文献类文章总量仅为395篇，期刊类文章总量156篇，CSSCI期刊类文章总量为14篇。但在2014年，这一情况就有所改观，文献类文章的数量上升到4152篇，增长率达到951.14%，期刊类文章的数量也出现明显增长，为1281篇，增长率为721.15%，CSSCI期刊在此阶段的文章数量也增至114篇，增长率高达714.29%，虽然位居第三，但与位于第二的期刊类文章的增长率相差不大。2015年，是所有3类文章绝对数量上的共同峰值年份，但由于2014年的文章数目已经出现大幅度的上升，2015年的增长率表现略逊于上一年。并且值得注意的是，2015年的增长率排名出现反转，在2014年位居第三的CSSCI期刊类文章数量的增长率在2015年成为第一，为241.23%；2014年排名第一的文献类文章数量的增长率则在2015年排名最后，为98.22%；期刊类文章数量的增长率与上年保持一致，位列第二，为 143.09%。

从这一趋势也能看出 3 类不同文章的性质，其中文献类文章有类似新闻文本语料的特征，在时效性和广泛性上比后两者更好。而期刊类文章尤其是 CSSCI 期刊类文章更具有研究的持久度和深度。2016 年 3 类文章的数量均较前一年有所减少，其增长率趋势排名与 2015 年相同，降幅最小的为 CSSCI 期刊类文章，增长率为-10.80%，其次为期刊类文章，增长率为-20.97%，降幅最大的为文献类文章，增长率为-40.18%。由于 2017 年数据不完全，故不纳入上述的增长率分析。但从该阶段的分析可以发现，针对“海上丝绸之路”这一问题的研究，一开始显示出极大的热潮，在文献类文章基数逐渐增加以及“21 世纪海上丝绸之路”倡议提出之后，对于该问题的研究，则进入理性平稳阶段，将会在一段时期内保持一定基数下的稳健趋势。

三 研究机构的分布

上述分析主要从文章发表数量和时间趋势进行了一系列关于 3 类不同特征文章的分析，找出了有关“海上丝绸之路”这一主题从 1979 年到 2017 年的 2 个发展模式，并逐一对其进行分析比较。结果发现，1979～2012 年处于相对低体量的发展模式；2013～2017 年出现井喷式发展，这得益于“21 世纪海上丝绸之路”倡议的提出。可见，“21 世纪海上丝绸之路”倡议具有极强的影响力，并且不难发现“21 世纪海上丝绸之路”倡议具有非常强的地理信息。福建泉州作为古代海上丝绸之路的起点之一，福建省作为“21 世纪海上丝绸之路”的核心区域之一，对该问题具有更强烈的研究热情。因此，本书在这个阶段，通过对爬取数据的研究机构所在地理位置分布进行统计，从而进行地理热力图的可视化展示，从中发现研究机构的地理位置与“21 世纪海上丝绸之路”倡议之间的关系，发现哪些区域是该倡议的重点关注领域。

通过提取所用文献中有关研究机构的信息，并对其所属省份进行标记，得到对“海上丝绸之路”主题开展研究的科研院所和高校等研究机构的分布情况。本书以发表文章数量为标准将研究机构分为 5 个梯队，355～510 篇为第 1 梯队，140～354 篇为第 2 梯队，64～139 篇为第 3 梯队，30～

63篇为第4梯队，4~29篇为第5梯队。有关“海上丝绸之路”问题的研究具有显著的地域特征，东南沿海地区的研究热度相对较高。从量化分析来看，对该问题研究热度最高的地区是北京，因此北京是第1梯队。北京虽然不属于“21世纪海上丝绸之路”倡议的区位划分区域，但作为首都，一方面北京聚集了大量的科研院所和高校，另一方面北京是我国政治、经济和文化中心，关于“21世纪海上丝绸之路”倡议，北京自然保持较高的研究热情，这将有利于为政府部门和地方相关区域在今后倡议的具体实施中提供有效的政策建议。位于第2梯队的是福建和广东两省，其中福建省是古代海上丝绸之路的主要起点之一，见证了古代海上丝绸之路的繁荣与发展。福建省在“21世纪海上丝绸之路”建设中具有很多突出的优势，2013年后，福建省积极投入“21世纪海上丝绸之路”建设当中，响应迅速、积极作为，结合自身发展实践制定了建设21世纪海上丝绸之路核心区方案，在推进海洋合作、人文交流和经贸往来方面迈出了坚实步伐。而广东省也具有独特的区位优势。尤其是改革开放以来，广东省与东南亚、南亚等海上丝绸之路相关国家和地区的贸易发展迅猛，在“21世纪海上丝绸之路”建设之际，广东省立足自身区位优势，联合港澳台地区，以资金融通、设施联通、贸易畅通为基础，发挥广东在“21世纪海上丝绸之路”建设中的战略枢纽和经济引擎的作用。

处于第3梯队的地区包括浙江、江苏、广西、海南。这些省份在区域上均属于“21世纪海上丝绸之路”建设的相关沿线省份，因此具有一定的地缘优势。目前各个省份纷纷结合自身优势寻找与“21世纪海上丝绸之路”的对接方式。浙江省的定位是打造推动“一带一路”倡议的经贸合作先行区，建设以杭州、宁波等城市为中心的贸易物流枢纽区和“21世纪海上丝绸之路”的试验区，以打开新的贯通格局。江苏省的定位是“一带一路”交汇节点，以港口为着力点建设国际通道，打造陆海双向开放的新格局。广西壮族自治区的定位是西南、中南开放发展新的重要支点。广西壮族自治区的建设主要集中在北部湾，做好基础设施建设、港口物流的发展和产业升级。海南省的定位则是紧密围绕南海资源，其中包括资源的开发、海上服务保障等，并着力发展与海洋经济相关的海上旅游、油气开采、远洋捕捞等行业，力争成为“21世纪海上丝绸之路”的支点。

第4梯队和第5梯队的省份都集中在内陆地区。其中第4梯队包括陕西、重庆、云南、新疆。其他地区则为第5梯队省份。虽然内陆地区对“21世纪海上丝绸之路”的研究热情低于其他地区。但就以上两个梯队的省份而言，对“21世纪海上丝绸之路”投入较多关注的陕西、重庆、云南、新疆都属于“丝绸之路经济带”的重要组成部分，由于两个倡议之间的依存度较高，有必要进行相关研究。而对第5梯队的甘肃等隶属于“丝绸之路经济带”的省份而言，在这些经济欠发达地区，科研机构和院校的不足，造成对“21世纪海上丝绸之路”研究的不足。

第二节 文本主题挖掘的流程

一 数据清洗与降维

文本数据区别于传统的数字数据等结构化数据，对于文本数据而言，很重要的一点就是将文本数据首先进行结构化处理，因此，文本预处理是文本分析中重要的环节，且对文本主题信息的提取具有重要意义。另外，中文文本有不同于英文文本的特殊性，即中文文本数据中的词是连续的，不像英文文本中每个单词之间有较为明显的划分，因此，在进行中文文本建模分析时，预处理显得尤为重要，且比英文文本预处理多出了分词一项。

本书所做的文本预处理主要包含中文分词、停用词过滤、词频统计三个流程，其中中文分词是中文语料的结构化过程，而停用词过滤、词频统计则是语料的初步降维过程。

（一）中文分词

词与词之间没有明显的形态界限是汉语的一个重要特点，大部分的文本预处理是基于词粒度层面的，因此要想将词作为中文文本处理的基本粒度，对中文文本数据词的划分就显得尤为重要，即分词技术。如今大部分分词工具基于隐马尔可夫的词发现技术，在现有分词技术的基础上，想要在某些专业领域进一步提升分词准确性，更多的时候是借助分词词典、主题词典、文本特征语义信息等外部信息的干预，将文本划分为较为准确的、相应的词语集合。

从技术的角度出发，约束矩阵法、语法分析法、机械匹配法、特征词库法、理解切分法是常用的分词算法。约束矩阵法是经过词义消歧后的分词方法，基本思想是在分词的过程中加入约束矩阵作为一个判别标准；语法分析法是在约束矩阵法的基础上进行改进，在全局的约束上建立语义规则，以此来提高分词的准确性；机械匹配法，顾名思义就是在词语词典的基础上对词语进行匹配，该方法虽然简单但能取得较好的效果，但在一些前后字均能构成词的情况下表现较差；特征词库法是在机械匹配法的基础上进行改进，多构建一个特征词库，先根据特征词库进行匹配；理解切分法是将语义规则和词典匹配结合在一起，为计算机程序构建一种理解语义的框架。

针对不同策略的分词算法，学者们开发出了各式各样的分词系统，其中有以下几种较为成熟的分词系统：清华大学 SEG 分词系统和 SEGTAG 分词系统、北京航空航天大学 CDWS 分词系统、东北大学自然语言处理实验室 NEUCSP 分词系统、Microsoft Research 汉语句法分析器中的自动分词系统 NLPWin、中国科学院计算技术研究所汉语词法分析系统 ICTCLAS。

本书将采用基于 Python 语言的开源分词工具包 Jieba。Jieba 的基础算法是基于 Trie 树结构实现高效的词图扫描，生成句子中汉字所有可能成词的情况来构建有向无环图（DAG），并且采用动态规划来查找最大概率路径，找出基于词频的最大分词组合，利用隐马尔可夫模型来处理未登录的词，采用维特比算法。

（二）停用词过滤

停用词（stopwords）有两层含义：第一，这些词在待处理文本集的大部分文档中极其普遍，具有极高的出现概率；第二，这些词所包含的信息量极低，即对文本主题意义的贡献率极低，不能表现文档的信息。比如中文文档中的“的”“地”“了”“吗”，英文文档中的“the”“that”“of”等词。

在实践操作中，主要利用词频、逆向文档频率、熵、联合熵并结合主流停用词表来筛选和评估停用词。

词频指单词在一篇文档中出现的频率，是一种简单的评价指标，如果一个词在一篇文档中出现的频率过高，那它在很大程度上是无意义词，即噪声。与文档频率对应的是逆文档频率，该指标由总文档规模除以包含某个词的文档规模得到。当某个词仅在某几个文档中出现，而较少出现在其他文档中的时候，说明该词可以在一定程度上表现这几篇文档的特征意义，即可以通过这些词来将这几篇文档区别于其他文档。熵是信息论中的概念，用于描述不确定性的数字度量，是由香农提出的基于概率统计模型的信息度量概念。香农将信息定义为“用来消除不确定性的东西”，熵的值越大，表示词语的平均信息量就越大；熵的值越小，表示词语所能提供的信息量越少，可判定为噪声。联合熵则定义为词语的平均信息量，包含该词的句子的平均信息量均较大时，该词语则较常见。

（三）词频统计

文本数据经过中文分词处理之后，再经过停用词过滤会得到以特征词为标志的标准化序列。预处理过程中还应该包含有各词语的词频数和Bigram词频的统计，这些都是为了之后对文本数据进行处理方便而作的预处理。

二　文本-词项矩阵建模

（一）向量空间模型

向量空间模型（Vector Space Model，VSM）将文档内容放置在向量空间中，表达为一个向量、一个点。此时，文档内容特征的提取，例如文档相似性特征的提取就转换成空间向量相似性的度量。在文本数据处理领域，VSM是一种专注于信息过滤、信息抽取、索引以及计算文本间相似度的代数模型。该模型通过特征词的数字化方法，将文本数据和每个文档投影到一个高维空间，将文本进行向量化，在高维空间对文本进行进一步的挖掘。在文本分析方面，可以利用高维空间上代表每个文档的向量间的相似度来代表文档间的相似度，一般采取余弦相似度进行计算。目前该方法是较为主流的方法。

VSM将每篇文档数据标准化成一个特征向量，公式如下：

$$V(d_j)=[w_1(d_j),w_2(d_j),w_3(d_j)\cdots w_i(d_j)\cdots w_n(d_j)] \tag{3-1}$$

其中，$V(d_j)$ 为第 j 篇文档的特征向量，$w_i(d_j)$ 则表示第 i 个特征项在文档 d_j 中的特征值，其中 n 表示文本特征空间的维度。在 VSM 中，$w_i(d_j)$ 代表的特征值反映该特征词对文本的重要程度，值越大则表示对文本重要性越高，越可以区分文本语义。

三 特征提取

文本特征提取的目的，就是找出客体（文本）“真正要表达”的语义。特征词的值的计算方法有以下几种：布尔计算函数、平方根计算函数、对数计算函数、TF-IDF（Term Frequency-Inverse Document Frequency，词频-逆文档频率）。特征提取技术的代表模型有三类，其中布尔模型（Boolean）、TF-IDF 模型①较为常见。

（一）布尔模型

布尔模型作为早期的文本特征提取技术，以集合论和布尔代数为基础，通过简单地“交、并、补”和“与、或、非”逻辑运算，判断文档中是否出现目标词，并返回结果 0（“未出现”）或 1（“出现”）。例如，运用布尔模型进行信息检索，假设在文档 $D_1=(a, b, c, d, e, f)$ 和 $D_2=(a, b, c, e, h, k)$ 中，检索条件为 $Q=(a \vee b) \wedge h$，即出现 $a \wedge h$ 或 $b \wedge h$，返回结果为 $D_1=0$、$D_2=1$。

该模型的优点是通俗、易懂、模型简洁，对于简单、精确的文本特征提取，可以获得非常良好的结果。布尔模型的刚性匹配，“与、或、非”意味着元素只能有“出现”或“不出现”的二元结果，这既是其结果优良的基础，同时也限制了它的效用。因此，在布尔模型检索下，返回的文档数量难以控制、返回结果难以排序、无法做进一步信息挖掘。

（二）TF-IDF 模型

目前特征值计算效果被普遍接受的是 TF-IDF 函数，因此本书也采用 TF-IDF 函数结合 VSM 来作为文本数据的建模方式。

---

① H. C. Wu, R. W. P. Luk, “Interpreting TF-IDF Term Weights as Making Relevance Decisions,” *ACM Transactions on Information Systems*, 26, (2008): 1-37.

TF-IDF 函数的计算公式如下：

$$w_i(d_j) = tf_{ij} \times \log\left(\frac{N}{N_i} + 0.01\right) \tag{3-2}$$

其中，N 为特征空间维度，N_i 表示包含第 i 个特征词的文档数目。同时文本长度会影响文本相似度的计算，因此需要将每个文本向量归一化、标准化，文本向量特征项的计算公式如下：

$$w_i(d_j) = \frac{tf_{ij} \times \log\left(\frac{N}{N_i} + 0.01\right)}{\sqrt{\sum_{i=1}^{n} (tf_{ij})^2 \times \left[\log\left(\frac{N}{N_i} + 0.01\right)\right]}} \tag{3-3}$$

文本利用公式 3-3 进行文本数据的建模，构建文本向量空间，在此基础上对文本进行进一步处理。

特征提取与上一小节中的文本建模是相辅相成的，在文本数据处理领域中，纯粹的基于词汇的文本空间具有维数灾难的问题，因此，对文本空间进行特征提取并将文本空间进行压缩量化就显得尤为重要，特征提取就是选取代表性较高的词语作为特征项。特征提取的核心思想和准则就是对空间维度进行压缩，从而提高文本处理效率，提高聚类精度。在文本挖掘领域中，除了上述两种较为常用的方式之外，主要有以下用于特征提取的统计量：文档频率（Document Frequency）、互信息（Multi-Information）、信息增益（Information Gain）、χ^2 统计（Chi-Square）、特征增强（Term Strength）、期望交叉熵（Expected Cross Entropy）。

四　主题模型简介

主题模型起源于 Scott Deerwester 等人在 1990 年提出的潜在语义分析（Latent Semantic Analysis，LSA），① LSA 第一次引入语义维度，即对文本信息的整合，通过奇异值分解（Singular Value Decomposition，SVD）使整个

① S. C. Deerwester，S. T. Dumais，T. K. Landauer，G. W. Furnas，R. A. Harshman，“Indexing by Latent Semantic Analysis，” *JASIS*，41，（1990）：391-407.

文本都指向这个语义维度。

（一）潜在语义索引（LSI）模型

潜在语义分析是一种基于统计学假设的语义分析方法：模型假设文档和词服从联合正态分布，同一文档中多次出现的词语具有类似语义。其通过词语抽取，推断词语间的语义关系，并映射到矢量语义空间，进行词语和文档特征关系的分析。LSI 模型的核心过程包括词频矩阵构建和奇异值分解（SVD）两个部分。

词频矩阵输入的词频，一般是通过 TF-IDF 计算得到的特征词，也可以直接将词频（TF）输入矩阵，进而得到词频矩阵 $A_{n\times m}$。随后，将词频矩阵 $A_{n\times m}$进行奇异值分解，$A_{n\times m}=U_{m\times m}\sum_{m\times n}V_{n\times n}^{T}$，左乘以词频矩阵的转置 A^{T}，并求 $A^{T}A$ 的特征值 $A^{T}Av_{i}=\lambda_{i}v_{i}$，则可得奇异值 $\sigma_{i}=\sqrt{\lambda_{i}}$，左奇异向量 $u_{i}=\frac{1}{\sigma_{i}}Av_{i}$。由于 σ_{i} 值从大到小依次递减，并且递减速度极快，用少部分奇异值即可解释词频矩阵 $A_{n\times m}\approx U_{m\times r}\sum_{r\times r}V_{r\times n}^{T}$，即用少量词解释文档。

虽然在使用过程中发现 LSI 模型仍有许多缺点，如忽视词语出现先后顺序、无法解释一词多义、观测数据更像是服从泊松分布等，但是潜在语义分析的出现，标志着文档特征提取方法开始具备坚实的统计学基础。

在 LSI 模型的基础上，Griffiths 等人于 1999 年在 SIGIR 会议上提出了概率潜在语义索引（Probabilistic Latent Semantic Indexing，PLSI）模型，[①] 这是第一个符合概率意义的主题模型。

（二）概率潜在语义索引（PLSI）模型

Griffiths 等人于 1999 年在 SIGIR 会议上提出概率潜在语义分析模型，该模型假设文档之间相互独立并且可以交换，文档内部的词也是独立并可以交换的。这是一个词袋模型。对于语料 $D=(d_1,\ d_2,\ \cdots,\ d_m)$ 中的第 m 篇文档，D-T 阶段的主题由一个特定的分布生成，在 T-W 阶段同一个词可由不同主题产生。于是，可以计算生成 d_m 中词语的概率的公式为：

---

① T. L. Griffiths, M. Steyvers, J. B. Tenenbaum, “Topics in Semantic Representation,” *Psychological Review*, 114, (2007): 211-244.

$$p(w_m \mid d_m) = \sum_{z=1}^{K} p(w \mid z)p(z \mid d_m) = \sum_{z=1}^{K} \varphi_{z,w}\theta_{m,z} \tag{3-4}$$

生成整篇文档的概率的公式为：

$$p(\vec{w} \mid d_m) = \prod_{i=1}^{n}\sum_{z=1}^{K} p(w \mid z)p(z \mid d_m) = \prod_{i=1}^{n}\sum_{z=1}^{K} \varphi_{z,w_i}\theta_{d,z} \tag{3-5}$$

PLSI 模型假设每篇文档都是相互独立的，因此容易写出整个文档集合的生成概率。其中模型参数的求解，Griffiths 等人引入了 EM 算法，通过迭代求得局部最优解，用以应对文本中存在隐含变量的情况，解决了 LSI 模型缺乏统计基础的缺陷。

（三）潜在狄利克雷分配模型

潜在狄利克雷分配（Latent Dirichlet Allocation，LDA）模型是由 Blei 等人于 2003 年提出的针对文档主题提取与分类的主题模型。[①] LDA 模型假设所有文档作为一个大集合，不仅其出现的先后顺序可以打乱，而且在文档内词频的出现顺序也可以打乱。同时，LDA 模型认为不仅在 T-W 阶段同一个词可由不同主题产生，在 D-T 阶段生成主题的分布也不是唯一的，需要有一组主题分布集合来产生主题。其逻辑图如图 3-4 所示。

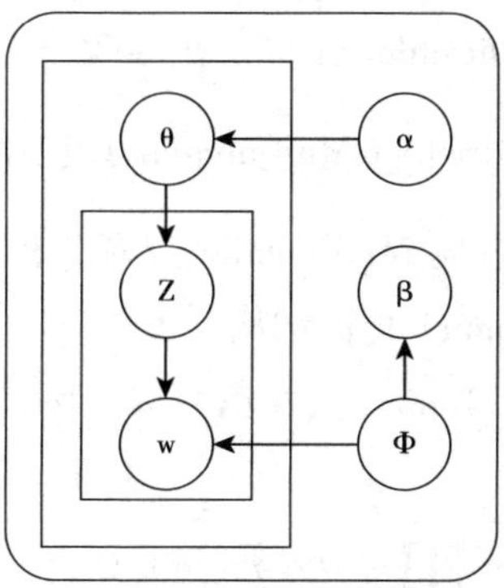

图 3-4　LDA 模型逻辑图

① D. M. Blei, A. Y. Ng, M. I. Jordan, "Latent Dirichlet Allocation," *The Journal of Machine Learning Research*, 11, (2003): 993-1022.

另外，可写出算法步骤，如表3-2所示。

表3-2　LDA模型算法步骤

算法步骤
1. D-T（文档-主题）层面：
（a）产生主题向量的分布，$\vec{\theta}_m \sim Dir(\vec{\alpha})$；
（b）产生文档-主题分布，$Z_{m,n} \sim Mult(\vec{\theta}_m)$，$Z_{m,n} \in \{1, 2, \cdots, K\}$。
2. T-W（主题-词）层面：
（a）产生词向量的分布，$\vec{\varphi}_k \sim Dir_V(\vec{\beta}_k)$；
（b）产生主题-词分布，$W_{m,n} \sim Mult(\vec{\varphi}_k)$，$W_{m,n} \in \{1, 2, \cdots, V\}$。

LDA模型在产生m篇文档语料的过程中，包括Bag-of-Document-Topic和Bag-of-Topic-Word两个子模型。该模型主要分为两个物理过程。

第一步，$\vec{\alpha} \to \vec{\theta}_m \to \vec{Z}_{m,n}$，表示生成第$m$篇文档时，从Bag-of-Document-Topic中随机抽取用于生成主题的骰子$\vec{\theta}_m$投掷，生成Topic $z_{m,n}$。

第二步，$\vec{\beta} \to \vec{\varphi}_k \to w_{m,n} \mid k = z_{m,n}$，从Bag-of-Topic-Word中抽取$k = z_{m,n}$的骰子投掷，生成Word $w_{m,n}$。

其中，$\vec{\alpha} \to \vec{\theta}_m$对应Dirichlet分布，$\vec{\theta}_m \to \vec{Z}_{m,n}$对应Multinomial分布，所以$\vec{\alpha} \to \vec{\theta}_m \to \vec{Z}_{m,n}$整体是Dirichlet-Multinomial共轭结构。同样，$\vec{\beta} \to \vec{\varphi}_k$对应Dirichlet分布，$\vec{\varphi}_k \to w_{m,n}$对应Multinomial分布，所以$\vec{\beta} \to \vec{\varphi}_k \to w_{m,n} \mid k = z_{m,n}$整体也是Dirichlet-Multinomial共轭结构。

进一步，可以计算出Topic $z_{m,n}$在语料d_m中生成的概率，公式为：

$$p(\vec{z}_m \mid \vec{\alpha}) = \int \prod_{k=1}^{V} p_k^{n_k} Dir(\vec{p} \mid \vec{\alpha})\, d\vec{p} = \frac{\Delta(\vec{n}_m + \vec{\alpha})}{\Delta(\vec{\alpha})} \tag{3-6}$$

其中，$\vec{n}_m = (n_m^{(1)}, n_m^{(2)}, \cdots, n_m^{(K)})$，$n_m^{(K)}$表示第$m$篇文档中第$k$个主题产生的词个数。同样地，可以计算出Word $w_{m,n}$在Topic $z_{m,n}$中生成的概率，公式为：

$$p(\vec{w}_k \mid \vec{\beta}) = \frac{\Delta(\vec{n}_k + \vec{\beta})}{\Delta(\vec{\beta})} \tag{3-7}$$

最终，可得到生成整篇文档的概率，公式为：

$$p(\vec{w}, \vec{z} \mid \vec{\alpha}, \vec{\beta}) = \prod_{k=1}^{K} \frac{\Delta(\vec{n}_k + \vec{\beta})}{\Delta(\vec{\beta})} \prod_{m=1}^{M} \frac{\Delta(\vec{n}_m + \vec{\alpha})}{\Delta(\vec{\alpha})} \tag{3-8}$$

因为无法知晓其中超参数 $\vec{\alpha}$ 和 $\vec{\beta}$ 的关系，所以无法使用极大似然公式估计。起初，Blei 于 2003 年提出用 Variational Inference 过程结合 EM 算法，求解似然函数。通过 EM 算法，每次输入一对 $\vec{\alpha}$ 和 $\vec{\beta}$ 原始值，计算出一个似然函数值，找出一对 $\vec{\alpha}$ 和 $\vec{\beta}$ 的值使似然函数值最大。由于 EM 算法的计算结果是局部最优分布，Griffiths 和 Steyvers 等人在随后的研究中使用 Collapsed Gibbs 采样方法，极大地简化了模型推导和使用。在 Gibbs 采样方法中，参数估计如下。

主题的分布的公式为：

$$\hat{\theta}_{m,k} = \frac{n_{m,-i}^{(k)} + \alpha_k}{\sum_{k=1}^{K} (n_{m,-i}^{(k)} + \alpha_k)} \tag{3-9}$$

词的分布的公式为：

$$\hat{\varphi}_{k,t} = \frac{n_{k,-i}^{(t)} + \beta_k}{\sum_{t=1}^{V} (n_{k,-i}^{(t)} + \beta_k)} \tag{3-10}$$

联合分布的公式为：

$$p(z_i = k \mid \vec{z}_{-i}, \vec{w}) \propto \frac{n_{m,-i}^{(k)} + \alpha_k}{\sum_{k=1}^{K} (n_{m,-i}^{(k)} + \alpha_k)} \cdot \frac{n_{k,-i}^{(t)} + \beta_k}{\sum_{t=1}^{V} (n_{k,-i}^{(t)} + \beta_k)} \tag{3-11}$$

LDA 模型在描述主题内容上相较于词频统计已经有了极大的提高，但 LDA 模型对主题聚合度与独立性的描述仍有改进的空间。

综上，本书的文本主题挖掘流程路径为“数据获取—数据准备—数据分析—结果呈现”，如图 3-5 所示。

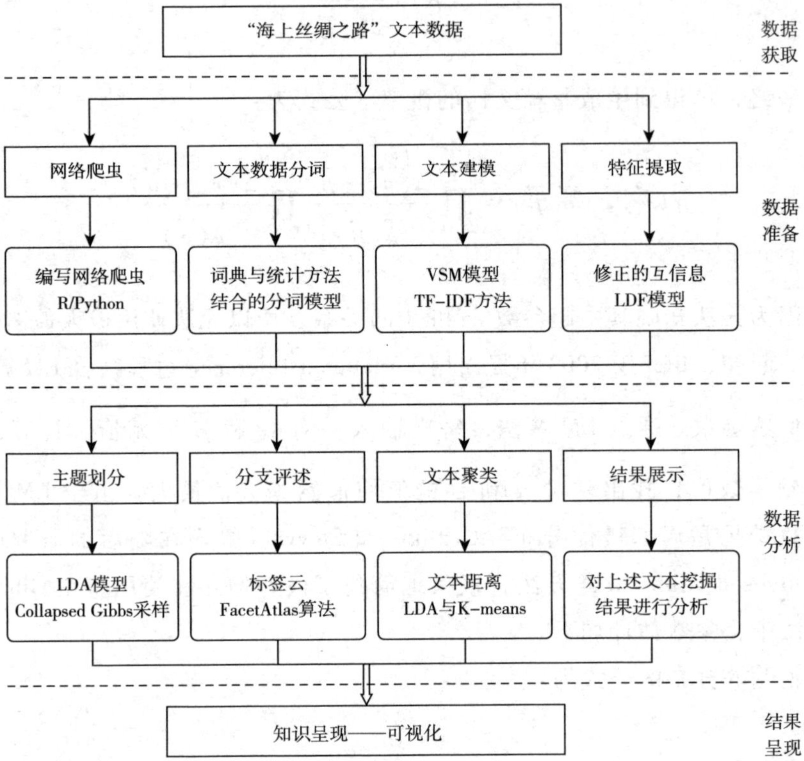

图 3-5 文本主题挖掘流程

第三节 “海丝”文献文本数据的统计学分析

一 背景与文献综述

科技文献体现了人类科学技术研究的智慧积累，是反映经济发展与科技进步的重要指标，同时也是学术研究领域重要的学术参考与资源。随着大数据时代的到来，论文期刊、电子图书馆、各大门户网站等都是文本信息较为集中的主要阵地，铺天盖地的各类文本信息，一方面提供了方便快捷的资讯与知识获取渠道，另一方面也对信息过滤与甄别造成一定的难度。因此，本书着眼于“海上丝绸之路”主题的科技文献，从文本挖掘的角度对相关科技文献进行分析，通过技术手段较为迅速、快捷地掌握海量文本信息的组织脉络、隐含模式、研究重点，以及主题内容解析和划分，力争提供一套完备的科技文献主题分析的文本挖掘技术体系，填补时政热点与科学研究双重视角下的文本挖掘研究的空白，以期为大众及科研工作者提供有效的科技文献知识获取平台，为科研管理部门提供信息挖掘与呈现的途径。

随着计算机性能与网络技术的快速发展，电子化与数据化成为科技文献存储与管理的主要途径，因此以科技文献为研究对象的学术论文层出不穷，涉及方向也较为广泛。

赖院根提出网络环境和海量数据背景下的科技文献跨语言推荐模型，并论证用户兴趣特征抽取、语言转换和混合推荐等步骤。[①] 刘勘、周丽红、陈譞描述一种基于改进 TF-IDF 特征词加权算法的科技文献聚类方法，实验表明用这种科技文献聚类方法能够从所检索的科技文献中发现热点研究领域，并能识别具有学科融合性质的研究方向。[②] 沈志宏等人以科技文献、科学数据发布为例，对关联数据的发布流程及关键问题进行研究。[③] 以上文献分别从网络环境和海量数据下的跨语言推荐模型、科技文献聚类和关联数据发布流程方面对大数据时代科技文献文本数据进行不同角度的分析，部分内容也属于文本挖掘的范畴。而对某一时政主题的科技文献文本挖掘研究并不多见，与本书研究内容相关的文献如下。

王俊英针对大规模文本数据，提出一种基于科技文献的中文文本分类算法，实现了对计算机类科技文献的层次化分类。[④] 周丽红、刘勘采用 Predictive Apriori 关联算法构造分类器，最终将科技文献分为综述型、理论型和应用型。[⑤] 上述两篇论文的研究方法均是对科技文献进行分词处理，并采用数据挖掘的思想进行科技文献的层次化分类与类型匹配。但文章仅进行科技文献的分类研究，未涉及科技文献本身内容的释义与主题划分，

---

① 赖院根：《科技文献跨语言推荐模型研究》，《中国图书馆学报》2011 年第 11 期。

② 刘勘、周丽红、陈譞：《基于关键词的科技文献聚类研究》，《图书情报工作》2012 年第 4 期。

③ 沈志宏、刘筱敏、郭学兵、张晓林、黎建辉：《关联数据发布流程与关键问题研究》，《中国图书馆学报》2012 年第 11 期。

④ 王俊英：《基于科技文献的中文文本分类算法研究》，硕士学位论文，燕山大学，2007。

⑤ 周丽红、刘勘：《基于关联规则的科技文献分类研究》，《图书情报工作》2012 年第 4 期。

挖掘程度尚浅。朱建平等人采用文本挖掘方法，对某学术期刊所发布文章的篇名、关键词和摘要进行文本挖掘研究，并探讨其发展历程。① 但此文仅以某杂志的科技文献为研究对象，只进行高频词挖掘与可视化方面的文本挖掘研究，并未进行文本的主题模式挖掘与分析，文本挖掘的面向相对较窄。冷伏海、白如江、祝清松综合运用语义标注技术、规则抽取技术和正则表达式技术，提出一种面向科技文献的混合语义信息抽取方法，并对碳纳米管研究领域科技文献语义进行实证研究。② 有关特征抽取的文献还有杨中国等人以数据挖掘领域科技文献为研究对象，利用引导词特征、语义相似度计算，从论文文本中抽取出论文的主要工作信息。③ 此类方法能较准确地抽取相应信息，优于人工抽取结果，但信息抽取只能起到科技文献内容提取的作用，不能对文献进行主题模式的归类与主题内容的分析，欠缺海量文献的分类、对比与挖掘能力。

文本数据作为语言的信息载体，包含着较为复杂的语义关系，因此需要有效的语言模型对其进行较为精确的刻画。在语言模型的发展中相继出现了 TF-IDF 模型、LSI 模型、PLSI 模型、LDA 模型。LDA 模型是由 Blei 等人在 2003 年提出的一种三层贝叶斯模型，是目前采用主题模型进行文本挖掘的主流方法，具有良好的统计性能与精度。由于我国学术界展开文本挖掘研究的时间较晚，研究状况基本处于消化吸收国外先进理论与针对中文语料开展独立研究相结合的状态，且存在以下不足之处：（1）技术手段与理论欠完善；（2）文本挖掘深度待强化；（3）挖掘范围与应用有局限。本书针对上述不足，以“海上丝绸之路”科技文献为例建立文本数据库，采用 LDA 模型对该类文本数据进行高频词选取与可视化、主题挖掘与分类等方面的研究，力争为科技文献的主题模式挖掘与释义等方面提供有效的技术手段，并拓宽文本挖掘技术在时政热点命题与科技研究领域的应用，同时为有关科技文献受众、管理单位和政策部门提供有力的数据支撑和方便快捷的认知途径。

---

① 朱建平、刘晓葳、欧阳汉：《〈统计研究〉的历史阶段性回顾与特征分析》，《统计研究》2014 年第 9 期。

② 冷伏海、白如江、祝清松：《面向科技文献的混合语义信息抽取方法研究》，《图书情报工作》2013 年第 11 期。

③ 杨中国、李洪奇、朱丽萍、刘蕾：《基于语义模式和引用分布的科技文献信息抽取》，《山东大学学报》（理学版）2015 年第 3 期。

二 模型方法与处理流程

（一）中文语料结构化之路

中文以字为单位、组词方式多变，因此中文文本分词较英文文本分词而言更为复杂。从计算机处理角度来看，中文文本分词是计算机自动识别文本中词边界的过程。文本分词是文本量化的基础和前提，分词技术大致可以分为两种，即基于词典的分词方法和基于统计的分词方法。本书采用词典分词法与统计分词法相结合的分词技术（mmseg+MI），这两种方法能够相互补充提高分词精度与效率。

（二）文本数据“维数灾难”的攻克

文本数据向结构化数据转换的过程就是形成“文本-词项”矩阵 M_T 的过程，M_T 矩阵具有高维、稀疏的特征，存在维数灾难，为挖掘带来困难。特征提取是降维的有效方式，为了克服传统方法的不足，首先通过 TF-IDF 进行特征提取，其次利用 LDA 进行建模。这样不仅可以提高运算速度和分类精度，而且可以为后续 LDA 模型在其他分析中的方法扩展与应用提供必要的基础。

（三）LDA 模型的建构

LDA 模型是一种非监督机器学习技术，计算文本 d_m 最大化文档出现概率的公式如下：

$$\max l(\alpha,\beta) = \sum_{m=1}^{M} \log p(d_m \mid \vec{\alpha},\vec{\beta}) \tag{3-12}$$

为了简化书写，$p(d_m \mid \vec{\alpha}, \vec{\beta}) = p(w_{m,n}, z_{m,n} \mid \vec{\alpha}, \vec{\beta}) = p(w_{m,n}, z_{m,n}, \vec{\theta}_m, \Phi \mid \vec{\alpha}, \vec{\beta})$ 表示第 m 篇文本 d_m 的联合分布形式。计算主题 $z_{m,n}$ 在第 m 篇文档 d_m 中的概率的公式是：

$$p(\vec{z}_m \mid \vec{\alpha}) = \int \prod_{k=1}^{V} p_k^{n_k} Dir(\vec{p} \mid \vec{\alpha}) d\vec{p} = \frac{\Delta(\vec{n}_m + \vec{\alpha})}{\Delta(\vec{\alpha})} \tag{3-13}$$

其中 $\vec{n}_m = (n_m^{(1)}, n_m^{(2)}, \cdots, n_m^{(K)})$，$n_m^{(K)}$ 表示第 m 篇文档 d_m 的第 k 个主题内词的个数。同理，计算词 $w_{m,n}$ 在主题 $z_{m,n}$ 中的概率的公式是：

$$p(\vec{w}_k \mid \vec{z}, \vec{\beta}) = \frac{\Delta(\vec{n}_k + \vec{\beta})}{\Delta(\vec{\beta})} \tag{3-14}$$

由此，

$$p(\vec{w}, \vec{z} \mid \vec{\alpha}, \vec{\beta}) = p(\vec{w} \mid \vec{z}, \vec{\beta}) p(\vec{z} \mid \vec{\alpha}) = \prod_{k=1}^{K} \frac{\Delta(\vec{n}_k + \vec{\beta})}{\Delta(\vec{\beta})} \prod_{m=1}^{M} \frac{\Delta(\vec{n}_m + \vec{\alpha})}{\Delta(\vec{\alpha})} \tag{3-15}$$

原则上通过EM算法求出上式的最大似然估计量 α、β，从而得出 α、β 的参数值，并由此确立LDA模型①。

（四）模型估计

上述模型的求解相当困难，正常情况下几乎无法解出模型参数，因此通过Gibbs采样的方法求其近似解。Gibbs采样是一种应用最为广泛的MCMC（马尔可夫链蒙特卡洛）模拟方法。② 在LDA模型中，不苛求得到拟合文本的最佳分布，不需要求出主题分布、词项分布的确切值，而是通过分布所生成的观测值反推分布参数的范围。当采样迭代次数超过一定阈值之后，其参数估计结果可以认为是模型的解。因此，Gibbs采样是对文本每个词项以 K 维主题为路径采样，并按数值排序的过程。

三 文本主题挖掘与分析

本章数据来源于CNKI期刊中有关“海上丝绸之路”主题的科技文献。数据采集时间起止日期为2013年10月至2016年4月。以科技文献文本数据为主要载体形态，以期从时政新闻与科学研究双重角度对这一问题进行文本挖掘与分析，探究其隐含模式和内部规律等。在科技文献的文本数据分析中，借助R语言平台，采用中文分词系统“rmmseg4j”③ 对相关文本

① 在实际操作过程中，上述模型的精确解无法计算，EM算法训练得到的结果只是局部最优。故通过Gibbs采样获取近似解。

② 茆诗松、王静龙、濮晓龙编著《高等数理统计》，高等教育出版社，2006，第446页。

③ R. Huang, “Rmmseg4j: R Interface to the Java Chinese Word Segmentation System of Mmseg4j,” *International Journal of Radiation Oncology Biology Physics*, 2012.

数据进行分词处理，生成词条矩阵，并利用该矩阵信息进行文本挖掘与分析工作，主要包括高频词、词云、主题模型三大部分。

（一）高频词选取与词云生成

首先对上述数据进行词频统计分析，此处所采用的词频计算方法是 F. Sebastiani 在 2002 年所提出的经典算法 TF-IDF 法。① 根据特征词出现的频率，选出出现频率较高的特征词进行分析，并根据特征词频率强度的相对强弱，划分为强度递减的四个层次，第一层次为特强词，表明其在文本中出现的频率最高，以此类推，第四层次为较强词，说明该类词在文本中出现的频率相对其他三个层次最低。这里需要说明的是因为低频词已被剔除，所以最后一个层次也属于较强频率，只是相较其他层次，强度稍弱。

表 3-3 “海丝”科技文献的词频统计

频率强度	科技文献
第一层次	海上丝绸之路、新格局、经济带
第二层次	东盟
第三层次	合作、发展、影响、战略、区域经济、经济发展、经济贸易、经贸合作、一体化
第四层次	历史、一带一路、基础设施、建设、投资、战略伙伴

注：去掉了常用词“基于”“进一步”“模型”等。

表 3-3 反映了“海丝”科技文献文本数据的挖掘结果的异同。在频率强度的最高等级中，“海丝”科技文献含三个高频词：“海上丝绸之路”“新格局”“经济带”。它反映了习近平主席提出建设“丝绸之路经济带”和“21世纪海上丝绸之路”后在社会各界所引起的广泛反响。这说明在学术研究界，海上丝绸之路建设、新格局、经济带的形成机制与发展等已经成为各领域学者共同关心的热点话题。

在频率强度等级排名第二的特征词当中只有“东盟”一个。这说明从事科学研究的学者、专家普遍认为东盟是建设“21 世纪海上丝绸之路”的重要环节与组成部分。“21 世纪海上丝绸之路”倡议也是在习近平主席出访印度尼西亚时提出的。中国与东盟有着良好的合作基础，东南亚各国自

① F. Sebastiani, “Machine Learning in Automated Text Categorization,” *ACM Computer Surveys*, 34, (2002): 1-47.

古就是中国海上丝绸之路沿线的贸易往来伙伴，因此随着中国-东盟自贸区的成立以及“21 世纪海上丝绸之路”建设的开展，有关东盟的学术问题自然备受关注。

在频率强度等级排名第三的特征词当中，“海丝”科技文献数据中的特征词数量出现明显增加，共有九个，其中不乏“一体化”“经贸合作”“经济发展”等反映经济合作的特征词，这说明打造命运共同体、积极开展多边经贸合作、激发合作共赢动力，是建设“21 世纪海上丝绸之路”的重大议题，同时也是科学研究的主要方面。“21 世纪海上丝绸之路”建设要在经济全球化大背景下与沿线国家共同打造经济融合的利益共同体，并与世界政治经济新秩序逐步接轨，从而推动各国经济文化的大发展和大繁荣。

在频率强度等级排名第四的特征词中，科技文献数据包含六个高频词，包括“历史”“一带一路”“基础设施”等。这一方面反映了科学研究对海上丝绸之路历史的剖析与解构。古代海上丝绸之路是目前已知的最为古老的海上航线，曾经极大地促进了沿线各国的经贸发展，不仅是各国互通有无的商贸大通道，也是联系中国与其他国家友好往来的纽带，故具有巨大的历史价值与历史意义。在建设“21 世纪海上丝绸之路”的背景下，对海上丝绸之路历史问题的研究极大地激发了相关学者的兴趣。另一方面则是对中国在“21 世纪海上丝绸之路”沿线国家投资、开发基础设施建设等方面的思考。作为“21 世纪海上丝绸之路”建设的发起国，中国如何实现多元化配置、实现对外直接投资的风险控制、实现扶持政策的优化等问题均是有待深入思考与研究的重要命题。

有关海量文本数据的文本挖掘工作，在探寻其内部潜在模式等知识发现过程之外，对文本数据分析结果的可视化呈现也是数据挖掘工作中较为重要的一项内容。图表具有简单明确、直观明了的特征，能够更加有效地反映繁杂的数字信息、提高认知效率。在此采用基于词频的可视化方法——词云（也称标签云），对文本词频进行呈现。词云生成过程如下：首先计算文本词项的出现频次，其次对其进行赋权，得出特征词的排序，最后通过词语大小反映特征词频率高低。①

① F. B. Viegas, M. Wattenberg, “TIMELINES: Tag Clouds and the Case for Vernacular Visualization,” *Interactions*, 15, (2008): 49-52.

图 3-6 是以"海上丝绸之路"为主题，对科技文献进行文本挖掘的词频分析结果。把海量文本数据从词频的角度加以统计分析，生成词云图，结果简洁直观，降低了用户分析与解读的精力与成本。由图 3-6 可见，"海上丝绸之路""经济带""新格局"等词语十分醒目，四个层次的高频词具有较强的区分度，主次分明。

图 3-6　基于词频的可视化结果

（二）主题模型

在此通过 LDA 模型对"海丝"科技文献文本数据进行主题选取、划分与释义等方面的研究。LDA 模型的参数设置参照 Blei 等人在 2003 年提出的最优参数设置原则。① 表 3-4 显示了关于"海丝"科技文献的主题挖掘结果，共设 9 个主题，且每个主题对应 7 个主要词项。

表 3-4　"海丝"科技文献 LDA 主题挖掘结果

主题 1	主题 2	主题 3	主题 4	主题 5	主题 6	主题 7	主题 8	主题 9
双边合作	工程机械	资本市场	航海	文化发展	国际旅游	行业发展	统计数据	比较优势
现状分析	产业布局	自贸区建设	法律制度	经合组织	竞争力	农业发展	直接投资	孟中印缅
定量分析	互联互通	基础设施	广西	岭南文化	周边环境	舟山群岛	蓬勃发展	中巴

① D. M. Blei, A. Y. Ng, M. I. Jordan, "Latent Dirichlet Allocation," *The Journal of Machine Learning Research*, 11, (2003): 993-1022.

续表

主题1	主题2	主题3	主题4	主题5	主题6	主题7	主题8	主题9
金融监管	丝绸之路	税制	产权价值	风俗习惯	开放格局	经济带战略	双边贸易	发展战略
战略目标	世界经济	东盟	环境保护	全球影响力	旅游资源	历史契机	产品结构	合作方面
财政金融	贸易规模	标志性工程	海洋资源	传统文化	经济运行	农产品	产业选择	保障机制
地缘	福建泉州	有利条件	共同开发	丝绸之路	旅游合作	中国农业	经济结构	共同努力

表3-4是针对相关领域“海丝”科技文献的文本挖掘结果。这9个主题围绕金融、产业布局（泉州在“21世纪海上丝绸之路”中的作用）、中国-东盟自贸区、海洋资源、文化、旅游、农业、直接投资、国际大通道建设等不同方面展开。根据主题特征可以将主题划分为两种类型，主题2、主题3、主题9属于区域性主题，分别涉及泉州、东盟、孟中印缅和中巴等不同级别和规模的区域性研究。除此以外的其他主题是门类性主题，分别涉及金融、海洋资源、文化、旅游、农业等方面，是构建“21世纪海上丝绸之路”需要展开合作交流的主要领域。由此可见区域性主题有3个，门类性主题有6个，后者的研究份额较多，占总量的2/3。主题分类与释义见表3-5。

表3-5 “海丝”科技文献LDA主题分类与释义

区域性		门类性			
主题2	泉州	主题1	金融	主题6	旅游
主题3	东盟	主题4	海洋	主题7	农业
主题9	孟中印缅、中巴	主题5	文教	主题8	投资

表3-5将LDA模型的挖掘结果根据各项主题高频词的表征内容进行主题划分与释义。

对区域性主题做如下说明。

主题2泉州作为古代海上丝绸之路的起点，曾为中国海外贸易作出了巨大贡献。如今，随着“21世纪海上丝绸之路”的建设，泉州必然再次肩负起连接中国和亚洲、非洲、欧洲乃至拉丁美洲国家经济、政治、文化桥梁的重任。因此，有关福建泉州与“21世纪海上丝绸之路”各方关系的研究自成一类。涉及泉州“21世纪海上丝绸之路”文化资源的开发利用、与世界经济的互联互通、产业布局与贸易研究等均成为具有一定研究价值的命题。

主题3东盟作为“21世纪海上丝绸之路”亚洲地区的主要区域成员，中国-东盟自贸区作为世界三大区域经济合作区之一，在“一带一路”倡议的时代背景下，这个主要由发展中国家组成、人口最多的自由贸易区，必将在新时期迎来前所未有的发展机遇。因此，东盟、中国-东盟自贸区问题自然成为研究热点。有关东盟资本市场一体化战略规划对我国的影响、中国-东盟自贸区建设与自贸区税收协调性、东盟基础设施需求市场及中国的投资建设等问题都被部分学者关注与研究。

主题9是有关国际大通道建设——“孟中印缅”和“中巴”经济走廊方面的研究。2014年3月，国务院总理李克强在政府工作报告中指出：“抓紧规划建设丝绸之路经济带、二十一世纪海上丝绸之路，推进孟中印缅、中巴经济走廊建设，推出一批重大支撑项目，加快基础设施互联互通，拓展国际经济技术合作新空间。”学术界从建设风险、能源电力投资项目、地缘战略等方面对孟中印缅、中巴经济走廊展开学术研究。

对门类性主题做如下说明。

主题1是针对金融、财政方面的定量分析。有学者采用随机前沿引力模型考察了“21世纪海上丝绸之路”沿线国家的贸易潜力及其影响因素，并提出加强金融风险防范、促进海运互联互通等方面的政策建议。中国与东盟的金融财政问题也是研究热点，包括金融政策法规、金融合作问题、金融监管机制探索和区域经济一体化趋势下财政政策协调等方面，学者们基本都采用定量分析，既有传统的模型，也有创新的模型。

在“21世纪海上丝绸之路”研究中，海洋资源问题不可避免地成为相对重要的焦点话题之一，因此主题4主要涉及海洋资源相关领域的研究。海洋资源可持续供给保障、海洋资源影响评价方法、海洋资源生态管理、海洋资源环境保护法律制度、海洋资源产权价值、海洋资源价值核算理论等均成为该领域学者普遍关注的问题。此外，有关我国广西北部湾海洋资源利用等方面的研究也具有较高热度。

主题5主要侧重于“21世纪海上丝绸之路”文化教育等相关领域的交流与发展。文化建设是经济建设、政治建设的保障和基石，有了文化建设，就有了良好的思想保证和智力支撑。“21世纪海上丝绸之路”沿线的国家和地区较多，每一个国家、民族都有自身的文化，加强对外国文化的认知、尊重文化多样性有利于多种文化的相互理解。因此，繁荣海上丝绸之路文化、推进“21世纪海上丝绸之路”建设、有效开发利用本土的文化资源等命题，在目前具有较强的现实意义，引发了与文化相关学科学者的研究兴趣。

主题6主要侧重旅游资源的合作、开发和利用等。中国与“21世纪海上丝绸之路”沿线国家普遍具有丰富的旅游资源。近些年，中国与其他各国在开辟旅游线路、建立合作机制等多方面展开深入交流合作，如何将旅游业打造成为经贸合作中的先行产业，成为“21世纪海上丝绸之路”建设的重要议题。因此，海上丝绸之路文化旅游发展、特色旅游资源开发、旅游合作机制构建等方面已经出现了大量科研成果。

主题7是有关农产品、农业发展方面的课题研究。一个国家或地区的经济发展离不开农业，尤其对中国这样的人口大国而言，农业对经济发展和社会稳定具有举足轻重的作用。随着中国科技进步，农产品质量不断提高、农产品贸易往来频繁，在发展现代农业的进程中，中国农业在国际舞台上也逐步获得较大的空间。因此，中国对外农产品出口影响因素、农产品贸易波动、竞争、加工业区域合作等方面的实证分析在学术界均有涉猎。

主题8是有关中国对外直接投资方面的研究。从地缘政治、产业结构及资源禀赋层面来看，中国对外直接投资具有较强的可操作性和巨大的潜力，因此许多学者对该命题始终保持相当的兴趣与热忱，并展开了一系列具有一定深度和水平的学术研究工作，主要集中在中国对外直接投资研究领域（多为硕士、博士学位论文）。关于该问题的细化研究主要包括直接投资的影响因素、区位选择、母国经济效应、政治风险、产业结构、便利化等。

（三）结论与启示

本章以“海上丝绸之路”为主题，对“海丝”科技文献数据进行文本挖掘研究。采用文本挖掘技术，首先对科技文献进行结构化处理，对文本语料分词并形成词项矩阵；其次进行高频词选取与词云生成；最后采用LDA模型对科技文献文本数据进行主题挖掘、划分、释义等研究工作。研究结果如下。

首先，从高频词角度来看，“海上丝绸之路”“新格局”“经济带”“东盟”这4个高频词来自出现频率强度最高的两个层次。这两个层次的特征词含义表征相对概念化，是表征战略概念的宏观词语。“合作、发展、影响”等词出现在后两个层次，特征词一共15个，是前两个层次高频词数量的约4倍。这说明词频较低层次具有与较高层次相反的特征，特征词数量较多，大都涉及构建“21世纪海上丝绸之路”的经贸合作、一体化、基础设施、投资等。

其次，采用LDA模型进行“海丝”科技文献的主题挖掘、划分与释义工作，提高海量文本信息的获取与分析能力。本书共选取9个主题，每个主题含有7个具有代表性的特征词项，共63个反映主题的特征词语。通过对“海丝”科技文献数据的LDA模型分析，对文本主题挖掘结果进行归纳、整理与呈现，让用户迅速了解文本数据所含有的信息概况。在明确每一个主题所阐述的内容后，进行主题与主题之间的比对分析，并将9个主题划分为区域性主题和门类性主题，其中区域性主题涉及泉州、东盟、孟中印缅和中巴经济走廊等，门类性主题涉及海洋资源、文化、旅游、农业、直接投资等方面。

在大数据时代，文本数据挖掘的方法与应用将成为学术研究中不可或缺的重要组成部分。本书所进行的文本挖掘工作能够处理海量文本数据的结构化转换、高频词与词云生成，以及采用LDA模型进行主题挖掘、划分与释义，并通过对主题对应特征词项的解读，辨析主题内涵和各个主题之间的相互关系。对文本挖掘的展示，能够让用户减少甄别与梳理海量文本数据的时间，较为直观地从中获取文本主要信息，在纵观全局的基础上，有的放矢，进行侧重研究。本章希望为学界提供一套相对完善的科技文献主题分析文本挖掘技术体系，填补时政与科研双重视角下文本挖掘的空白，并拓宽文本挖掘技术在时政热点问题与科学技术研究领域的应用。

第四章 “海丝”新闻文本数据的统计学分析

第一节 “海丝”新闻事件情况梳理

一 中国宏观战略层面的“海丝”新闻事件

（一）政策与指导意见

1. 弘扬人民友谊 共同建设“丝绸之路经济带”

2013 年 9 月 7 日，中国国家主席习近平在哈萨克斯坦纳扎尔巴耶夫大学发表题为《弘扬人民友谊 共创美好未来》的重要演讲，全面阐述中国对中亚国家睦邻友好合作政策，倡议用创新的合作模式，共同建设“丝绸之路经济带”，将其作为一项造福沿途各国人民的大事业。①

2100 多年前，中国汉代的张骞开辟出一条横贯东西、连接欧亚的丝绸之路。哈萨克斯坦是古丝绸之路的途经之地，曾经为促进不同民族、不同文化相互交流和合作作出过重要贡献。千百年来，在这条古老的丝绸之路上，各国人民共同谱写出千古传诵的友好篇章。相信随着中国同欧亚国家关系快速发展，古老的丝绸之路会日益焕发出新的生机活力。

① 《习近平在哈萨克斯坦纳扎尔巴耶夫大学发表重要演讲》，http：//cpc.people.com.cn/n/2013/0908/c64094-22843681.html。

2. 习近平：中国愿同东盟国家共建“21世纪海上丝绸之路”

2013年10月3日，习近平主席在印度尼西亚国会发表演讲，提出中国愿同东盟国家共建“21世纪海上丝绸之路”，携手共建更为紧密的中国-东盟命运共同体，并就建设更为紧密的中国-东盟命运共同体提出了五点倡议。分别为：坚持讲信修睦；坚持合作共赢；坚持守望相助；坚持心心相印；坚持开放包容。这个倡议的提出，为中国和东盟国家的多元共生、包容共进提供了明确的方向，为打造一个更加紧密的中国-东盟命运共同体提供了良好契机。良好关系的命运共同体符合求和平、谋发展、促合作、图共赢的时代潮流，符合亚洲和世界各国人民共同利益，因此具有广阔发展空间和巨大发展潜力。①

3.《推动共建丝绸之路经济带和21世纪海上丝绸之路的愿景与行动》发布

中国国家发改委、外交部、商务部于2015年3月28日联合发布了《推动共建丝绸之路经济带和21世纪海上丝绸之路的愿景与行动》。这份文件讲述了当前的世界经济形势与政治格局，提出了共建“一带一路”的必要性与重要性，阐述了共建原则——恪守联合国宪章的宗旨和原则，遵守和平共处五项原则。说明了“一带一路”的施行框架和合作重点——陆上依托国际大通道、海上以重点港口为节点，在经济贸易、旅游合作、科技交流、文化领域等多方面，与沿线国家进行深入交流合作。希望在各种合作机制的协同配合下，中国各个地区、各个领域都有所进步，有所成绩，同时也希望沿线各国人民能共享“一带一路”的共建成果。

4. 国务院印发《关于深化泛珠三角区域合作的指导意见》

2016年3月，国务院印发《关于深化泛珠三角区域合作的指导意见》。泛珠三角区域包括福建、江西、湖南、广东、广西、海南、四川、贵州、云南等9省份和香港、澳门特别行政区，在国家区域发展总体格局中具有重要地位。新形势下深化泛珠三角区域合作，有利于“一带一路”建设、长江经济带发展，有利于内地与港澳更紧密地合作。为此国务院提出相关合作指导意见，意见中将泛珠三角区域定位成全国改革开放先行区、全国

① 《习近平在印度尼西亚国会发表重要演讲》，http：//www.xinhuanet.com//politics/2013-10/03/c_117591171_2.htm。

经济发展重要引擎、内地与港澳深度合作核心区、“一带一路”建设重要区域、生态文明建设先行先试区，希望能够促进区域经济合作发展，实施统一的市场规则、建设区域社会信用合作体系，以便推进统一市场建设。同时推进重大基础设施一体化建设，如现代化综合交通运输体系、能源供给和水利设施等。还要在教育文化、医疗卫生、旅游休闲等方面进行合作。

5. 习近平就推进“一带一路”建设提出八项要求

2016年8月17日，习近平主席在北京人民大会堂出席推进“一带一路”建设工作座谈会并发表重要讲话。他强调，总结经验、坚定信心、扎实推进，聚焦携手打造绿色丝绸之路、健康丝绸之路、智力丝绸之路、和平丝绸之路，一步一步把“一带一路”建设推向前进，让“一带一路”建设造福沿线各国人民。习近平就推进“一带一路”建设提出八项要求。一是要切实推进思想统一，坚持各国共商、共建、共享。二是要切实推进规划落实，周密组织，精准发力，进一步研究出台推进“一带一路”建设的具体政策措施。三是要切实推进统筹协调，坚持陆海统筹，坚持内外统筹，加强政企统筹。四是要切实推进关键项目落地，以基础设施互联互通、产能合作、经贸产业合作区为抓手，实施好一批示范性项目。五是要切实推进金融创新，创新国际化的融资模式，深化金融领域合作，打造多层次金融平台，建立服务“一带一路”建设长期、稳定、可持续、风险可控的金融保障体系。六是要切实推进民心相通，弘扬丝路精神，推进文明交流互鉴，重视人文合作。七是要切实推进舆论宣传，积极宣传“一带一路”建设的实实在在成果，加强“一带一路”建设学术研究、理论支撑、话语体系建设。八是要切实推进安全保障，完善安全风险评估、监测预警、应急处置，建立健全工作机制，细化工作方案，确保有关部署和举措落实到每个部门、每个项目执行单位和企业。①

6. 2017年“一带一路”新格局大未来

“一带一路”倡议提出后，在党中央、国务院的大力推动下，各部门纷纷出台政策或采取实际行动大力支持。在2016年发布的“十三五”规

---

① 《习近平：让“一带一路”建设造福沿线各国人民》，http：//www.xinhuanet.com/world/2016-08/17/c_1119408654.htm。

划纲要中，“一带一路”是其中的重要组成部分，这意味着2016~2020年，“一带一路”是中国经济社会发展的重要抓手和战略任务。在“一带一路”倡议提出后的3年中，我国有关“一带一路”的工作获得的收益颇多，进度和成果超出预期。从本书写作时间来看，无论是国内环境还是国际局势，“一带一路”倡议都处在一个黄金时期。随着“一带一路”倡议向纵深发展，中国与“一带一路”沿线国家的经济合作将更加密切，与之相关的中国企业将有许多收益，而“一带一路”沿线的商贸旅游业也将被带动。

7. “一带一路”国际合作高峰论坛

2017年5月14日，第一届“一带一路”国际合作高峰论坛开幕式在北京国家会议中心举行。开幕式后，举行“一带一路”国际合作高峰论坛高级别全体会议。习近平主席在论坛上提出，将“一带一路”建设成为和平之路、繁荣之路、开放之路、创新之路、文明之路，并在会上郑重作出承诺。各国与会政要也发表了各国对“一带一路”建设的看法与期望。这次会议向全世界介绍高峰论坛会议情况和主要成果，该成果涵盖政策沟通、设施联通、贸易畅通、资金融通、民心相通五大类内容，为项目的推动和促进起到了良好作用。会议还一致通过了联合公报，公报明确了“一带一路”未来合作的方向和重点，发出了提振国际合作、构建开放型世界经济的明确、有力信号，相信该论坛将产生重要而深远的历史影响。①

（二）经济金融领域

1. 境外合作区点亮“一带一路”

2014年9月9日，中国境外经贸合作区推介会举行，中国在埃及、柬埔寨、赞比亚等国建设的9个经贸合作区的代表在会上进行推介。这一批合作区的主要产业类别包括加工制造、资源利用、商贸物流和农业开发等，经贸合作区建设与中国推进“一带一路”建设布局一致，“丝绸之路经济带”和“21世纪海上丝绸之路”沿线多国乃至非洲、拉丁美洲都有

① 《习近平在“一带一路”国际合作高峰论坛开幕式上的演讲（全文）》，http：//www.scio.gov.cn/ztk/dtzt/36048/36560/36578/Document/1551967/1551967.htm。

中国企业兴建的合作区。

2. 习近平：中国将出资400亿美元成立丝路基金

2014年11月8日，亚太经合组织领导人非正式会议进入第四天。作为东道主伙伴对话会的“加强互联互通伙伴关系对话会”在钓鱼台国宾馆举行，中国国家主席习近平亲自主持会议并发表题为《联通引领发展 伙伴聚焦合作》的重要讲话。在本次会议中，鉴于亚洲各国多是发展中国家，普遍缺乏建设资金的事实，中国将出资400亿美元成立丝路基金，为“一带一路”沿线国家基础设施、资源开发、产业合作和金融合作等与互联互通有关的项目提供投融资支持。丝路基金为深化“一带一路”建设起到了非常重要的作用。[①]

3. 财政部：亚投行正式成立

2015年12月25日，中国财政部在官方网站公告称，包括新加坡、澳大利亚、英国等在内的17个意向创始成员国（股份总和占比为50.1%）已批准《亚洲基础设施投资银行协定》，亚洲基础设施投资银行（AIIB，简称“亚投行”）正式成立，将于2016年1月16~18日在北京举行开业仪式，待正式成立后将启动吸收新会员。这是首个由中国倡议设立的多边金融机构。亚投行初期投资重点领域包括能源与电力、交通和电信、农村和农业基础设施、供水与污水处理、环境保护、城市发展、物流等，首批贷款计划在2016年年中批准。

4. 亚投行助力“一带一路”基础设施建设

亚洲基础设施投资银行行长金立群和多个跨国公司首席执行官于2016年6月7日在亚投行北京总部会面。金立群与全球15家公司的高管们会面时表示“一带一路”将指引中国进一步融入全球经济，并将给中国及“一带一路”沿线国家带来新的机遇和美好的未来。亚投行也将支持“一带一路”沿线国家的项目建设。戴姆勒公司董事长兼首席执行官和渣打银行首席执行官都表示“一带一路”能推动地区发展，从而促进全球共同发展，他们愿意支持“一带一路”倡议，与亚投行和其他金融机构共同推进“一带一路”建设工作。

① 《习近平主持加强互联互通伙伴关系对话会并发表重要讲话》，http://www.xinhuanet.com/politics/2014-11/08/c_1113170919.htm。

5. 一带一路经济文化发展中心在4个城市筹建“一带一路”项目对接实验基地

为了更好地推进“一带一路”倡议的发展进程，助力广大企业和文化产业机构“走出去”，2016年8月，经一带一路经济文化发展中心研究决定，在广东深圳、福建厦门、江苏无锡、浙江宁波等城市设立“一带一路”项目对接实验基地作为试点，取得成效后，将向其他沿线区域省市推广。这些基地将成为各相关机构信息交流平台和项目服务平台，从而拉动本地经济文化的发展。该基地可组织落实国内项目对接、国内与国外“一带一路”沿线区域国家的项目对接，举办国际经济合作、文化交流等一系列活动，这些基地将成为“走出去”“引进来”的交流、合作平台与窗口。

6. 护航中企“出海”，金融渐成“一带一路”新支撑

随着越来越多的中国企业沿“一带一路”走出国门，金融服务行业也为“一带一路”相关贸易投资、资金流动提供服务。2016年11月初，由中方倡议成立的中国-中东欧金融控股有限公司在拉脱维亚正式揭牌，而“一带一路”倡议“落子”非洲的重要金融基础设施之一——丝路国际银行在吉布提正式成立。该行计划开展人民币跨境结算清算、贸易融资等业务，为中非双边贸易和中国在非投资提供一揽子金融解决方案。中国具有充分能力的金融机构为“一带一路”沿线国家做好金融供需均衡，在“一带一路”沿线国家用人民币进行跨境贸易和直接投资，力求实现互利共赢。

（三）文化领域

1. 2015年米兰世博会丝绸之路馆

第42届米兰世博会在意大利米兰举办，主题为“滋养地球，生命的能源”。2015年米兰世博会引起全世界的关注，而其中的2015米兰世博会威尼斯水馆-丝绸之路馆作为本届世博会的人气展馆，凭借自身的影响力，展示中意两国文化的魅力，增进与世界各国的友好交流，缔造更多的合作机会。

世博会丝绸之路馆向世界展示了丝绸之路的久远历史、壮丽风光和灿烂文明，展示了丝绸之路沿途各地的辉煌成就，展示了丝绸之路在各个领域的时代潮流，增进“丝绸之路经济带”各国、各地区人民的传统友谊和

相互了解，最终促进“丝绸之路经济带”沿线国家的共同发展与繁荣。

2. 中国与丝绸之路沿线国家在敦煌共建人文交流新平台

2016年9月20日，首届丝绸之路（敦煌）国际文化博览会在甘肃敦煌开幕。各代表团围绕丝路文化和精神，探索搭建“一带一路”人文交流新平台，为丝绸之路文化交融搭建相通之桥，为沿线携手发展增添动力之翼。

早在汉朝时期，丝绸之路就开启了横跨欧亚大陆、连接世界各国、推动经贸往来、促进文化交流的历史之旅。如今，“一带一路”倡议再次承担起重新连接丝绸之路沿线各国、开启国际文化和商业合作的历史重任。其中，以文化先行带动的民心相通是“一带一路”建设的社会基础。

与会外国政要、专家学者认为，这次文博会以推动文化交流、共谋合作发展为主题，为丝绸之路沿线各国合作交流提供了一个重要平台，有助于加深各国对丝绸之路文化和精神的理解。这次文博会搭建的人文交流新平台将成为推动丝绸之路沿线各国和地区交流合作的一条“文化大动脉”、促进丝绸之路沿线各国人民相亲相通的一座新桥梁，最终实现合作共赢。

“一带一路”倡议提出以来，中国与丝绸之路沿线国家探索开展了多种交流形式。已经有100多个国家和国际组织参与其中，在文化、教育、经贸等领域展开了深入合作。

二 “21世纪海上丝绸之路”涵盖的国内部分省份新闻事件

（一）福建省

1. 宏观政策

（1）加快海洋对外开放步伐，主动融入“21世纪海上丝绸之路”建设

2014年9月6日，福建省海洋与渔业厅发表文章，文中提出，福建地处我国东南沿海，是海上丝绸之路的重要起点和发祥地，在建设“21世纪海上丝绸之路”中具有不可替代的重要地位。作为海上丝绸之路的重要枢纽，福建有着悠久的历史。由于独特的地理优势，福建成为从海路连接中国与外部世界的桥梁与中介。由福建各港口出发的商船持久地、大规模地进入东南亚地区，使该区域的文化深受中华文化的影响。作为中国著名侨

乡，福建现旅居世界各地的闽籍华侨华人众多。改革开放以来，福建与海上丝绸之路沿线各国的交流合作十分密切，这也让福建有着扎实的经贸基础。福建应承接好商贸人文的历史辉煌，发挥好"海上海外"的特色优势，将海洋事业融入建设"21 世纪海上丝绸之路"蓝图中，以实际行动推动"21 世纪海上丝绸之路"建设。加快建设厦门国际航运中心，发挥平潭综合实验区的区位优势，发展邮轮码头，通过邮轮将各国滨海旅游精品线路串联起来，合作共建"21 世纪海上丝绸之路"旅游经济走廊。

同时建设"21 世纪海上丝绸之路"需要加强海洋生态环境合作，发展蓝色经济。而福建省发展远洋渔业有成效，更有潜力，与各国的合作将形成优势互补、互惠互利。

（2）《福建省 21 世纪海上丝绸之路核心区建设方案》出炉

2015 年 11 月，福建省发布了《福建省 21 世纪海上丝绸之路核心区建设方案》，明确了福建省"21 世纪海上丝绸之路"核心区建设的四大功能定位、合作方向、主要任务等。该方案提出，福建省要利用地理优势，充分发挥福建省比较优势，实行更加主动的开放战略。加强海上通道建设，强化航空枢纽和空中通道建设，完善陆海联运通道建设，拓展对外贸易，加强与外国的经济交流和人文交流合作。

（3）借力"金砖峰会"，福建纵深推进对外开放

2017 年 1 月，在福建省十二届人大五次会议上，时任福建省省长于伟国表示，抓住中国新一轮改革开放的重大机遇，做好金砖国家领导人厦门会晤的服务保障，深化与金砖国家各领域合作。

综合此次人大会议提供的政府工作报告、国民经济和社会发展计划草案报告可以知道，福建将从六个方面扩大对外开放。一是发挥福建作为侨乡的优势，推进"21 世纪海上丝绸之路"核心区建设，重点拓展与东盟的交流合作，推进港口航运合作，加快中国-东盟海洋合作中心建设以及打造"一带一路"茶乡通道。二是加快建设自贸试验区，推进简政放权、提升开放水平。三是加快建设平潭综合实验区，积极推进平潭建设新兴产业区、高端服务区、宜居生活区，加快国际旅游岛建设。四是推进福州新区创新发展，以滨海新城建设为主攻方向，探索产城融合及新型城镇化建设路径。五是推进福厦泉国家自主创新示范区建设，以创新驱动发展，构建创新型省份。六是拓展闽港澳合作，推进闽台深度融合，加大产业合作和

文化科技交流。

2. 经济领域

(1) 多家“海丝”元素企业成立

2014年9月8日，海上丝绸之路馆在厦门国际会展中心开馆。开馆仪式上，海上丝绸之路中非联合投资有限公司、海上丝绸之路投资基金管理中心、海上丝绸之路银行股份有限公司（筹）等与海上丝绸之路相关的企业相继揭牌成立。其中，海上丝绸之路投资基金管理中心拟投资海上丝绸之路沿线沿岸国家、地区、城市和企业相关项目，如中国-非洲沿海沿岸国家的中非海洋渔业合作基地、马来西亚及马六甲海峡沿岸码头港区与城市综合体等项目。

(2) 凝聚金融合力共建“海丝”核心区

2016年5月18日，首届联合国海陆丝绸之路城市联盟城市论坛在福州举行，联合国有关机构和“一带一路”沿线国家35个城市代表参加了论坛。在“一带一路”倡议下，福建被定位为“21世纪海上丝绸之路”核心区。各在闽金融机构主动融入“一带一路”倡议，积极为“走出去”企业服务，使用多种措施打造“海丝”核心区金融大动脉。中国建设银行发起设立总规模1000亿元的“海丝”产业基金，重点支持“21世纪海上丝绸之路”核心区的发展。中国银行福建省分行与联合国海陆丝绸之路城市联盟工商理事会合作，设立规模上限高达100亿元的“中银-泉州丝路基金”，利用外汇业务的优势，为“21世纪海上丝绸之路”核心区建设出力。

中国-东盟海产品交易所是中国首家以“海产品”为主题的线上交易所，是福建加快推进“21世纪海上丝绸之路”建设的重要项目，中国农业银行为中国-东盟海产品交易所量身定制的“银商通”交易系统同步上线。中国农业银行福建省分行也向中国-东盟海产品交易所提供总额为5亿元的意向性授信额度，助力中国-东盟海产品交易所加快发展。福建海峡银行也联合福建省海洋与渔业厅共同启动了“福建省远洋渔业股权投资基金”，用于扶持远洋企业走向深海，助推海洋产业做大做强。此外，福建海峡银行还设立海洋金融部和中国“海丝俱乐部”，发展蓝色金融，主动融入“21世纪海上丝绸之路”建设。另外，中国邮政储蓄银行、中国民生银行等多家金融机构也都积极铺设金融网络，打通金融通道，引入金融活水，助力企业扬帆“21世纪海上丝绸之路”。

（3）“一带一路”财经发展研究中心落户厦门

2017年5月14日，在北京举办了第一届“一带一路”国际合作高峰论坛。之后，2017年6月16日，“一带一路”财经发展研究中心在厦门国际会计学院的积极筹建下成立。来自政府、企事业单位、科研院校和新闻界的600多位嘉宾参加成立仪式及论坛，并发表了题为《“一带一路”经贸合作：回顾与展望》《“一带一路”——中国与世界关系的再定位》《全球财务共享及知识体系》的主题演讲。

3. 文化领域

2017年3月，福州市出台《“海上丝绸之路·福州史迹”文化遗产保护管理办法》，该文件中所指的“福州海丝遗产”是指7处已列入中国世界文化遗产预备名单的文化遗产点和福建省文物局批准的与海上丝绸之路有关的文化遗产。该文件的出台，加大了对“福州海丝遗产”的保护力度。

（二）广东省

1. 宏观政策

（1）《广州市推进21世纪海上丝绸之路建设三年行动计划》出炉

2015年10月，《广州市推进21世纪海上丝绸之路建设三年行动计划》出炉。该文件显示，广州市政府所投资的多项重大项目正筹划推进，涵盖基础设施、双向经贸、产业合作、平台建设等关键领域，目标是到2017年，广州市基本建成“21世纪海上丝绸之路”核心枢纽、对外交往中心、国际区域合作新模式的试验区。

其中在基础设施方面，该文件提出，以“双港双快”为龙头，通道建设与枢纽建设并重，整体推进综合交通枢纽体系建设，强化广州作为全国三大综合交通枢纽之一的功能和地位，努力打造世界级交通枢纽，成为“21世纪海上丝绸之路”乃至全球交通网络的重要节点城市。同时加快广东省内和泛珠三角地区内陆无水港建设，延伸“穿梭巴士”支线覆盖范围，建设珠江口向泛珠三角城市群延伸的临海产业经济带。广州通过铁路-海港联运、江河-海港联运，强化南沙港区江海联运枢纽功能。重点推进以广州为枢纽的3条铁水联运物流通道，疏通珠江-西江航道，串联海港与内河港，向粤北、中南、西南等内陆腹地延伸物流链。海空双港联动是广州落实“一带一路”倡议的重要举措，建设国际航运中心的亮点。广州还要打造世界级复合型航空枢纽，完成白云国际机场扩建工程。

(2)《广东省参与丝绸之路经济带和 21 世纪海上丝绸之路建设实施方案》发布

根据国家关于“一带一路”的部署，广东省政府结合本省实际，制定了《广东省参与丝绸之路经济带和 21 世纪海上丝绸之路建设实施方案》，并于 2015 年 12 月发布。方案指出，围绕国家要求，以互利共赢为目标，努力将广东建设成为与“一带一路”沿线国家交流合作的战略枢纽、经贸合作中心和重要引擎。重要基础设施的互联互通很重要，广东省要加强对外贸易投资，另外在金融、旅游、人文、环境保护和能源等领域也要加紧与其他地区的合作。为了推进“一带一路”的建设，广东省各相关部门要积极开展基础研究，探索创新体制机制。加强宣传推介，多进行信息交流，形成合作共识。

2. 经济领域

(1) 中国（广东）—马来西亚经贸合作交流会在吉隆坡举行

2014 年 4 月 18 日，率中共代表团在马来西亚访问的中共中央政治局委员、时任广东省委书记胡春华在吉隆坡出席了中国（广东）—马来西亚经贸合作交流会并发表主旨演讲，双方大使也出席会议并致辞。交流活动期间，广东省企业与马来西亚企业签订了多项合作项目。

广东和马来西亚都与海上丝绸之路有很深的渊源。广东湛江徐闻古港、广州港相继成为海上丝绸之路的海运主港，而马来半岛的马六甲海峡则是海上丝绸之路的重要节点，连接着太平洋与印度洋。近来年双方的投资贸易合作突飞猛进，广东与马来西亚加强合作、共同发展的需求强劲，同时双方加强全方位合作也具备十分有利的条件。双方希望携手落实两国领导人达成的共识，共同推进“21 世纪海上丝绸之路”建设，促进互利共赢、共同发展。

(2)“广交世界 共赢发展 2015”活动举行，携手共创美好未来

2015 年 10 月 17 日，由广东公共外交协会主办的“广交世界 共赢发展 2015”——推进“一带一路”建设交流活动在广州举行。各级领导、外国领事馆官员和各国各界客商代表出席活动。每位发言的领导和代表都指

出，要努力推进“一带一路”建设，抓住机遇，大力传承和弘扬丝绸之路精神，共同推动中国与世界各国的经贸合作和人文交流，携手共创繁荣发展、互利共赢的美好未来。外国参会人员也都通过各自在广东的亲身经历，讲述了与广东合作共赢的故事，畅谈推进“一带一路”建设的想法。

3. 旅游领域

（1）海上丝绸之路旅游合作专题研讨班在中山大学举办

2014 年 7 月 29 日，由广东省委组织部、省旅游局联合主办的海上丝绸之路旅游合作专题研讨班在中山大学正式开班。广东省副省长招玉芳指出，这次研讨班以海上丝绸之路旅游合作为主题，是提升广东省旅游业开放合作水平的重要举措。广东省要推进海上丝绸之路旅游合作，必须抓住广东省具有的独特的区位优势、丰富的滨海旅游资源、深厚的人文交往联系和坚实的合作基础，努力将旅游业打造成为海上丝绸之路建设的先导产业，助力广东省建设“21 世纪海上丝绸之路”的合作先行地。要科学规划，推进与海上丝绸之路沿线国家共同打造的精品旅游线路，建立完善与海上丝绸之路沿线国家的旅游合作机制。同时招玉芳要求参加研讨班的各位学员要结合工作实际重点研究提出推动海上丝绸之路旅游合作的新思路、新方法、新举措，做到学以致用、务求实效。

（2）构建湛江-东盟旅游走廊，打造粤西百越风情滨海旅游区

《广东关于促进旅游业改革发展的实施意见》于 2015 年 12 月发布，意见提出，近年来，湛江和兄弟城市合力推进湛茂阳、粤西-琼北等旅游圈建设，抓住“海”字大做文章，打造海上丝绸之路，尤其是“汉代海上丝路始发港”旅游特色品牌。同时，湛江要加强国际旅游交流合作方面的工作，制定广东与欧美国家、“一带一路”沿线国家和地区旅游交流合作的长期规划。

4. 文化领域

（1）南国书香节国际馆展示全球最新出版文化精品

2015 年 8 月在广东省举办的南国书香节中新设立东南亚馆，该馆专门设立“丝路书香”文化体验区。本次展览分为海丝历史、文化纽带、丝路书香、丝路书卷、海丝影像 5 个部分的内容，通过 20 块图文并茂的展板介绍海上丝绸之路历史和广东省出版业对外交流成果，让读者体验海上丝绸之路的魅力。

（2）冯少协“海上丝绸之路”油画作品世界巡回展在东盟总部开幕

2015年11月，著名画家、广东画院副院长冯少协“海上丝绸之路”油画作品世界巡回展在印度尼西亚首都雅加达东盟总部开幕。展览展出《回望·黄埔古港》《文明的见证·广州光塔》《1745年最后的航行·哥德堡号》等多幅系列组画，生动展现了海上丝绸之路沿线各地的风土人情及人文历史图景。中国与东南亚各国关系源远流长，印度尼西亚是海上丝绸之路的重要一站。画展加深了海上丝绸之路相关国家和地区的当地观众对海上丝绸之路的历史和未来的了解，使人们从历史的高度去理解当地和中国之间的密切关系，以促成双方在经济领域与人文领域之间的合作。

（三）上海市

1. 政策

（1）《全面深化中国（上海）自由贸易试验区改革开放方案》发布

截至2017年，上海自贸试验区建设取得重大进展，总体达到预期目标。为贯彻落实党中央、国务院决策部署，对照国际最高标准、最好水平的自由贸易区，全面深化自贸试验区改革开放，加快构建开放型经济新体制，在新一轮改革开放中进一步发挥引领示范作用，国务院制定了《全面深化中国（上海）自由贸易试验区改革开放方案》，并于2017年3月发布。方案中提出要加强改革系统集成，建设开放和创新融为一体的综合改革试验区，建立更加开放、更符合国际标准的机制体系；加强同国际通行规则相衔接，建立开放型经济体系的风险压力测试区，深化创新，实现便利；进一步转变政府职能，打造提升政府治理能力的先行区；创新合作发展模式，成为服务国家“一带一路”建设、推动市场主体走出去的桥头堡；服务全国改革开放大局，形成更多可复制推广的制度创新成果。更重要的是要落实好各级各部门的工作，加强监督，实现创新，以取得显著成果。

（2）上海自贸区制度框架基本形成，下阶段做到“三个对标”

从制定三年预期目标以来到2017年1月，上海自贸试验区确立了以负面清单管理为核心的投资管理制度，形成了与国际通行规则一致的市场准入方式。总体上达到了目标，制度框架基本形成。此外，上海自贸区确立了符合国际高标准贸易便利化规则的贸易监管制度，实行“一线放开、二线安全高效管住”贸易监管制度。

上海自贸区创设了自由贸易账户系统，建立了多项核心领域金融改革的制度安排和操作路径，基本形成宏观审慎和风险可控的金融监管体系。总体上看，上海自贸试验区在3年的建设过程中，已经形成了与国际通行做法相一致的管理理念和基本制度框架。但是，还有一些领域存在着差距，比如营商环境需要进一步提高，市场开放度可以进一步扩大。

上海自贸区建设要更好地服务经济社会发展，努力做到“三个对标”：一要对标建设开放度最高的自由贸易试验区和国际高标准经贸规则，进一步深化自贸试验区金融开放创新试点，不断提升金融服务投资贸易便利化水平；二要对标2020年基本建成国际金融中心的目标，加快形成更加开放高效的金融市场体系，不断提升金融市场配置境内外资源的能力；三要对标国家战略和金融改革开放总体部署，服务“一带一路”建设、支持长江经济带发展、推进人民币国际化、加强与科创中心建设联动，不断提升金融服务实体经济功能。①

（3）习近平：把上海自贸区建设成服务国家“一带一路”建设桥头堡

2017年3月，习近平在十二届全国人大五次会议上海代表团审议时强调要将上海加快建成社会主义现代化国际大都市。一年来上海围绕创新驱动发展、优化经济结构、深化改革等方面取得的新成就较为显著，上海作为全国改革开放排头兵、创新发展先行者，在深化自由贸易试验区改革、在推进科技创新中心建设、在推进社会治理创新等方面要有新作为。上海自由贸易试验区要建设成为开放和创新融为一体的综合改革试验区，成为服务国家“一带一路”建设、推动市场主体走出去的桥头堡。

上海要不断放大政策集成效应，发挥先发优势，率先建立同国际投资和贸易通行规则相衔接的制度体系，力争取得更多可复制、可推广的制度创新成果。要加强同其他自由贸易试验区试点的合作，相互学习、相互促进。②

2. 经济领域

（1）上海浦东对外贸易逆势增长，“一带一路”沿线国家成主要市场

上海市浦东新区政府2017年2月24日发布的数据显示，在全国大量

---

① 《上海市政府副秘书长：进一步深化自贸区金融开放创新》，https：//www. sohu. com/a/197685734_115433。

② 《践行新发展理念深化改革开放 加快建设现代化国际大都市》，http：//lianghui. people. com. cn/2017/n1/2017/0306/c410899-29124848. html。

对外贸易城市外贸进出口总额下降的背景下，2016年浦东新区外贸进出口总额逆势增长，就市场分布来看，“一带一路”沿线国家的外贸交易量开始回升，成为浦东新区的主要市场。在实施“走出去”战略和对东盟国家贸易环境改善的利好因素影响下，2016年浦东新区对东盟贸易实现了近5年来的最高增长。

（2）意大利总统访沪：“一带一路”框架下合作潜力巨大

意大利总统塞尔焦·马塔雷拉率代表团于2017年2月24日到访上海，并在多个场合表达了意大利愿在“一带一路”建设背景下加强与中国、与上海全面深入合作的意愿。

与时任上海市市长应勇会面时，马塔雷拉表示意方愿积极参与“一带一路”建设，同中方一道推动全球市场开放。意大利与上海围绕经贸、教育、文化等领域已开展很多交流与合作，他也期待推动双方在时尚领域的合作，让双方民众了解对方的生活方式。同时，意中两国在科技、创新等领域合作潜力巨大，期待双方进一步深化合作，以获得更加丰硕的成果。①

三 “21世纪海上丝绸之路”沿线部分国家的新闻事件

（一）泰国

1. 泰国开泰银行借势“一带一路”加快区域布局

2015年7月22日，泰国开泰银行第一高级副总裁胡锦通在接受记者专访时表示要抓住“一带一路”倡议带来的机遇，加快与中国等国家的合作。他认为“一带一路”有助于促进亚洲国家的贸易往来，能为区域经济建设作出贡献。在中国领导人提出共建“一带一路”倡议后，开泰银行国际业务总部组建成立，并立即组织研究团队对“一带一路”倡议进行专项研究，发现多个领域的重要商机。开泰银行目前在海外的全部14家分支机构中，13家在“一带一路”沿线国家。这些分支机构加上开泰银行的合作伙伴银行，可为“一带一路”沿线国家的客户提供便利的跨境金融服务。下一步开泰银行将整合在中国内地的分支行网络，申请改制为外商独资银

① 《意大利总统访沪：“一带一路”框架下合作潜力巨大》，https://www.chinanews.com.cn/gn/2017/02-24/8159142.shtml。

行，并增设分支机构，以促进中国业务战略的实施。胡锦通强调，拟申请的开泰银行（中国）将整合在中国、泰国和东盟的资源，为中国、泰国和东盟等地的企业服务，支持促进区域内贸易投资和优化区域产业链。

2. 扬帆海上丝绸之路，金正大泰国办事处成立

2016 年 1 月，金正大集团在国际化与海外布局上又迎来新的里程碑——金正大泰国办事处正式成立，集团相关领导人和泰国政府领导人等出席揭牌仪式。泰国领导人对金正大泰国办事处的成立表示祝贺，认为中国“一带一路”项目的提出为中泰两国的合作提供了良机，拓宽了合作空间。而金正大泰国办事处的成立将为中泰合作提供更大的帮助。他希望也相信金正大泰国办事处能成为双方交流的纽带与桥梁，为双方发展起到积极的促进与推广作用。

仪式上，金正大集团董事长表示“一带一路”的合作倡议为金正大集团“走出去”提供了难得机遇，金正大集团将以泰国办事处的成立为契机，积极参与泰国农业现代化的进程，不断拓宽与泰国农业各领域的合作，加快农业合作项目的落地，深化与泰国各机构和相关企业的深层次合作，加强技术合作与人才交流，为中泰两国交流与合作架起一座新桥梁，争做新时期“中泰一家亲”的典范。

（二）马来西亚

1. 马六甲将打造国际水平港口，配合中国海上丝绸之路建设

2015 年 2 月，马来西亚交通部部长廖中莱指出，中国政府欢迎马来西亚在马六甲打造一座国际水平的港口，加强马中两国经济合作并配合中国海上丝绸之路建设。中国也认为，在马六甲打造一座国际港口，能够扮演重要角色，以落实中国的海上丝绸之路建设，发展区域经济。廖中莱表示，马来西亚将与中国展开进一步讨论，在打造这座港口时，希望中国给予马方一定的建议和意见。历史已经证明了马六甲的重要性，马来西亚必须再次投入，努力将马六甲建设成国际港口，让马中两国经济变得更加繁荣。

2. 中国-马来西亚海上丝绸之路研讨会在吉隆坡举行

2015 年 6 月 16 日，由中国工商银行马来西亚分行主办的“海丝之路 · 工行相伴”中国-马来西亚海上丝绸之路研讨会在吉隆坡举行。中马

两国的近百位政商界代表出席活动，共同研讨“一带一路”带来的新商机。

马来西亚国际贸工部副部长李志亮在研讨会上表示，由中国国家主席习近平提出的“一带一路”倡议将亚洲、非洲和欧洲联系在一起，前景十分广阔。“一带一路”倡议，特别是“21世纪海上丝绸之路”倡议将东盟各国与此倡议紧密地结合在了一起。东盟共同体在2015年底成立，而马来西亚作为东盟轮值主席国，希望继续加强与中国的经贸联系，将双边贸易额不断推向新高。

中国驻马来西亚大使馆经商参赞吴政平在研讨会上向马来西亚工商各界详细解读了“一带一路”的概念，他希望中马两国的企业抓住历史机遇，扩大合作，推动两国经贸关系不断向前发展。①

（三）印度尼西亚

1. 印尼驻华大使苏更·拉哈尔佐：发力五大领域共建“海上丝路”

印尼驻华大使苏更·拉哈尔佐对“21世纪海上丝绸之路”倡议表示赞赏。印尼是世界上最大的群岛国家，是连接太平洋和印度洋两大洋的重要海上运输枢纽，是中国明代著名航海家郑和七下西洋的开洋之地和古代海上丝绸之路重要节点，有望成为“21世纪海上丝绸之路”的核心区域和重要支点。

2014年10月，印尼总统佐科提出将印尼打造成为“全球海洋支点”，着力建设海上交通基础设施、发展海洋经济等，与中方提出的“21世纪海上丝绸之路”倡议高度契合。以共建“21世纪海上丝绸之路”为契机，近年来中国和印尼的经贸关系取得了快速发展，中国在连续多年保持印尼第一大贸易伙伴的同时，2016年已成为仅次于新加坡和日本的印尼第三大投资国，以及赴印尼旅游人数最多的国家。

苏更·拉哈尔佐表示，2017年，中国和印尼的伙伴关系已上升为全面战略伙伴关系，双方在维护地区和平稳定方面有着共同的立场和完善的对话合作机制，可进一步强化高层互访和高级别对话关系。双方经贸合作有

---

① 《中国-马来西亚海上丝绸之路研讨会在吉隆坡举行》，http：//my.xinhuanet.com/2015-06/17/c_127926784.htm。

五大领域值得高度关注。第一，加强互惠合作、互享市场机遇，尤其是农产品领域；第二，促进中方在印尼投资的便利化；第三，强化行业互动，尤其是以旅游业为代表的第三产业，2017 年要吸引更多的中国游客到印尼体验“家到家”式的旅游服务；第四，扩大人文交流，通过互建文化中心促进“民心相通”；第五，推进海上互联互通，尤其是港口等基础设施和交通设施的互联互通。相信通过双方共同努力，通过“一带一路”沿线国家的共同努力，不仅中国和印尼的人民会从“一带一路”建设中受益，全世界人民也将从中受益。

2. 印度尼西亚启动“郑和下西洋海上丝绸之路”旅游线

应印度尼西亚旅游与创意部邀请，中国驻新加坡旅游办事处于 2015 年 3 月派员参加在印尼巴淡岛举办的“郑和下西洋海上丝绸之路”旅游线启动仪式。此次启动的“郑和下西洋海上丝绸之路”旅游线从巴淡岛开始，串联郑和当年到访过的城市，旨在让中国游客和印尼民众游览郑和文化遗迹，重温友好历史，加深两国人民友谊。活动期间，中国驻新加坡旅游办事处负责人与印尼旅游与创意部官员、当地旅行商和新闻媒体等就加强“21 世纪海上丝绸之路”旅游宣传等工作进行深入交谈，邀请印尼有关部门支持 2015 年举办的“美丽中国——海上丝绸之路旅游带”联合推广活动。

第二节 基于词条信息的“一带一路”关注度指标分析

百度百科于 2006 年 4 月 20 日正式上线，属于百度公司旗下的一款内容开放、自由的网络百科全书平台。它的正式版在 2008 年 4 月 21 日发布，从正式上线以来，百度百科受到广大网民的青睐。在信息化飞速发展的今天，这款深度知识搜索平台以其逻辑严谨性、时效性、丰富性等优点实现了信息价值的最大化。据百度官方统计，截至 2017 年 4 月，该平台已经收录了 1432 万多条词条，词条所涵盖的范围包罗万象，涉及众多的知识领域。其中最值得关注的是参与词条编辑的网民达到 610 多万人。这反映出百度百科平台构建的内涵，就是调动互联网广大用户基础力量，强调充分地参加交流与实时分享。因此，对百度百科的词条修改频次，是一个反映对热点问题关注度的优良指标，可以用来进行相关内容的关注度分析。本书正是秉承这样的思路，从百度百科中对“海上丝绸之路”和“一带一路”两个词条的修改时间和次数等方面的数据进行爬取，从而进行时间序列趋势下的“海上丝绸之路”和“一带一路”这两个新闻热点的关注度分析，同时也反映了对这类问题进行研究的必要性和意义。

一 “一带一路”的关注度指标

“21 世纪海上丝绸之路”是“一带一路”倡议的重要组成部分，这两者之间存在非常密切的联系。因此，对“21 世纪海上丝绸之路”问题的研究，始终不能脱离对“一带一路”命题的考察。因此，利用上述百度百科的“一带一路”词条数据，对“一带一路”问题的关注度进行分析。“一带一路”建设不但给社会经济、文化等方面的交流带来了新的活力，同时也为有关领域和方面的研究带来了新问题和新视角，中国民众对该问题的关注度也保持了较高的热度。尤其在 2017 年 5 月 14 日，第一届“一带一路”国际合作高峰论坛在北京召开，沿线国家和地区的各国元首政要齐聚一堂，共议“一带一路”的发展建设。这一盛会又将“一带一路”问题推向新闻热点的又一高潮。习近平主席在大会开幕式发表题为《携手推进“一带一路”建设》的主旨演讲，受到国内外媒体的广泛关注。

2016 年 9 月 3 日，国家主席习近平在浙江杭州举行的二十国集团工商峰会开幕式上发表主旨演讲，指出：“中国的发展得益于国际社会，也愿为国际社会提供更多公共产品。我提出‘一带一路’倡议，旨在同沿线各国分享中国发展机遇，实现共同繁荣。”① 由于“一带一路”建设涉及的国家、地区广，影响力大，“一带一路”成为与会嘉宾的高频词和关键词。该会也给予世界认识中国“一带一路”畅想和理念的良好机会。此后不久，2016 年 9 月 13 日在北京召开了推进“一带一路”建设工作会议。会议由时任国务院副总理张高丽主持，进一步落实了习近平总书记关于“一带一路”建设工作的讲话精神，并对下一步的重点工作进行了统一部署。

① 习近平：《论把握新发展阶段、贯彻新发展理念、构建新发展格局》，中央文献出版社，2021，第 128 页。

会议在最后呼吁各部门做深做细做实组织领导工作、安全保障工作等，确保把“一带一路”建设各项部署落实到位，推动“一带一路”建设的前进。综上，“一带一路”无论是从新闻层面，还是其内部各个方面（如法律、经济、文化、旅游等各个方面），都具有巨大的研究价值，其政策意义也能对“一带一路”的建设发展提供更好的指导。在此，以百度百科的“一带一路”词条修改频率为着眼点，考察该问题的关注度情况。

截至 2017 年 5 月 24 日，关于“一带一路”词条的总浏览次数为 19667852 次，编辑次数为 301 次历史版本，最近一次更新时间为 2017 年 5 月 16 日。从最近一次的更新时间可以看出 2017 年 5 月 14 日的第一届“一带一路”国际合作高峰论坛对该问题的影响因素。该词条的创立时间为 2014 年 2 月，距离“一带一路”倡议的提出滞后 4 个月的时间。本书数据采集的截止日期为 2017 年 5 月 24 日，考虑到词条修改的频率，所有数据按月度时间段加以整理。关于“一带一路”词条的修改次数随时间的变化见图 4-1。

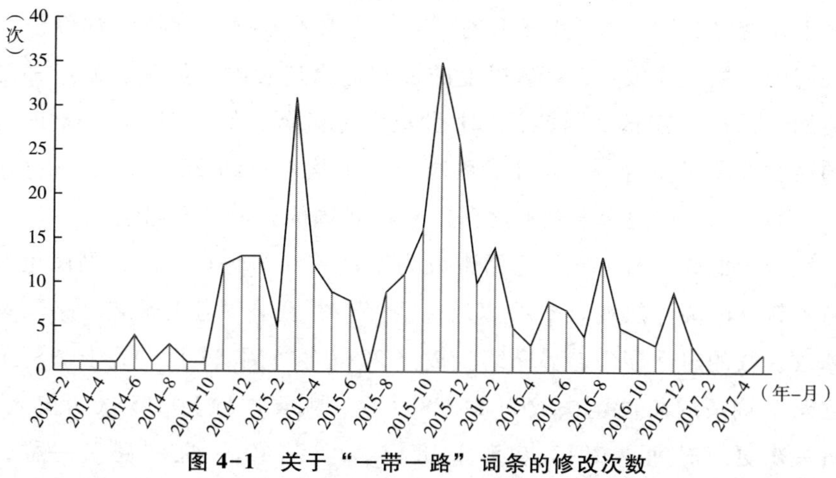

图 4-1 关于“一带一路”词条的修改次数

由图 4-1 可知，“一带一路”词条在创建之初的 2014 年 2 月至 10 月并没有出现太多的修改频率，进入 2014 年底出现一波修改的小高峰，但在 2015 年 2 月至 4 月，“一带一路”词条的修改出现考察阶段以来第二次高的修改频次。“一带一路”词条最为高峰的修改频次出现在 2015 年 10 月至 12 月，修改量达到 35 次，具有较高的关注度。在此后的时间段，该词条的更改频次有所减弱。

二 “海上丝绸之路”的关注度指标

陆上丝绸之路和海上丝绸之路在21世纪的今天，由于其地理位置的不同，周边国际环境的不同，其构想也有区别，陆上的“丝绸之路经济带”的相关国家主要是分布在大陆版图上的中亚、西亚和欧洲国家，而海上丝绸之路所辐射的国家范围主要集中在东南亚、印度洋、大西洋等沿海国家。因此，不能将“21 世纪海上丝绸之路”笼统地纳入“一带一路”倡议当中而不作细分和研究，这也是本书分析的目的和意义所在。这一条面向海洋的海上国际通道，无疑会加强海上合作伙伴的互信和往来，扩大中国与沿海国家和地区在各领域的多方交流，打开互惠共赢的新模式。

综上所述，无论是陆上的“丝绸之路经济带”还是海上的“21 世纪海上丝绸之路”，两者的建设都具有重要的现实意义。本书立足于“21 世纪海上丝绸之路”，对其展开系列研究。尤其在现今，我国海洋经济在国民经济中占据重要位置，90%以上的外贸进出口货物、原油、矿产都是以海路的形式进行输送。因此，“21 世纪海上丝绸之路”的能量不可小觑，它的沿线涉及了全球 32 个国家和地区，涉及人口约 26 亿人（不包含中国）。目前“21 世纪海上丝绸之路”沿线各国的交流正日趋频繁。

正因为如此，海上丝绸之路也成为新闻关注的热点，广大网民也对之保持了较高的关注热度。图 4-2 是百度百科中关于“海上丝绸之路”词条的修改次数的时间序列趋势介绍。截至 2017 年 5 月 24 日，关于“海上丝绸之路”词条的总浏览次数为 1108889 次，编辑次数为 315 次历史版本，最近一次更新时间为 2017 年 5 月 18 日。可见同“一带一路”一样，于 2017 年 5 月 14 日在北京召开的第一届“一带一路”国际合作高峰论坛对“21 世纪海上丝绸之路”具有一定的影响力。这里需要说明的是，本书关于“一带一路”中的“海上丝绸之路”的全称为“21 世纪海上丝绸之路”，但考虑到人们的用词习惯，本书仍然选择“海上丝绸之路”词条作为衡量标准。而“海上丝绸之路”这一词条与“一带一路”不同，是自古有之，因此在百度百科建立之初的 2006 年 4 月就存在，而“一带一路”则在习近平主席提出该倡议之后几个月出现在百度百科中。

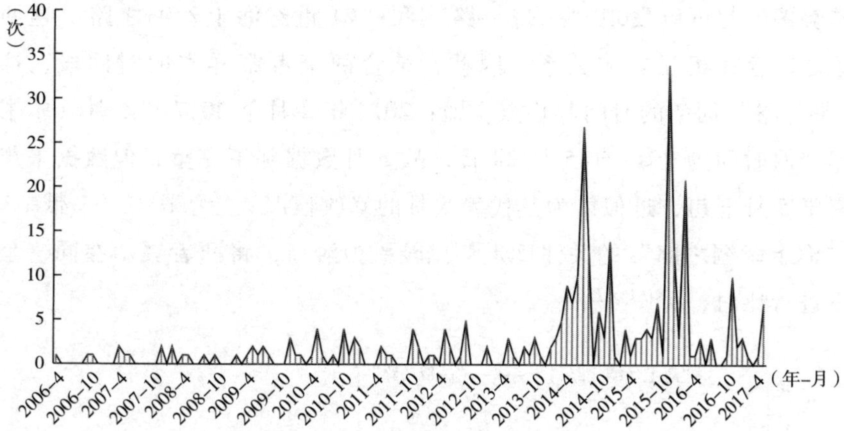

图 4-2 关于“海上丝绸之路”词条的修改次数的时间序列趋势

图 4-2 反映了“海上丝绸之路”词条在时间维度上的动态调整频率。显然“海上丝绸之路”词条的时间范围更大，从 2006 年 4 月延续至本书的数据采集日 2017 年 5 月。因为“海上丝绸之路”词条是已有名词，所以在“一带一路”倡议提出之前，就已经纳入百度百科，并且存在一定的修订次数。但从图 4-2 显然可以看出“一带一路”合作倡议对该词条修改频次，也就是关注度的影响。2006 年 4 月至 2013 年 10 月，为“一带一路”倡议还未提出的时期，属于词条创立初始期，它的关注度趋势保持一种相对低频次的小幅波动状态，每个月的平均修订次数为 0.867 次。而当“一带一路”倡议提出以后，“海上丝绸之路”词条的关注度明显上升，出现了 3 次修改高峰。第一次为 2014 年 7 月，修改次数为 27 次；第二次为 2015 年 11 月，修改次数为 34 次，是考察范围内的最高峰；第三次为 2016 年 2 月，修改次数为 21 次。可见，“海上丝绸之路”这一词条在“一带一路”倡议提出之后，关注度普遍增高。

三 “一带一路”和“海上丝绸之路”关注度的时间趋势对比

本章以上两小节分别以“一带一路”和“海上丝绸之路”两个词条在百度百科中的修订次数为原始数据，并按月度的时间间隔进行统计，得出有关“一带一路”和“海上丝绸之路”关注度的时间趋势。“21 世纪海上丝绸之路”是“一带一路”倡议的一个重要组成部分，无论从文字分析还是趋势图，都可以发现“一带一路”和“21世纪海上丝绸之路”这两个词条之间存在相互影响关系。因此，结合两个考察样本的时间段，选取“一带一路”词条的时间起止点，即：2014年2月至2017年5月（本书的数据选取时间为2017年5月24日，故5月数据并不完整，但数据采集时间属于5月下旬，近似认为其代表5月的修改情况）。为了让“一带一路”和“海上丝绸之路”的关注度走势比较更为清晰，将两者展示在同一坐标系下进行比对，见图4-3。

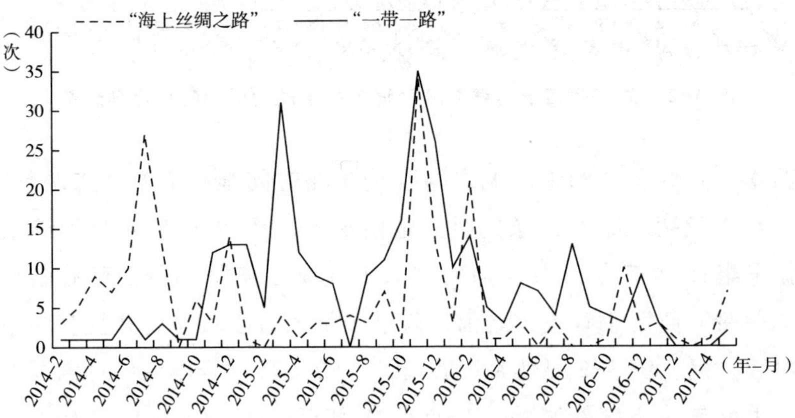

图4-3 “一带一路”和“海上丝绸之路”词条修改次数的时间趋势对比

图4-3中用虚线表示“海上丝绸之路”词条的关注度走势，实线表示“一带一路”词条的关注度走势，从中可以看出“一带一路”和“海上丝绸之路”这两个词条关注度的时间序列趋势在大部分时间段是雷同的。2014年7月，“海上丝绸之路”词条的修改量超过25次，成为一次小高峰，而“一带一路”词条的关注度在此阶段的表现相对平静，保持和前面一段时间相当的低位走势；2015年4月，“一带一路”词条的修改量超过30次，而“海上丝绸之路”词条的关注度的表现相对低落。除了这两个时间节点之外，其他时段这两个词条的关注度的趋势相当，说明两者之间具有一定的联系。尤其是在2015年11~12月，“一带一路”和“海上丝绸之路”词条的关注度走势同时达到峰值，其峰值最高点的取值如下：“一带一路”词条的修改次数为35次，“海上丝绸之路”词条的修改次数为34次。值得注意的是，这一次叠加效应所出现的峰值均为这两个词条各自在

考察期内的最高值，因此这是值得关注的一个重要时间点。根据研究发现，这个时间果然有两件有关“一带一路”及“海上丝绸之路”的重大事件。而在 2015 年 12 月之后的 2016 年 2 月两者又出现一次小高峰，“海上丝绸之路”词条的修改次数超过 20 次，“一带一路”词条的修改次数接近 16 次。此后两者都保持相对平稳的状态，值得注意的是，在 2017 年 4 月后期，两者都出现增长趋势，但由于考察时间段的限制，无法得知未来一段时间的关注度情况。但相信 2017 年 5 月在北京召开的第一届“一带一路”国际合作高峰论坛会对两者产生一定的影响。综上，重点考察“一带一路”和“海上丝绸之路”词条的关注度在 2015 年 11～12 月同时达到最大峰值的情况。研究发现，在这一时间段，出现了“一带一路”及“海上丝绸之路”发展历程中相对重大的两项事件。

第一个重大事件是 31 个省、自治区、直辖市对接方案基本完成，事件发生在 2015 年 11 月。陆上丝绸之路和海上丝绸之路牵扯国内省份众多，各个省、自治区、直辖市在国家提出“一带一路”倡议以来，如何找出自己的区域定位、如何与该倡议对接、如何在这一倡议下认清自身优势并有针对性地加入“一带一路”建设等一系列问题十分重要。一旦错过或定位出现失误则很有可能丧失良好的发展机遇，反之，则可以带动地方经济、文化等全方位的发展。因此，2015 年 11 月我国 31 个省、自治区、直辖市的“一带一路”建设实施方案衔接工作基本完成，这是一个标志性的大事件，从而引发了“一带一路”和“海上丝绸之路”两者关注度的共同提高。

第二个重大事件是亚投行的成立，事件发生时间为 2015 年 12 月 25 日。亚投行是一个政府间性质的亚洲区域多边开发机构，总部设在北京。其宗旨是促进亚洲区域的建设，重点支持基础设施和其他生产性领域的建设，助力互联互通和经济一体化。

亚投行在创立之初，就有 57 个创始成员，截至 2021 年 10 月 28 日，其成员数量增至 104 个。任何经济发展、外贸交流、投资建设都离不开资本的支持和流动，因此亚投行的成立和开业，是“一带一路”倡议提出后有较大影响力的举措之一。此举将有效促进亚洲区域的基础设施建设，改善亚洲发展中国家的投资环境，为亚投行成员提供更多就业岗位和发展机会，并最终推动互联互通建设和经济一体化的实现。

第三节　相关新闻数据获取及分析的理论模型

一　网络爬虫

随着科技进步和网络技术的飞速发展，互联网成为人们获取资讯的主要来源，每分每秒，互联网都产生出数量惊人的数据和信息资源。互联网是全球最大的信息载体，如何从互联网海量的信息中快速而高效地寻找到对用户有价值的信息和数据，是一个十分有意思的问题。由此，网络爬虫应运而生，成为人们迅速锁定关注信息的有力武器。

所谓网络爬虫，是搜索引擎领域的研究热点问题，直观而言，它是一系列自动从互联网抽取信息的计算机代码，被视为网络数据采集的利器。一个通用的网络爬虫，都是以初始 URL 为起点，然后不断更新迭代的过程，具体流程见图 4-4。

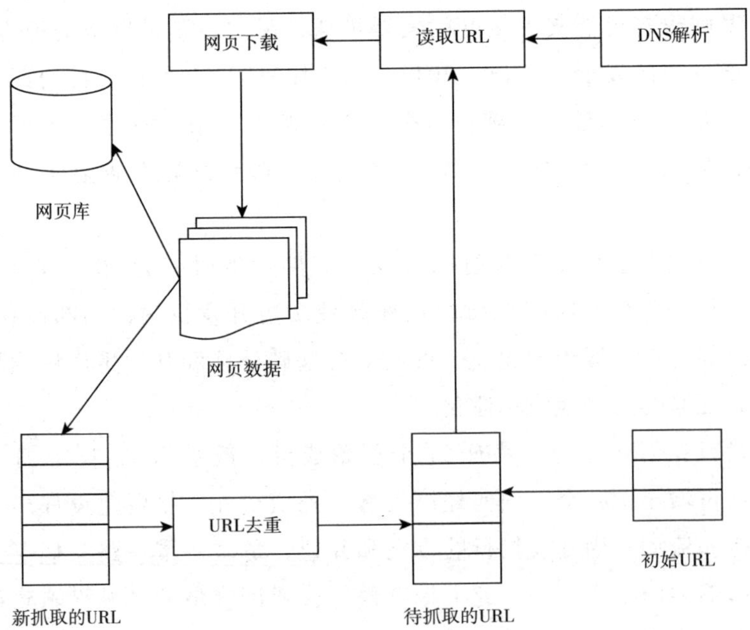

图 4-4　通用网络爬虫结构

一个通用网络爬虫的基本流程如下：

第一步，建立初始化 URL 集；

第二步，将初始 URL 集添加到待抓取的 URL 队列中；

第三步，从待抓取的 URL 队列中取出一个 URL，使用该 URL 从互联网上下载对应的网页，然后对这个网页进行解析，将解析到的网页目标数据保存在网页库中，同时将解析出的新的 URL 放入新抓取到的 URL 队列；

第四步，从新抓取到的 URL 队列中抽取出一个 URL，然后将其做去重处理，如果该 URL 没有被抓取过，就将该 URL 存入到待抓取的 URL 队列中，否则就丢弃该 URL。[①]

由于需求广泛，网络爬虫的应用渗透到各个学科领域，网络爬虫从不同的划分角度有不同的分类方式，按照应用场景，可以分为以下三种类型：批量型爬虫、垂直型爬虫和增量型爬虫。本书根据数据采集需要，所选取的爬取方式为垂直型爬虫。与其他爬虫不同的是，垂直型爬虫不需要从互联网上全面地抓取数据，只需要关注特定的主题。本书只关注与“海上丝绸之路”相关的网页资源。这种方式会过滤掉与设定主题无关的链接，只关注相关主题信息，因此具有更高的效率，减少不必要的网页信息，节约资源和时间。

二 可视化词云

可视化技术是大数据分析中一个重要的分支。对海量数据的提取和分析很重要，但有关大数据分析的展示即可视化工作也很重要，因为它在某种程度上决定了数据分析成果的可读性。所谓可视化，就是指将数据和信息通过图形的方式进行展示和交互处理的技术。关于可视化技术的起源，可以追溯到公元前 610 年至前 546 年古希腊哲学家阿那克西曼德（Anaximander）所绘制的第一张人类世界地图。随着人类科技的不断进步，可视化技术也从古代较为传统的手工绘制变成电脑处理。

可视化技术的发展和使用，让我们有更好的渠道去感受和认知世界，

① 刘小云：《网络爬虫技术在云平台上的研究与实现》，硕士学位论文，电子科技大学，2016。

并且把数据分析提高到了美学的层次。词云就是可视化技术的一种，也称为标签云，因其形态类似云朵而得名。该词最早由 Milgram 提出，并且其可视化技术的对象基本侧重于文本资料。目前生活中比较常见的词云如图 4-5 所示。

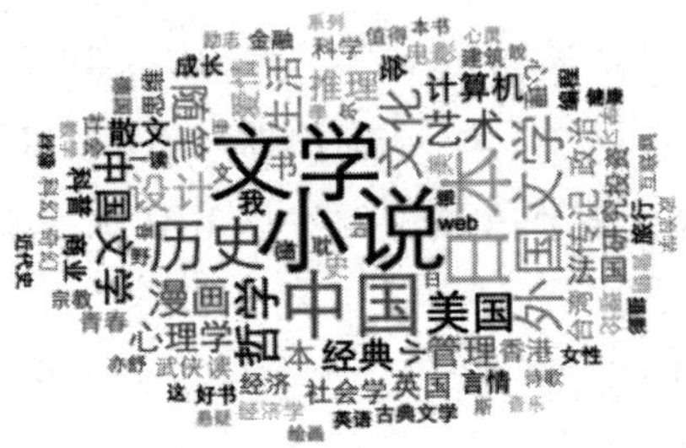

图 4-5　常见词云标签可视化展示

从图 4-5 可以发现，通过不同的颜色和字体的大小来造成一种可视化上的直观性，反映文本数据中的一些问题。有时词云的生成会选用普通的几何形状，有时也可以根据文章的需要，选择更具有体现意义的词云表现形态。本书所研究的词云，不是在词云的美学形态方面进行研究，而是侧重于词云对原始语料中关键信息的反映，并且仅针对一维指标，因此选择采用字体的大小进行展示，所采用的实现平台是 Python。

在词云语料准备好之前，需要对原始文本进行中文文本语料的预处理工作，主要分为以下几个步骤。

第一，对非结构化数据进行结构化处理。原始的文本数据并不具备传统数字的结构化特征，因此首先要进行结构化处理，这是文本语料进行分析和建模的前提。本书采用 Jieba 分词手段对中文文本语料进行分词处理，并且加入停用词词典和专业词词典，前者是为了删除类似“的”“呢”等无意义的词和符号，后者是为了防止对专业词进行误切。

第二，关键词提取。尽管完成了文本数据的结构化，也进行了初步降维工作，但由于海量语料所带来的高维特征，仍然需要进一步对关键词进行提取。在此采用上一章所提到的 TF-IDF 指标作为反映中文文本语料中词语重要程度的测量标准，进行关键词的排序。

第三，词云标签的制作。在得到上述信息之后，便可以对研究对象进行词云生成。目前有许多自动生成词云的软件，例如 Wordle、WordItOut 等，此外也可以通过 R 语言、Python 等统计软件编写代码，然后执行代码生成词云。本书通过 Python 软件生成词云。

三 主题分析

本书采用传统的 LDA 模型进行主题分析，该模型起源于 LSI 模型，并经历了 PLSI 模型的阶段，属于三层贝叶斯模型的一种。它基于词袋假设认为构成文档的词相互独立，与其出现位置无关。LDA 模型中的每个主题实质上是词集上的多项式分布，相同词语在不同主题下具有不同的概率值。其数学形式如下：

$$p(w_{m,n},z_{m,n},\vec{\theta}_m,\Phi \mid \vec{\alpha},\vec{\beta}) = \prod_{n=1}^{N_m} p(w_{m,n} \mid \vec{\varphi}_{z_{m,n}}) \cdot p(z_{m,n} \mid \vec{\theta}_m) \cdot p(\vec{\theta}_m \mid \vec{\alpha}) \cdot p(\Phi \mid \vec{\beta}) \tag{4-1}$$

这是文本 d_m 的联合分布形式，其中 $z_{m,n}$ 表示 d_m 的第 n 个词项对应的主题，$w_{m,n}$ 表示第 m 篇文档的第 n 个词项；$\vec{\alpha}$、$\vec{\beta}$ 分别表示 d_m 的主题分布和某一具体主题 $z_{m,n}$ 词项分布的先验分布；$\vec{\theta}_m$ 为从 $\vec{\alpha}$ 中抽取 d_m 的主题分布，是一个 K 维向量；$\vec{\varphi}_{z_{m,n}}$ 则为从 $\vec{\beta}$ 中抽取主题 $z_{m,n}$ 对应的词项分布，通过 $\vec{\varphi}_{z_{m,n}}$ 词项 $w_{m,n}$ 被最终确定下来，$\Phi=\{\vec{\varphi}_k\}_{k=1}^{K}$，是每个主题的词项分布矩阵。一个 LDA 主题模型的研究流程如图 4-6 所示。

由此构造似然函数：

$$\iint p(\vec{\theta}_m \mid \vec{\alpha}) \cdot p(\Phi \mid \vec{\beta}) \cdot \prod_{n=1}^{N_m} p(w_{m,n} \mid \vec{\varphi}_{z_{m,n}}) p(z_{m,n} \mid \vec{\theta}_m) d\Phi d\vec{\theta}_m \tag{4-2}$$

但极大似然估计方法并不能求解该问题，Blei 等人在文中给出的是 EM-变分算法，Griffiths 等人随后提出的 Gibbs 采样方法使模型推导和参数求解极为简化，因此受到普遍推崇。本书所采取的参数估计框架也是基于 Gibbs 采样展开，这是一种应用最为广泛的 MCMC（马尔可夫链蒙特卡洛）模拟方法。

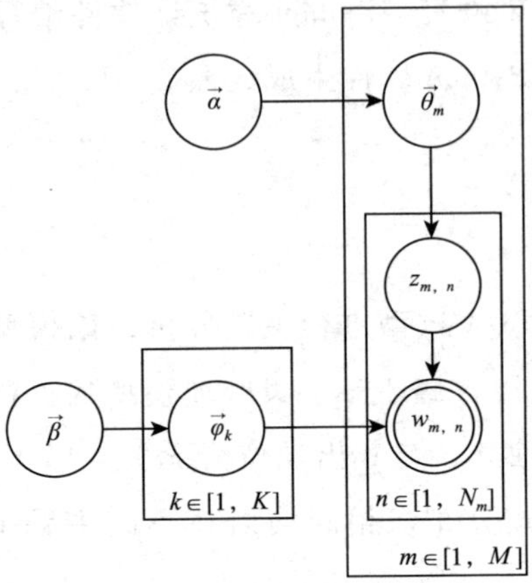

图 4-6　LDA 模型流程

估计先验分布参数 $\vec{\alpha}$、$\vec{\beta}$，获取主题分布 $\vec{\theta}_m$ 及词项分布 $\vec{\varphi}_{z_{m,n}}$，其中 $\vec{\alpha}\to\vec{\theta}_m\to\vec{z}_m$ 表示生成文本中所有词对应的主题，$\vec{\alpha}\to\vec{\theta}_m$ 对应 Dirichlet 分布部分，$\vec{\theta}_m\to\vec{z}_m$ 对应多项式分布部分。利用 Dirichlet 分布可得到在迭代过程中更新参数的表达式：

$$\hat{\theta}_{m,k}=\frac{n_{m,-i}^{(k)}+\alpha_k}{\sum_{k=1}^{K}(n_{m,-i}^{(k)}+\alpha_k)},\hat{\varphi}_{k,t}=\frac{n_{k,-i}^{(t)}+\beta_k}{\sum_{t=1}^{V}(n_{k,-i}^{(t)}+\beta_k)} \tag{4-3}$$

其中 $n_m^{(K)}$ 表示第 m 篇文档 d_m 中第 k 个主题下词的个数。

在 LDA 模型中，当采样迭代次数超过一定阈值之后，其参数估计结果可以认为是模型的解，因此 Gibbs 采样则是对文本每个词项以 K 维主题为路径采样，并按数值排序的过程，最终主题的条件概率（对文本每个词项的条件概率）表示为：

$$p(z_i=k,w_i=t\mid\vec{z}_{-i},\vec{w}_{-i})\propto\frac{n_{m,-i}^{(k)}+\alpha_k}{\sum_{k=1}^{K}n_{m,-i}^{(k)}+\alpha_k}\cdot\frac{n_{k,-i}^{(t)}+\beta_t}{\sum_{t=1}^{V}n_{k,-i}^{(t)}+\beta_t} \tag{4-4}$$

以上过程可以得到 T-W 矩阵①，有关它的算法流程见表 4-1。

① 在这一过程中还可以得到 D-T 矩阵，在本书的研究中并没有涉及该矩阵的应用，故视之为 LDA 模型的副产品。

表 4-1　算法流程

算法流程
1. D-T（文档-主题）层面：
（a）产生主题向量的分布：$\vec{\theta}_m \sim Dir(\vec{\alpha})$；
（b）产生文档-主题分布：$z_{m,n} \sim Mult(\vec{\theta}_m)$，$z_{m,n} \in \{1, 2, \cdots, K\}$。
2. T-W（主题-词）层面：
（a）产生词向量的分布：$\vec{\varphi}_k \sim Dir_V(\vec{\beta}_k)$；
（b）产生主题-词分布：$w_{m,n} \sim Mult(\vec{\varphi}_k)$，$w_{m,n} \in \{1, 2, \cdots, V\}$。

利用参数估计得出先验分布参数 $\vec{\alpha}$、$\vec{\beta}$，获取主题分布 $\vec{\theta}_m$ 及词项分布 $\vec{\varphi}_{z_{m,n}}$，其中 $\vec{\alpha} \to \vec{\theta}_m \to \vec{z}_m$ 表示生成文本中所有词对应的主题，$\vec{\alpha} \to \vec{\theta}_m$ 对应 Dirichlet 分布部分，$\vec{\theta}_m \to \vec{z}_m$ 对应多项式分布部分，整体 Dirichlet-Multinomial 共轭结构如图 4-7 所示。

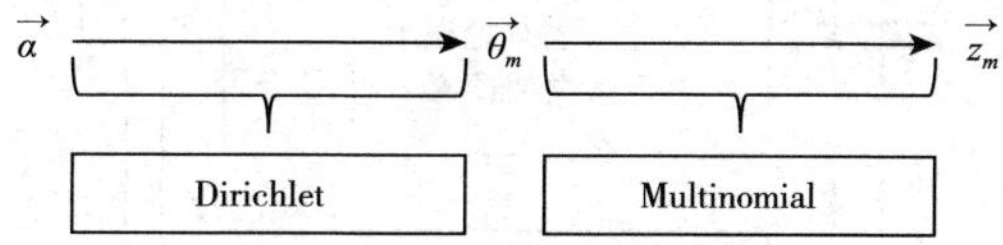

图 4-7　主题抽取过程

LDA-Gibbs 采样的主要思想是不断地只用条件分布进行采样，使每次采样的结果更接近全概率分布，即每次保持其他分量值不变，只对一个分量进行采样，LDA 模型最终的 Gibbs 采样公式如下：

$$p(z_i = | \vec{z}_{-i},\vec{w}) = \frac{n_{m,-i}^{(k)} + \alpha_k}{\sum_{k=1}^{K}(n_{m,-i}^{(k)} + \alpha_k)} \cdot \frac{n_{k,-i}^{(t)} + \beta_k}{\sum_{t=1}^{V}(n_{k,-i}^{(t)} + \beta_k)} \tag{4-5}$$

Gibbs 采样是对文本中每个词项按照 K 维主题为路径采样并按照计数值排序的过程，如图 4-8 所示。

综上，本书的文本处理流程为“数据抓取—数据清洗—数据分析—结果呈现”，如图 4-9 所示。

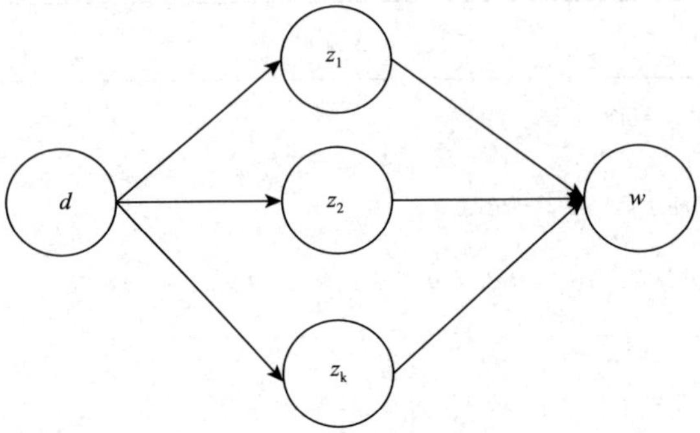

图 4-8 Gibbs 采样路径

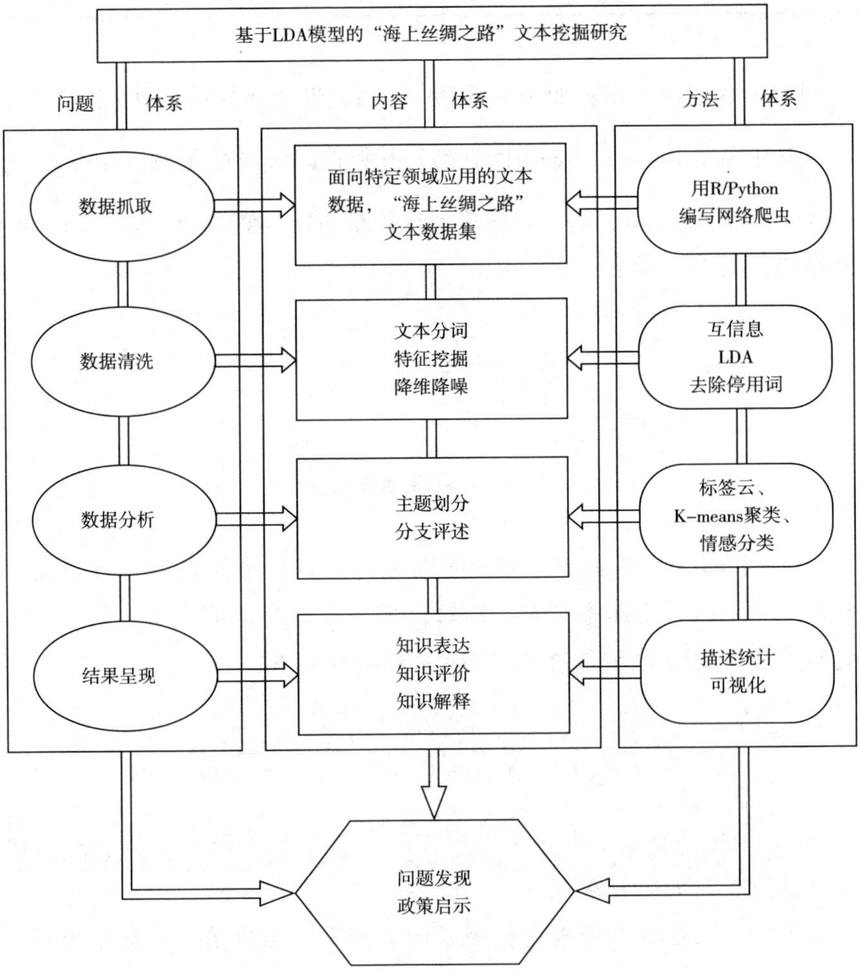

图 4-9 文本处理流程

第四节 “海丝”新闻数据的分析

一 问题的提出

随着互联网日益普及、信息化程度不断深入，大数据时代已悄然而至。面对这种变革，信息的存储与传播方式也出现巨大变化，铺天盖地的信息都以电子文本的形式加以储存，其增长速度、传播规模等都达到空前水平。互联网及其载有的各种信息成为人们生活、学习和工作当中不可或缺的组成部分。在日常生活中，文本数据占所有信息总量的80%，成为大数据海洋中不可小觑的数据阵营。例如各大网站、论文期刊、电子图书馆、开源项目等，均包含大量以电子文本形式存储的有效信息。科技进步永远是一把双刃剑，一方面，带给人们前所未有的信息含量，并在信息的获取、搜集、分享和传播方面提供了极大的便利；另一方面，信息量呈爆炸式增长，在铺天盖地的信息面前人们感到茫然无措，有针对性地获取自身所需要的信息变得越发困难。也就是说，纷繁浩杂的新闻文本资讯尤其是规模化的网络新闻文本资讯，使用户难以从中寻找到自己真正需要的信息资源和信息资源潜在的内部模式。因此人们亟待找到一种读取、分析和呈现时序性新闻文本信息的方法，来应对海量信息的复杂化。

2013年10月，习近平出访印度尼西亚时提出，中国愿同东盟国家加强海上合作，发展海洋合作伙伴关系，共同建设“21世纪海上丝绸之路”。[①] 2014年两会期间，李克强总理在作政府工作报告时指出，要“抓紧规划建设丝绸之路经济带、21世纪海上丝绸之路……拓展国际经济基础合作新空间”。[②] 一时间，“21世纪海上丝绸之路”建设引发了社会各界人士的广泛关注，相关报道层出不穷并持续发酵，有关这一议题的新闻传播具有深刻性、广泛性与连续性。本书旨在针对海上丝绸之路海量新闻文本数据展开

① 《习近平在印尼国会发表演讲：携手建设中国-东盟命运共同体》，http：//www. xinhuanet. com//world/2013-10/03/c_117591652_3. htm。

② 《李克强：抓紧规划建设丝绸之路经济带、21世纪海上丝绸之路》，http：//www. scio. gov. cn/ztk/wh/slxy/gcyl1/Document/1376255/1376255. htm。

文本挖掘工作，以期从浩瀚的文字海洋中探寻潜在的知识模式，为进一步深化“21世纪海上丝绸之路”建设提供有力的数据支撑与决策参考。

二 相关文献探讨

文本挖掘研究起源于20世纪50年代，美国IBM公司的H. P. Luhn提出的词频统计方法开了文本分类研究的先河；① 随后Maron和Kuhns发表了《概率索引与信息检索相关性》② 一文，这是有关文本分类的第一篇文章。在此之后，仍有一些学者在该领域继续进行卓有成效的研究，比较有代表性的成果有G. Salton等、S. E. Robertson等的文章。③ 中文相比英文来说，具有自身的独特性，在处理文本分词上更为复杂，无法直接效仿英文文本，中国于20世纪80年代展开文本挖掘研究，侯汉清首次对计算机在文本分类工作中的应用做了探讨。④ 此后中国陆续研制出一批计算机辅助分类系统和自动分类系统（例如中国科学院计算技术研究所、复旦大学、上海交通大学和北京大学等机构和高校的科研成果）。

语言是一种包含复杂语义的信息载体，语言之间的相关性不仅取决于词语的一致性，还受其他潜在语义关联的影响。随着文本挖掘的不断深化，语义挖掘需求日益增加，语言模型应运而生，其中比较有代表性的是TF-IDF模型，该模型计算简单但倾向于选取高频词；LSI模型，通过统计分析自动寻找潜在语义联系，但该模型所需的奇异值分解效率不高，并非真正意义上的概率主题模型；PLSI模型是一种概率主题模型但存在过度拟合的缺陷；Blei等人提出了LDA模型，它是生成式的三层贝叶斯模型，更加符合现实文本特点，统计性能良好，受到广泛应用。

---

① H. P. Luhn, "Auto-encoding of Documents for Information Retrieval Systems," in M. Boaz (ed.), *Modern Trends in Documentation*, London, England: Pergamon Press, 1959: 45.

② M. E. Maron, J. L. Kuhns, "On Relevance, Probabilistic Indexing and Information Retrieval," *Journal of the ACM* (*JACM*), 7, (1960): 216-244.

③ G. Salton, M. E. Lesk, "Computer Evaluation of Indexing and Text Processing," *Journal of the ACM* (*JACM*), 15, (1968): 8-36. G. Salton, C. Buckley, "Term-weighting Approaches in Automatic Text Retrieval," *Information Processing & Management*, 24, (1988): 513-523. S. E. Robertson, K. S. Jones, "Relevance Weighting of Search Terms," *Journal of the American Society for Information Science*, 27, (1976): 129-146.

④ 侯汉清：《分类法的发展趋势简论》，《情报科学》1981年第1期。

中国学术界正式引入本书挖掘的概念并就此展开研究的时间相对较晚，从公开发表具有代表性的研究成果来看，目前中国在文本挖掘领域一方面不断消化吸收国外先进理论和技术，另一方面针对中文语料信息展开独立研究。不足之处如下：(1) 理论有待完善。关于中文文本挖掘的技术手段和理论体系不够完善，限制了中文文本挖掘的进一步发展。(2) 文本挖掘深度有限。一般研究仅仅停留在文本特征表示、分类或聚类等层面，没有更加深入、集中的挖掘。(3) 文本挖掘的应用范围不够广泛和普及。大多数研究都仅仅针对股票、教育等领域进行研究，对新闻传播、时事动态的把握不够，没有跟进国家重大方针政策提出后，在新闻传播等方面所产生的政策效应与舆情分析。

针对上述不足，本书以“海上丝绸之路”为新闻文本数据挖掘的着眼点，基于 LDA 主题模型与技术，展开主题划分、分支评述等一系列命题的研究，力图在文本挖掘可视化的基础之上，对网络新闻热点问题进行广泛而深入的主题挖掘与知识呈现，从而对新闻文本挖掘分析流程及应用领域的拓展提供一些借鉴和思考。

三 数据获取与数据预处理

(一) 数据获取

在信息化时代下，面对海量且每天不断更新的新闻文本数据，如何从中抓取有效信息，是新闻文本数据在文本挖掘之前所必须经历的数据预处理阶段。本书采用 R 语言编写网络爬虫，对新闻门户网站相关文本数据进行抓取。具体方法是采用定向网络爬虫技术从面向全国的新浪网、搜狐网等 6 家大型门户网站的新闻频道和人民网等权威新闻门户网站进行舆情信息获取。数据采集起止日期为 2013 年 10 月至 2015 年 3 月。

(二) 数据预处理——文本数据的结构化处理

在获取相关新闻文本数据的基础上，要进一步对文本数据进行分词处理。分词与特征表示是将非结构化文本数据转化成可量化分析的结构化数据的先决条件。经过分词后，文本数据转化成词条矩阵，为文本数据挖掘工作的开展提供了可能。在实证研究中，笔者借助 R 语言平台进行分析，采用中文分词系统 rmmseg4j 对相关文本数据进行分词，生成词条矩阵。

（三）高频词与可视化

将新闻文本数据转换成词条矩阵，然后进行词频统计分析，以发现新闻普遍关注和报道的时事焦点话题。本书所采用的词频计算方法是 F. Sebastiani 提出的经典算法 TF-IDF 法。关于高频词可视化问题，采用词云这一可视化技术手段，首先算出文本词语的出现频次，再根据词频赋权，得到特征词的排列顺序，并依此进行展示，词语字形大小直接受特征词频率的影响。

（四）主题模型

LDA 主题模型基于非监督机器学习技术，是一种经典的概率生成模型，在方法上更为完备。由于引进了 Dirichlet 超参数，LDA 模型对未知文本和词项具有更加精确的估计，受到广泛应用。本书则基于该模型进行“海上丝绸之路”主题的新闻文本主题挖掘与词项分析工作，模型参数估计采用 Gibbs 采样方法进行。

四　实证分析与结论

（一）关于文本资料的统计分析

通过技术手段对新闻文本数据进行抓取、分词等一系列预处理工作后，在实证分析阶段着重对词条矩阵信息进行文本挖掘与分析，主要包括高频词与可视化（词云）、主题获取与词项分析两大部分。

1. 高频词与词云

根据特征词出现的频率，选取出现频率较高的特征词进行分析，并由特征词频率强度的相对强弱，划分为四个层次（强度递减），第一层次为出现频率最高的特征词，称为特强词，以此类推，第四层次的特征词为较强词。（注：低频词在此都已经做去除处理，即使第四层次的特征词的出现频率也属于较强频率，只是相较所选其他层次，强度不显著而已。）

表 4-2 “海丝”新闻文本数据词频统计

频率强度	
第一层次	新丝绸之路
第二层次	东盟、一带一路
第三层次	东博会、伙伴关系、基础设施、经济发展、经济合作、经贸合作、文化交流、一体化、战略伙伴
第四层次	历史、制造业、中国企业、直接投资、共同发展、区域合作、区域经济

注：去掉了常用词“国家主席”“国务院总理”“高度关注”等。

表 4-2 反映了新闻文本数据的文本挖掘结果。在频率强度等级排名第一的特征词当中，新闻文本数据中含有一个词——“新丝绸之路”。它反映了中国国家主席习近平于 2013 年 9 月和 10 月相继提出建设“丝绸之路经济带”和“21 世纪海上丝绸之路”后社会各界的热烈反响。这说明在新闻媒体当中，“海上丝绸之路”已经成为大众共同关心的热点话题。

在频率强度等级排名第二的特征词当中，新闻文本数据分析结果共出现两个词，分别为“东盟”和“一带一路”。这说明新闻媒体文本数据普遍认为“东盟”是建设“21 世纪海上丝绸之路”的重要环节与组成部分，因此在新丝绸之路的大背景之下，新闻媒体对东盟也格外关注。众所周知，新闻数据的传播以快取胜，强烈的时效性是一则新闻信息的要素，“一带一路”这一词语的入围，很好地说明了新闻传播的自身特点。相信随着“一带一路”倡议的逐步实施，该词语及其相关实施方案等将以更高的频率出现在新闻文本数据当中。

在频率强度等级排名第三的特征词当中，新闻文本数据的特征词数量出现明显增加，共有九个，其中“一体化”“经贸合作”“经济发展”等词均说明如何开展多边经贸合作、加快区域内经济一体化，共同实现“21 世纪海上丝绸之路”沿线国家的经济发展，是新闻传播过程中所关注的热点话题。由此可见，合作共赢的发展思路是构建“21 世纪海上丝绸之路”的主旋律。“21 世纪海上丝绸之路”沿线国家建立合作互信的关系，最终推动各国经济文化的共同繁荣是这一倡议的美好愿景。

在频率强度等级排名第四的特征词中共包含七个特征词，在数量上仅次于第三层次的特征词。其中“历史”“制造业”“中国企业”“直接投资”等词上榜。这一方面反映了新闻媒体对海上丝绸之路历史的回顾与关注，另一方面反映了在建设“21 世纪海上丝绸之路”进程中，中国对自身扮演的角色、发挥的作用等方面的思考。古丝绸之路曾将亚洲各国联系起来，促进了各国之间的经贸往来与文化交流。现在，“21 世纪海上丝绸之路”倡议的提出，又一次将亚洲各国联系起来，并力图在世界经济发展大潮中有所作为。中国在全球经济发展格局中的地位越来越重要，中国经济的发展给包括亚洲国家在内的世界各个国家和地区提供了广阔的市场、投资与合作机遇。中国与周边国家的互利合作和互联互通，将带动沿线国家经济发展。中国如何制定扶持政策，在实现多元化配置基础上，更好地服务中国企业“走出去”发展战略，实现对外直接投资的风险控制是“一带一路”构建道路上的必要环节。

数据挖掘尤其是大数据模式下的数据挖掘工作，除找到内部潜在的规律和模式之外，可视化呈现也是文本挖掘中必不可少的环节之一。它能将复杂、凌乱的文字和数字信息，以图表的方式进行呈现，在简单直观的基础上，提高认知效率。

图 4-10 展示了本次文本挖掘的词频分析结果。把大量的文本数据从词频的角度加以统计计算并最终呈现简单明了的可视化结果，大大降低了人们分析数据和解读结果的时间成本。“新丝绸之路”成为最醒目的特征词项，“一带一路”“东盟”“伙伴关系”“经贸合作”等词十分抢眼，让用户从大数据文本中迅速抓住重点内容。

图 4-10 基于词频的可视化结果

2. 基于 LDA 模型的实证分析

LDA 模型有 3 个可变量，分别是 α、β 和主题个数 k，这 3 个变量的取值直接影响模型的求解，在此令 $\alpha=50/k$，$\beta=0.01$，$k=30$，根据实证经验这种参数设置效果较佳。表 4-3 显示了新闻文本数据的 LDA 主题挖掘结果。

表 4-3 “海丝”新闻文本数据 LDA 主题挖掘结果

主题 1	主题 2	主题 3	主题 4	主题 5	主题 6	主题 7	主题 8	主题 9
宏观经济	文化交流	技术转移	东盟国家	制造业	丝绸之路	博览会	投资环境	睦邻友好
工程设计	旅游路线	科技合作	中国政府	经济合作	新丝绸之路	基础设施	经济改革	出口政策
资源优势	旅游局	投资环境	中国经济	园区建设	经济发展	双边合作	吸引外资	承包工程
机械设备	旅游资源	金融服务	亚洲国家	交易市场	区域合作	东盟国家	家庭成员	对华关系
制造业	总领事馆	商业银行	共同发展	产品出口	经济带建设	互联互通	价值观	密切合作
越南	泰国	人民币结算	国家经济	交易市场	21 世纪	边境贸易	马来西亚	印尼
文莱	广西	老挝	南海	新加坡	一体化	网络安全	缅甸	斯里兰卡

表 4-3 共有 9 个主题，并且每个主题对应 7 个主要词项。通过词项分析可以将上述 9 个主题分成两类，一类属于微观主题，即中国与海上丝绸之路相关国家的新闻与舆情特征；另一类为宏观主题，即中国与东盟、亚洲地区等大区域层面的新闻动态。其中主题 4、主题 6 和主题 7 为宏观主题，其余主题为微观主题。

首先，考察微观主题。

从主题 1 可以看出中国与越南、文莱两个国家之间更偏向于工程设计、机械设备与制造业的交流发展与合作，这几部分内容受到新闻媒体和大众的普遍关注。2013 年后越南与文莱两地的考古学家曾在各自领域发现了中国宋、元时期的大量文物，这些品相完好、套系完整的文物诉说着古代海上丝绸之路繁华的历史，它不仅证明了中国与越南、文莱两国紧密的贸易关系，同时说明越南与文莱在海上丝绸之路中占据不可或缺的地位。如今，在 21 世纪国际形势发生巨大变革的情形下，真诚友好、相互尊重、平等相待的原则依然是亘古不变的真理，本着这样的原则，在世界联系更加紧密的今天，中国与越南、文莱必然可以借鉴历史经验，推动更多交流合作，实现互利互惠，谱写海上丝绸之路的新篇章。

主题 2 显然是与中泰两国的旅游事业和文化交流有关。泰国旅游业因其富丽堂皇的宫殿、庄严肃穆的寺庙，以及得天独厚的自然条件与人文资源而受到世界各国游客的青睐。随着中国经济实力的增强、人们生活水平的提高，海外旅游的需求出现明显上升。中国和泰国是亚洲地区的旅游大国，长期保持良好的交流协作，经两国政府磋商，从 2013 年 9 月开始两国游客互免旅游签证，这一举措简化了两国游客出国旅游的手续，极大地促进了双方旅游事业的发展。在构建“21 世纪海上丝绸之路”的时代背景之下，中泰两国之间的旅游业将迎来前所未有的发展高潮，并且通过旅游业，能够进一步促进两国人民的文化交流与贸易投资往来。因此，在该主题当中，反映了中国与泰国旅游资源的相互开发利用和由此所带来的正外部性，有关文化的交流则是两国首脑和大众所共同关注的话题。

主题 3 显然与老挝金融市场有关。老挝在海上丝绸之路沿线国家中，具有独特的区位优势，并且老挝政治稳定、经济发展潜力巨大。2014 年 4 月 8 日中国国务院总理李克强在三亚与老挝总理通邢举行会谈，在达成合作伙伴关系新共识的基础上，还签署了双边金融等领域的合作文件。此后，中老两国有关商业银行、金融服务等方面的交流与合作层出不穷。2015 年 1 月 2 日，中国昆明理工大学津桥学院与老挝中国银行学院在老挝首都万象签署协议，针对老挝金融系统员工“窗口行业实用汉语口语”培训项目展开合作。2015 年 3 月 26 日，中国银行万象分行正式挂牌营业，至此，中国四大国有商业银行已经有两家在老挝设立分行。中国与老挝两国在金融服务领域的交流合作，促进了老挝经济社会的深入发展，并将成为推动中老两国双边贸易与投资合作的主要力量。

主题 5 反映了中国与新加坡制造业以及园区建设方面的经济往来活动。中国与新加坡的经贸合作具有良好基础，两国工商业界交流合作频繁。古代海上丝绸之路仿佛一条纽带，将中国与东南亚、东北亚、非洲和东欧地区联系起来，而新加坡在这条路线当中扮演着重要角色。地处马六甲海峡的新加坡被誉为“东方十字路口”，在“21 世纪海上丝绸之路”建设中，新加坡成为沿线重要的中转、补给和维修中心。2014 年 3 月新加坡成为仅次于中国香港的全球第二大离岸人民币结算中心，为中国公司“走出去”

提供了战略平台。而中国与东盟下一个钻石10年的发展已经拉开序幕，新加坡作为东盟重要的成员国，在促进中新两国经贸发展、中国与东盟区域合作方面，将起到举足轻重的作用。

主题8主要侧重于中国与马来西亚、缅甸两国有关如何吸引外资、改善投资环境等方面的议题。马来西亚是构建“21世纪海上丝绸之路”的支点国家，同时也是中国重要的合作伙伴。2014年恰逢中马两国建交40周年，双边关系友好、政治互信深化，两国已建立全面战略伙伴关系。2014年4月1日，中国－马来西亚钦州产业园开工建设，“双国双园”模式是“21世纪海上丝绸之路”产业合作的新创举，不仅在改善投资环境、吸引外资方面迈出了坚实一步，同时对“21世纪海上丝绸之路”茶业合作发展具有一定的指导和启发意义。缅甸地处中国和印度之间，具有得天独厚的地理和战略优势，缅甸具有吸引像中国这样邻邦大国的外来投资以发展本国基础设施建设和加强区域互联互通的强烈诉求。因此，对缅甸投资环境的考察是共建“21世纪海上丝绸之路”的慎重举措，有利于中缅两国深化交流合作、实现共赢发展。

主题9与出口政策、承包工程等方面有关，主要辐射国家是印尼和斯里兰卡。印尼人口众多，国土面积由1.7万多个岛屿组成，是东南亚地区最大的经济体，自然资源丰富、市场前景广阔。中国对印尼的投资起步并不算早，但近些年发展迅速，涨势喜人。在基础建设合作方面，中国和印尼也开展了深入广泛的合作。截至2015年，印尼已经连续3年成为中国在东南亚地区最大的工程承包市场，基建项目处处可见。中国和印尼都有较大的人口基数，两国人口占中国和东盟人口总数的80%，加之两国稳定增长的贸易数额和中国对印尼直接投资份额的跨越式增长，将共同推动“21世纪海上丝绸之路”建设。斯里兰卡是位于印度洋上的热带岛国，2014年9月16日，中国国家主席习近平访问斯里兰卡，这也是自1986年以来，时隔28年中国国家元首首次访问该国，这将有利于促进两国友谊，改善两国关系，成为中斯两国外交关系史上的里程碑。随着“21世纪海上丝绸之路”的建设，两国战略合作伙伴关系将会进一步升温。

其次，考察宏观主题。

主题4主要针对中国、东盟乃至亚洲地区的经济发展问题。东盟各国计划在2015年之前完成经济共同体建设，中国作为东盟重要的合作伙伴，在共建“21世纪海上丝绸之路”的时代背景下，中国与东盟的发展完全可以做到互惠互利，在深化一体化建设的基础上为各自经济发展保驾护航。

主题6主要关注丝绸之路、新丝绸之路、一体化等事项的进程。该主题主要是从回顾历史、着眼未来的角度来重新审视“21世纪海上丝绸之路”建设布局。古人云：“以铜为镜，可以正衣冠；以史为镜，可以知兴替。”对古代丝绸之路的回顾、分析，有利于“21世纪海上丝绸之路”的建设。古代丝绸之路是连接亚、非、欧的商业贸易路线，由于运输方式的不同，可分为陆上丝绸之路与海上丝绸之路，在东西方政治、经济、文化交流等方面影响巨大。“21世纪海上丝绸之路”是在全球经济、贸易、能源等格局不断变化的情况下，由中国国家主席习近平提出的构想，它符合“21世纪海上丝绸之路”沿线各国人民的共同利益和共同要求，以期增加沿线国家贸易往来、政治互信，从而达到互联互通、互惠互利双赢格局。

主题7主要关注东盟国家边境贸易、网络安全、基础设施等方面的交流与合作。东盟10国，其中有9个国家是海洋国家，因此海洋经济在推动东盟国家经济发展以及东盟与中国贸易往来等方面，扮演着举足轻重的作用。“21世纪海上丝绸之路”建设对东盟各国来说是千载难逢的历史机遇。要正确处理开放边境政策下边境贸易的健康发展问题，以及在法律与文化视角下的网络安全问题，要在法律法规约束下，尊重文化的多样性，共同构建和平、安全、开放、合作的网络空间。此外，东盟国家普遍存在交通基础设施薄弱的现状，该问题限制了东盟经济的发展活力，早日实现互联互通建设，是东盟各国实现一体化的重要途径。

（二）实证分析所得结论

本书以“海上丝绸之路”新闻文本数据为研究对象，通过文本挖掘技术对文本数据进行爬取与分词，进而进行高频词选取、可视化、主题挖掘等文本挖掘工作，研究结果如下。

（1）从高频词角度来看，“新丝绸之路”“一带一路”“东盟”来自出现频率强度最大的两个层次。这两个层次的特征词具有如下特点：第一，词类较少；第二，词义相对宏观。有关高频词的后两个层次，恰恰具有与前者相反的特征，特征词数目较多、词义相对具体，涉及有关构建“21世纪海上丝绸之路”的内涵词语与相关词语。在此基础上，通过词频可视化技术将挖掘结果进行直观的用户呈现，提高文本信息梳理及分析效率。

（2）采用 LDA 模型进行主题挖掘与特征词分析。在新闻文本数据的 LDA 主题挖掘中，选取 9 个主题，每个主题含有 7 个具有代表性的特征词语，一方面展开对每个主题内部含义的分析，另一方面对比主题间释义的异同。“海丝”新闻文本数据主题可分为微观主题和宏观主题两部分。在微观主题中，主要强调了中国与海上丝绸之路沿线国家交流合作的重要领域，用户能由此迅速掌握中国与不同国家在经济、政治与文化方面往来的倾斜方向与主要合作方面。宏观主题站在更高的国际视野，从地区、历史和时空角度阐述“21 世纪海上丝绸之路”建设的必要性。

（3）文本挖掘能够在海量新闻文本中进行数据挖掘，寻找高频词，进行可视化处理生成词云，并通过 LDA 主题模型找到不同主题及其对应的特征词项，让读者可以从中迅速抓住主题和重点，并通过主题划分，在纵览全局的基础上有的放矢地重点阅读和学习。

（4）针对新闻文本数据进行挖掘，不仅有利于迅速高效地抓住海量文本数据的语义特征、逻辑结构与释义划分，还有助于从时效性与普遍性两个角度较为全面地了解新闻文本数据的传播导向、话题释义及其外延。以上文本挖掘结果在为用户（普通民众、科研人员、企事业单位工作人员等）提供方便快捷的信息读取途径的同时，也可为相关决策部门提供有力的数据支撑与决策参考。

第五章　中国"海丝"沿线省份与"海丝"沿线国家双边贸易

——基于结构化数据的研究

上述两章通过对非结构化的文本数据的研究，从新闻和科技文献两个角度对"海上丝绸之路"进行主题分析等工作。虽然在大数据时代下，数据形式呈现多样性，但依然不能否定传统数据的巨大价值。传统的统计数据是各个部门的官方统计，精确地反映了一个地区的经济、外贸、文化等多领域的实质内涵，而且多个数据之间的因果关系等一些统计学关系也不容忽视。通过对传统数据建模，我们可以更加直接、有效地找到问题的答案，获得一些隐藏在数据背后的知识。

因此，从本章开始，笔者将着重通过对传统数据的采集，应用统计学、计量经济学的方法，研究"海上丝绸之路"命题下贸易、汇率、能源等方面的部分问题。在力争采用更加先进模型的基础上，搜集基础数据，丰富该领域的研究成果，希望能够形成具有启发性的政策建议，并为"21世纪海上丝绸之路"构想更深入的发展，提供一定的智力支撑。

第一节　结构化数据下中国“海丝”沿线省份外贸情况

一　结构化数据与非结构化数据

结构化数据是我们通常认知下的传统数据类型，它可以用数据或者统一的结构，划分为固定的基本组成要素，是能够用二维表来表示的数据。例如我们熟悉的数字、符号都属于结构化数据类型。

非结构化数据是指数据结构不固定，属于完全无结构类型的数据，因此不能采用关系数据库进行存储，只能用各种类型的文件形式，如文本文档、图片、音视频等存放的数据。①

除此之外，还有一种数据类型称为半结构化数据，这种类型的数据介于结构化数据和非结构化数据之间，数据具有一定的数据结构，但其结构的变化较大。因此不能用关系型数据库进行存储，又不能简单地组成一个文件按照非结构化数据处理。它一般是自描述的，数据的结构和内容混在一起，没有明显的区分，XML、HTML 文档就属于半结构化数据。②

以上是在当今社会可以普遍接触到的三种数据类型，如图 5-1 所示。

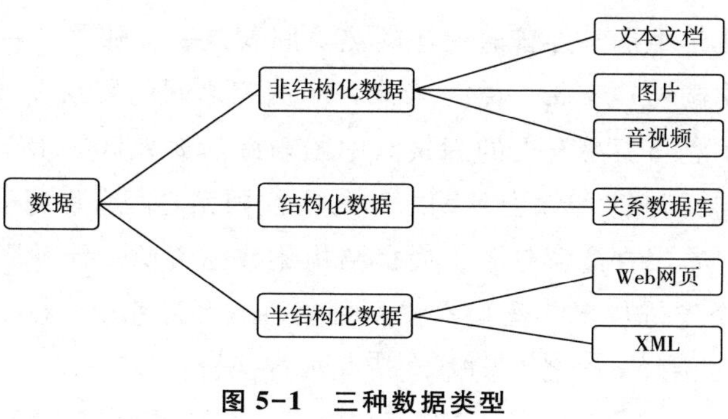

图 5-1　三种数据类型

① 万里鹏：《非结构化到结构化数据转换的研究与实现》，硕士学位论文，西南交通大学，2013。

② 金鑫：《非结构化数据查询处理与优化》，硕士学位论文，浙江大学，2015。

当今社会，互联网遍布全球，互联网技术日新月异，电脑、手机等终端产品普及率快速提高，人们由此进入信息化时代。在信息化时代，数据的呈现形式五彩纷呈，除了传统的结构化数据之外，还有文本、声音、影像等非结构化数据的产生和传播。本书第三章、第四章的实证章节就是针对“海上丝绸之路”主题下的非结构化数据之一的文本数据进行分析。以期从国内相关科技文献和新闻的视角，研究“海上丝绸之路”在学术领域的研究热点和问题，以及社会新闻领域关注的焦点和主要方面。文本型数据虽然承载了大量的数据信息，但它也无法完全替代结构化数据反映的数据内涵及其内部隐含的各种关系。因此，本书在完成对“海上丝绸之路”文本数据的分析之后，进一步采集与“海上丝绸之路”相关的结构化数据。用来更深层次地研究中国“海丝”沿线省份和“海丝”沿线国家之间的贸易、投资等问题，作为对非结构化数据研究的补充。

二　中国“海丝”沿线省份外贸概况

“21世纪海上丝绸之路”是中国“一带一路”倡议中的重要环节，涉及上海、浙江、福建、广东、海南和广西等6个省份。其中广西具有与东盟国家之间的地理优势，能够成为“21世纪海上丝绸之路”和“丝绸之路经济带”有机衔接的门户。而其他省份经济实力较强，可以借助自贸区建设，与“21世纪海上丝绸之路”进行对接，进一步提高与“21世纪海上丝绸之路”沿线国家的贸易畅通度。贸易畅通，是共建“一带一路”的重点内容，也是经济学界普遍关注的热点问题之一。随着“一带一路”倡议的提出，中国与“一带一路”沿线各个国家之间的贸易发展迅速，但仍然存在许多不利于贸易发展的因素。中国东南沿海地区，由于政治红利和地缘优势，与“21世纪海上丝绸之路”沿线国家之间有良好的贸易基础和前景。因此，本书在此背景下，搜集结构化数据资源，针对影响中国“海丝”沿线6个省份与“海丝”沿线国家贸易的因素进行分析。本节首先对中国“海丝”沿线6个省份的基本情况进行探析。

（一）中国“海丝”沿线省份对“海丝”沿线国家的对外直接投资情况

对外直接投资（Foreign Direct Investment，FDI），也叫国际直接投资

（International Direct Investment），它以控制经营管理权为核心，以获取利润为目的，是与国际间接投资相对应的一种国际投资基本形式。该指标也是用来研究地区、国家之间贸易往来的重要指标。图 5-2 显示了中国“海丝”沿线省份的对外直接投资情况①。

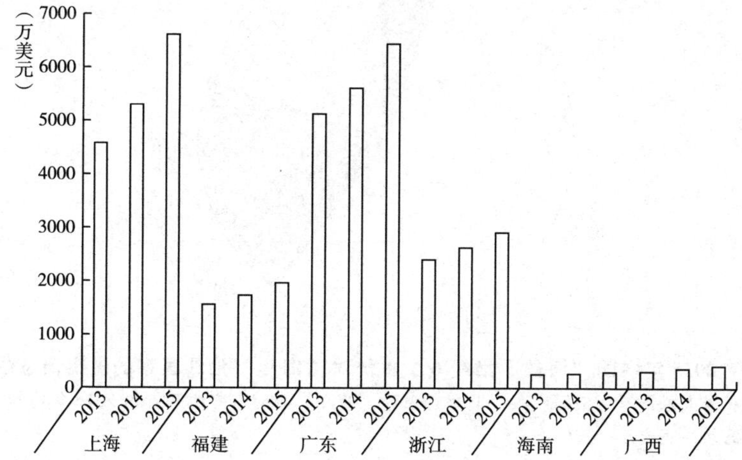

图 5-2　2013~2015 年中国“海丝”沿线 6 个省份的对外直接投资

资料来源：笔者根据中华人民共和国国家统计局编的 2014~2016 年度《中国统计年鉴》的数据制作而成。

由图 5-2 可知，上海和广东的 FDI 值相较其他地区较高。从时间维度来看，图 5-2 中 6 个省份 2013~2015 年的 FDI 值均有所增加，说明在“21 世纪海上丝绸之路”倡议的影响下，这 6 个省份与国外的贸易往来程度有所增强。

（二）中国“海丝”沿线省份对“海丝”沿线国家外贸情况

下面考察中国“海丝”沿线省份和“海丝”沿线国家之间的进出口总额情况。首先对 2015 年中国“海丝”沿线 6 个省份对“海丝”沿线国家的进出口情况进行对比分析，见图 5-3。

从图 5-3 中可知，2015 年对“海丝”沿线国家的进出口总额中，广东以显著优势位列第一，占这 6 个省份进出口总额的 55%，其次是上海，

① 受数据获取方面的限制，本章仅以东盟 10 国的数据进行统计。

占19%。后四位依次是浙江、福建、广西和海南，所占比重分别为12%、8%、5%和1%。下面对“海丝”沿线东盟国家的情况进行分析。

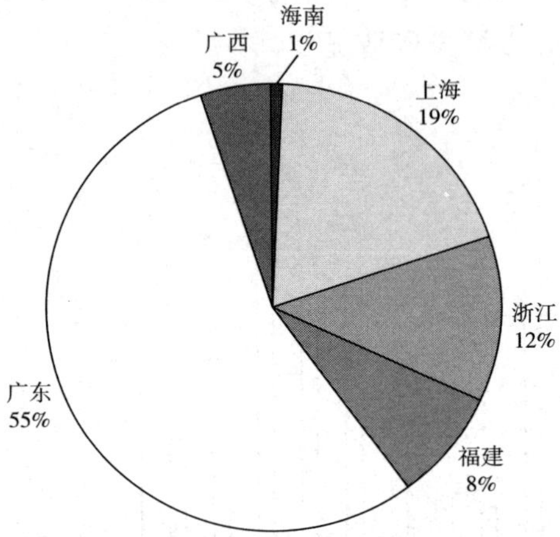

图5-3　2015年中国“海丝”沿线6个省份对“海丝”沿线国家的进出口总额占比

资料来源：笔者根据广东、上海、福建、浙江、海南、广西等省份2016年度统计年鉴的数据制作而成。

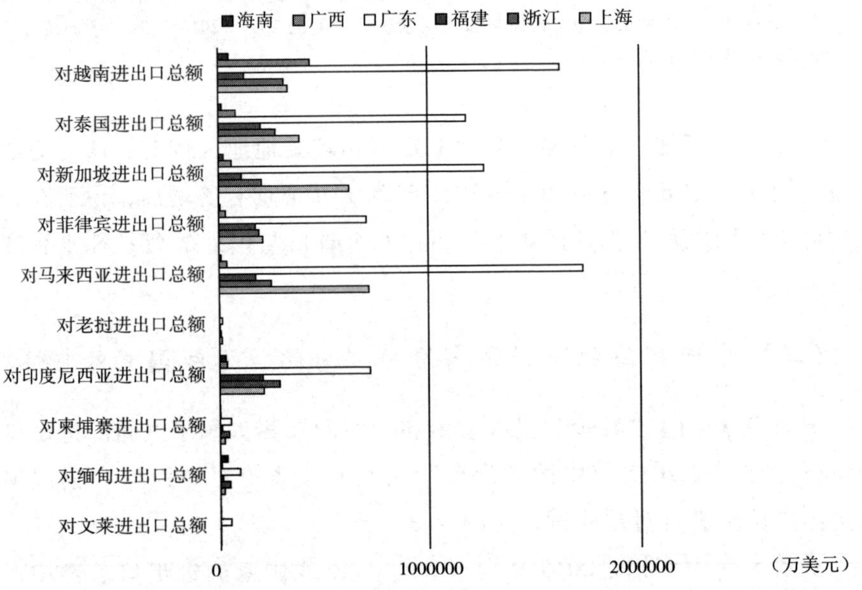

图5-4　中国“海丝”沿线6个省份对“海丝”沿线东盟国家的进出口总额情况

资料来源：笔者根据广东、上海、福建、浙江、海南、广西等省份2016年度统计年鉴的数据制作而成。

从图5-4可知，广东对东盟各个国家的进出口总额较高，说明广东是中国“海丝”沿线6个省份中外贸最为活跃的省份。从“海丝”沿线东盟国家的角度来说，与中国“海丝”沿线6个省份进出口总额较大的国家是马来西亚、越南、泰国和新加坡等，菲律宾和印度尼西亚也相对较多，而体量较少的国家是老挝、柬埔寨、缅甸和文莱。值得注意的是，进出口总额从一定程度上反映两个地区之间的贸易关系，但不能仅从绝对数量上来看。这和一个国家的大小、经济体量等都有一定的关系。

三　关于对接“21世纪海上丝绸之路”的政策导向

众所周知，“一带一路”倡议一经提出，便受到国际社会的广泛关注。而国内各省份更是对该倡议表现出极大的热情，“一带一路”从陆路到海路，涵盖了我国绝大部分省份，因此各省份纷纷响应，结合自身区位优势制订相应的方案，以期加入“一带一路”发展的大潮中。2015年3月28日，中国正式发布了《推动共建丝绸之路经济带和21世纪海上丝绸之路的愿景与行动》。该文件对社会普遍关注的问题作出了回应，并部署了“一带一路”务实合作的方案，重点在于明确了各个地区在倡议中的地位和历史使命。在“21世纪海上丝绸之路”方面，主要涉及我国沿海地区和部分内陆地区。其中沿海地区又涉及港澳台。因此，沿海地区要利用长三角、珠三角、海峡西岸、环渤海等经济区开放程度高、经济实力强、辐射带动作用大的优势，加快推进中国（上海）自由贸易试验区建设，支持福建建设“21世纪海上丝绸之路”核心区。充分发挥深圳前海、广州南沙、珠海横琴、福建平潭等开放合作区的作用，深化与港澳台合作，打造粤港澳大湾区。推进浙江海洋经济发展示范区、福建海峡蓝色经济试验区和舟山群岛新区建设，加大海南国际旅游岛开发开放力度。加强上海、天津、宁波-舟山、广州、深圳、湛江、汕头、青岛、烟台、大连、福州、厦门、泉州、海口、三亚等沿海城市港口建设，强化上海、广州等国际枢纽机场功能。以扩大开放倒逼深层次改革，创新开放型经济体制机制，加大科技创新力度，形成参与和引领国际合作竞争新优势，成为“一带一路”特别是“21世纪海上丝绸之路”建设的排头兵和主力军。发挥海外侨胞和香港、澳门特别行政区独特优势作用，积极参与和助力“一带一路”建设。为台湾地区参与“一带一路”建设作出妥善安排。

而内陆地区主要面向西南。应该发挥广西与东盟国家陆海相邻的独特优势，加快北部湾经济区和珠江-西江经济带开放发展，构建面向东盟区域的国际通道，打造西南、中南地区开放发展新的支点，形成“21世纪海上丝绸之路”与“丝绸之路经济带”有机衔接的重要门户。发挥云南区位优势，推进与周边国家的国际运输通道建设，打造大湄公河次区域经济合作新高地，将云南建设成为面向南亚、东南亚的辐射中心。

第二节 “海丝”研究背景与模型评价方法

一 “海丝”研究的目的与意义

2013年10月3日，中国国家主席习近平出访印度尼西亚并在该国国会上发表演讲，倡导与东南亚各国共建“21世纪海上丝绸之路”，得到了相关各国的积极响应。这是中国提出的重大倡议，对于深化区域合作、促进中国与周边国家经济关系、推动全球和平发展具有重大而深远的意义。

中国是世界第二大经济体，在新起点上科学谋划经济发展，对促进经济持续健康发展十分重要。“21世纪海上丝绸之路”是中国为国际社会提供的一种公共物品，是中国参与国际机制设置的一种表现。中国提出建设“21世纪海上丝绸之路”是为了适应经济全球化和国内经济转型的新形势，以政策沟通、设施联通、贸易畅通、资金融通和民心相通为主要内容，扩大与相关沿线国家的经贸交流与合作，实现沿线各国的共同发展和共同繁荣。因此，共建“21世纪海上丝绸之路”倡议受到国际社会的高度关注，得到沿线各国的广泛支持。

“21世纪海上丝绸之路”建设是一项宏大的系统工程，不仅涉及能源、基建工程、产能合作等硬联通项目，也涉及文化、教育和人文交流等各个方面，在实现战略对接、规划对接与项目对接的基础之上，不断地向智慧对接、舆论对接和行动对接推进。其中，围绕“五通”的探索是关键所在，而贸易畅通在“21 世纪海上丝绸之路”倡议实现的过程当中起着基础性和关键性的作用，要想建设好“21 世纪海上丝绸之路”，就必须彻底解决贸易畅通的问题，需要开展深层次的研究工作。共建“21 世纪海上丝绸之路”，不仅有助于中国与“21 世纪海上丝绸之路”沿线国家在港口航运、海洋能源、经济贸易、科技创新、生态环境、人文交流等领域开展全方位合作，而且对促进区域繁荣、推动全球经济发展具有重要意义，同时将大大拓展中国经济发展战略空间，为中国经济持续稳定发展提供有力支撑。2015 年 3 月，《推动共建丝绸之路经济带和 21 世纪海上丝绸之路的愿景和行动》发布，“21 世纪海上丝绸之路”将上海、福建、广东、浙江、海南和广西等列入“21 世纪海上丝绸之路”的相关省份，并且明确支持在福建省建设“21 世纪海上丝绸之路”核心区。

本章在这一历史背景和国际环境下，通过 2009~2015 年的面板数据，采用贸易引力模型，研究中国“海丝”沿线 6 个省份与“海丝”沿线部分国家之间的双边贸易情况，分析中国“海丝”沿线省份与“海丝”沿线部分国家之间双边贸易各变量间的影响关系，根据得出的结果在最后给出一定的政策建议。

二　“海丝”文献梳理

对于双边贸易问题的研究，通常采用贸易引力模型进行研究框架的构造。近些年有许多学者利用贸易引力模型进行双边贸易问题研究的案例，通过对实际问题的研究得出了有价值的结论，比如彭国华通过对双边国际贸易引力模型的应用，有效地解决了国际贸易的内生性问题，证明了国际贸易对人力资本影响根据其成本构成的不同而不同。[①] 方虹等人在双边贸易引力模型的基础上，加入了双方的多边总体贸易成本，将双边贸易量变为经济规模和相对贸易成本的函数。[②] 这是对贸易引力模型的一种全新的应用。除此之外，罗来军等人也意识到对引力模型进行扩展和进一步研究十分有意义，他们对引力模型在物理学和经济学中的过渡进行了详尽推

① 彭国华：《双边国际贸易引力模型中地区生产率的经验研究》，《经济研究》2007 年第 8 期。

② 方虹、彭博、冯哲、吴俊洁：《国际贸易中双边贸易成本的测度研究——基于改进的引力模型》，《财贸经济》2010 年第 5 期。

导，得出了若干用于解释劳动成本差异造成贸易差异的实例。①

“21世纪海上丝绸之路”是当代经贸合作的新概念，学界已经前瞻性地展开了探讨，近些年对该问题的研究，尤其是对“海丝”沿线国家贸易情况的研究更是层出不穷，例如谭秀杰等人利用随机前沿引力模型，考察了“海丝”沿线国家之间的贸易竞争力，研究证明“海丝”的贸易效率在不断提高，中国的出口贸易依然存在很大的上升空间。② 对“海丝”沿线国家贸易情况的研究不只有贸易竞争力的角度，樊秀峰等人从物流绩效指数（LPI）出发，以“海丝”沿线国家的LPI为研究对象，从实证角度说明了海湾国家的LPI总体优于东盟国家，物流基础设施建设直接影响物流绩效。③ 从较为宏观的角度看待贸易问题和从某一个省份的角度看待贸易问题，得到的结论也不同。季鹏的研究工作着力于分析福建省对东盟贸易潜力的评估，通过贸易引力模型的构建和结果的分析，得出了双方的经济总量、消费物价指数和两地间的距离是影响福建省出口量主要因素的结论。④ 同时，也有学者从贸易潜力的角度来分析“海上丝绸之路”相关国家间的贸易问题。李艳芳等人以“海上丝绸之路”沿线区域和64个国家为研究主体，采用进出口贸易强度指数和贸易潜力指数，从实证结果上说明“21世纪海上丝绸之路”沿线国家的贸易依然存在着很大的潜力。⑤

对“21世纪海上丝绸之路”贸易现状的研究，仅停留在贸易水平的层面是没有意义的，国内许多学者也对贸易效率进行了相关研究，如汪洁等人发现贸易壁垒、口岸效率低下等问题在很大程度上限制了中国的贸易增长，利用相关指标得出的实证结果表明贸易便利化程度对贸易水平的影响高于GDP。⑥

---

① 罗来军、罗雨泽、刘畅、Saileshsingh Gunessee：《基于引力模型重新推导的双边国际贸易检验》，《世界经济》2014年第12期。

② 谭秀杰、周茂荣：《“21世纪海上丝绸之路”贸易潜力及其影响因素——基于随机前沿引力模型的实证研究》，《国际贸易问题》2015年第2期。

③ 樊秀峰、余姗：《“海上丝绸之路”物流绩效及对中国进出口贸易影响实证》，《西安交通大学学报》（社会科学版）2015年第3期。

④ 季鹏：《海上丝绸之路背景下福建与东盟贸易潜力分析——基于贸易引力模型的实证研究》，《哈尔滨商业大学学报》（社会科学版）2015年第4期。

⑤ 李艳芳、李波：《中国与“海上丝绸之路”沿线区域/国家的贸易联系和贸易潜力分析》，《南亚研究季刊》2015年第3期。

⑥ 汪洁、全毅：《21世纪海上丝绸之路贸易便利化研究》，《国际商务》（对外经济贸易大学学报）2015年第6期。

除此之外，也有对旅游贸易效率的研究，例如殷杰等人构建了旅游贸易的随机前沿引力模型，研究结果表明人口总量和人均 GDP 均对旅游贸易水平具有正效用，双边空运能力和汇率会减弱旅游贸易效率。①

贸易水平的提高与贸易通道的畅通也息息相关，廖泽芳等人对中国-东盟贸易通道畅通的问题进行了相关研究，他们认为中国-东盟应推进海上道路联通，且贸易政策方面要加强沟通，最后与货币流通的经济政策相结合。② 贸易研究中同样存在均衡问题，Egger 等人提出，进口商和出口商的具体影响需要在估算中加以考虑，一般均衡（或国际收支）与双边贸易成本相关，可使用广义线性模型（Generally Linear Model，GLM）方法作为统一框架来比较结构估计器、固定效应估计器和准差分估计器在这些设置中的性能。③ 对贸易水平的贡献度问题一直是学者们讨论的焦点，符淼等人认为 GDP、贸易密度对中国的出口量影响显著，而弹性最大的两个变量是金融自由度和贸易密度。④

“21 世纪海上丝绸之路”这一重大举措不光引起了中国学者的关注，同时也成为一些国外学者研究的议题。不少国外学者提出了他们的见解，例如，Chung 等人基于中国的“21 世纪海上丝绸之路”倡议，重点研究了“海上丝绸之路”沿线部分国家在此倡议下的关键地位，并分析此倡议将给这些国家带来的政治、经济成本和巨大利益。⑤ 与其不同的是，Blanchard 等人认为中国“海上丝绸之路”行动（MSRI）每个组成部分都有可能通过包括港口、高速公路、铁路和管道在内的相关基础设施建设转变为全球地缘政治，这种艰苦的基础设施建设需要软件设施进行互补建设，如自由贸易和投资协定等协议。⑥ 除此之外，Zhang 对“21 世纪海上丝绸之路”的发展并不乐

---

① 殷杰、郑向敏、董斌彬：《21 世纪海上丝绸之路沿线国家旅游贸易：潜力、效率及其影响因素》，《东南亚纵横》2015 年第 11 期。

② 廖泽芳、宁凌：《21 世纪海上丝绸之路之中国与东盟贸易畅通——基于引力模型的实证考察》，《经济问题》2015 年第 12 期。

③ P. H. Egger, K. E. Staub, "GLM Estimation of Trade Gravity Models with Fixed Effects," *Empirical Economics*, 50, (2016): 137-175.

④ 符淼、余朕：《中国与 21 世纪海上丝绸之路沿线国家贸易量的影响因素研究》，《时代金融》2016 年第 35 期。

⑤ C. P. Chung, T. J. Voon, "China's Maritime Silk Road Initiative: Political-Economic Calculations of Southeast Asian States," *Asian Survey*, 57, (2017): 416-449.

⑥ J. M. F. Blanchard, C. Flint, "The Geopolitics of China's Maritime Silk Road Initiative," *Geopolitics*, 22, (2017): 223-245.

观，他认为中国经济已经出现了资本过剩等严重问题，“海上丝绸之路”的发展过分依赖于中国资本在世界体系中的混合性质和中国在全球范围内如何参与资本运作。[①] 在构建“21世纪海上丝绸之路”的大背景下，国外学者也对“21世纪海上丝绸之路”沿线国家的贸易问题进行了实证研究。比如Dragomir等人使用国际贸易引力模型来评估中国与“海上丝绸之路”沿线国家之间制造业贸易的边界，作者认为，在未来20年里，中国与沿线国家之间的贸易边界非常大，远大于平均样本边界，研究表明19世纪90年代初至20世纪中期边界急剧下滑，但随之而来的是平均抽样趋势。[②]

对贸易引力模型和“21世纪海上丝绸之路”的研究是近些年的热点问题，相关的研究角度不断更新，研究方法在不断改进，研究层面也在不断深入，但对中国“海丝”相关省份和“海丝”沿线国家的贸易情况研究较少，少数已有的研究成果只是描述性统计，缺乏定量的实证分析。本书将重点关注中国“海丝”沿线6个省份对“海丝”沿线部分国家的贸易情况，结合相关数据，运用贸易引力模型对其贸易水平进行评价，并给出政策建议。

三　引力模型

引力模型起源于物理学，是基于牛顿的万有引力公式，用来研究物体之间在空间上相互作用力的模型。逐渐地，这一模型被运用到经济学领域当中，尤其是在研究国家之间的贸易关系方面实现了广泛的应用。在国际贸易学中，应用贸易引力模型来显示各国之间的贸易规模，并引入不同的解释变量、虚拟变量分析在不同政治背景下影响贸易的因素和潜力等。从经济学的角度来看，贸易引力模型最早由Tinbergen和Poyhonen分别提出，并通过一般均衡的方法证实两个贸易伙伴国之间的贸易流量规模与各国的生产总值成正比，与其距离成反比。[③] 随后Bergstrand从垄断竞争层面进行

① X. Zhang, “Chinese Capitalism and the Maritime Silk Road: A World-Systems Perspective,” *Geopolitics*, 22, (2017): 310-331.

② I. Dragomir, S. Galin, Y. Yoto, “Estimating Bulgaria's Trade Borders with the EU: An Application of the Empirical Gravity Model of Trade,” *School of Economics Working Paper*, 2017.

③ J. Tinbergen, “Shaping the World Economy: Suggestion for an International Economic Policy,” New York: The Twentieth Century Fund, 1962; P. Poyhonen, “A Tentative Model for the Volume of Trade between Countries,” *Weltwirtschaftliches Archiv*, 90, (1963): 93-100.

了理论论证，并从出口者和进口者、产业间贸易和产业内贸易等方面对传统的贸易引力模型进行拓展。[①] McCallum 选用加拿大和美国的地区数据，侧重研究空间距离对贸易流量的影响因素，提出了“多变效应”问题。[②] Evans 用引力模型研究边境效应问题，认为边境效应包含因素众多，不能单一从贸易量的角度去解释该问题。[③] 在贸易引力模型提出之后，各国学者都在理论和实证方面对它不断地进行补充和完善，它成为在研究两个国家或地区之间贸易问题的常用手段之一。中国学者在这方面也展开了很多研究，谷克鉴从理论和实证的角度对贸易引力模型进行了全方位的分析，提出了适合我国国情的模型研究视角。[④] 郝景芳等人采用贸易引力模型，针对中国和 176 个贸易国家 31 年的贸易流量面板数据，分析了不同区域之间贸易影响因素。[⑤] 耿晔强通过引力模型研究中国与新兴国家农产品贸易的影响因素并计算了贸易潜力，发现了能促进中国农产品贸易的正面因素，如经济和人口规模等。[⑥]

现今，贸易引力模型已经成为研究双边贸易问题的主要工具，不仅应用广泛，而且在很多实际问题的背景下，与实际情况契合得很好。本书模型部分主要研究中国“海丝”沿线 6 个省份各自对“海丝”沿线 10 个国家的进出口总额与其地区 GDP、外商直接投资额，并将它们纳入贸易引力模型中去，公式如下：

$$T_{ij}=\frac{\lambda GDP_i^{\alpha}GDP_j^{\beta}FDI_i^{\gamma}}{GCD_{ij}^{\eta}} \tag{5-1}$$

其中，T_{ij}为 i 省份对 j 国的进出口总额（单位：万美元），λ 为一常数，

① J. H. Bergstrand, “The Generalized Gravity Equation, Monopolistic Competition, and the Factor-Proportions Theory in International Trade,” *Review of Economics and Statistics*, 71, (1989): 143-153.

② J. McCallum, “National Borders Matter: Canada-U. S. Regional Trade Patterns,” *American Economic Review*, 85, (1995): 615-623.

③ D. S. Evans, “Some Empirical Aspects of Multi-sided Platform Industries,” *Review of Network Economics*, 2, (2003).

④ 谷克鉴：《国际经济学对引力模型的开发与应用》，《世界经济》2001 年第 2 期。

⑤ 郝景芳、马弘：《引力模型的新进展及对中国对外贸易的检验》，《数量经济技术经济研究》2012 年第 10 期。

⑥ 耿晔强：《中国双边农产品贸易流量及潜力研究——以新兴市场为例》，《统计研究》2015 年第 9 期。

GDP_i 是 i 省份的地区生产总值（单位：亿元），GDP_j 是 j 国的国内生产总值（单位：万美元），FDI_i 是 i 省份的外商直接投资额（单位：万美元），GCD_{ij}是 i 省份到 j 国的 GCD 距离（单位：公里）。从模型公式中不难看出，一个省份对“海丝”沿线国家的进出口总额与自身的地区 GDP 和贸易对象的 GDP 成正比，通常一国 GDP 越高，对物质文化的需求也就越高，从而需求的提升推动了贸易水平的提高；进出口总额与外商直接投资额同样成正比，这是由于外商直接投资额中包括了一部分的进口总额，外商直接投资额可以拉动贸易水平的提高；当研究对象仅限于两国间的双边贸易时，地理距离会加大贸易成本，在一定程度上会降低两国间的进出口总额，这与实践中的经验相吻合。

为减小各变量因单位或数量级造成的异方差，此处对上述模型公式两边取对数，化为一个线性模型，作为实证分析的依据。

$$\ln T_{ij}=\omega_0+\omega_1\ln GDP_i+\omega_2\ln GDP_j+\omega_3\ln FDI_i+\omega_4\ln GCD_{ij}+\varepsilon_{ij} \tag{5-2}$$

第三节　模型预处理

一　指标选取

本书的数据来自 EPS 数据平台和国家统计局，采集了 2009~2015 年上海、浙江、福建、广东、广西和海南 6 个省份的地区 GDP、外商直接投资额，以及对文莱、缅甸、柬埔寨、印度尼西亚、老挝、马来西亚、菲律宾、新加坡、泰国和越南 10 个“21 世纪海上丝绸之路”沿线国家的进出口总额等数据。

（一）地区生产总值（地区 GDP）

通常，一个国家或地区的生产总值越高，其消费者对商品和服务的需求也会越高，另一个国家的商品与本国商品无论是互补或替代关系，在一定程度上都会促进两个国家或地区之间贸易水平的提高，一般认为地区 GDP 对贸易规模具有正作用。

（二）外商直接投资额（FDI）

一个地区或国家对贸易对象的投资额是国际资本流动的形式之一。外商直接投资额不仅是资本和人力资源的转移和注入，还有技术的投入，比如对贸易对象的技术员工提供专业的技术指导和培训等。外商直接投资额是进口总额的一部分，故一般认为外商直接投资额对进出口总额具有正向作用。

（三）GCD 距离

与经典的贸易引力模型一样，本书认为地理距离对商品劳务贸易有所限制，阻碍正常贸易发展，干扰市场竞争机制。尽管交通便利快捷，但地理距离带来的成本不容忽视。但这种影响也不是绝对的，在一定范围内，地理距离对贸易水平的影响是相对而言的。如果研究主体只有一个贸易对象，无论距离远近都不影响其贸易水平。如果有两个地理距离不同的贸易伙伴，地理距离较近的一方在其他条件相同时，将具有明显的贸易优势。本书采用的距离是 GCD（Great Circle Distance）距离，是指地球上两点间的最短距离，其计算公式为：

$$GCD_{ij}=A\arccos(\sin a\sin b+\cos a\cos b\cos|c|) \tag{5-3}$$

其中，GCD_{ij}代表 i 省份省会[①]到 j 国的 GCD 距离，a 和 b 代表两地的纬度，c 代表两者经度之差，A＝111.19，为常数，单位为公里。

（四）进出口总额

进出口总额是本书研究的因变量，它反映了一国的贸易水平。而地区 GDP、对外投资额、外商直接投资额和加权距离均与进出口总额相关，因此将这些变量纳入贸易引力模型中进行计量分析。

二　数据处理

原始数据包括中国“海丝”沿线 6 个省份对“海丝”沿线东盟 10 国

① 本章所研究的广东、广西、上海、浙江、福建、海南等 6 省份的行政中心，为简化计，统称为省会。

2009~2015年的进口额、出口额，中国“海丝”沿线6个省份的地区GDP，东盟10国的人口和人均GDP，中国“海丝”沿线6个省份外商直接投资额；中国“海丝”沿线6个省份省会的经纬度，东盟10国首都的经纬度。出于本书研究的需要，对这些数据进行如下处理。

（1）将东盟10国人口与人均GDP之积作为东盟10国的GDP；

（2）计算中国“海丝”沿线6个省份省会各自与东盟10国首都的经度差；

（3）通过式（5-3）计算GCD距离。

三 数据描述

（一）中国“海丝”沿线6个省份地区生产总值

由图5-5可以看出，中国“海丝”沿线6个省份中，广东省的地区生产总值常年居第1位，并且于2015年跨过了7万亿元这一大关，从折线图的倾斜角度上可以看出，其增速也为第1位；海南省由于地理因素，与内地经济交流没有另外几个省份密切，地区生产总值为6个省份中最低的，且增速较慢；福建省的地区生产总值在2012年前居第4位，2012年后赶超了上海的地区生产总值，增速略高于上海，有扩大经济优势的趋势；广西、浙江近些年经济稳定增长。

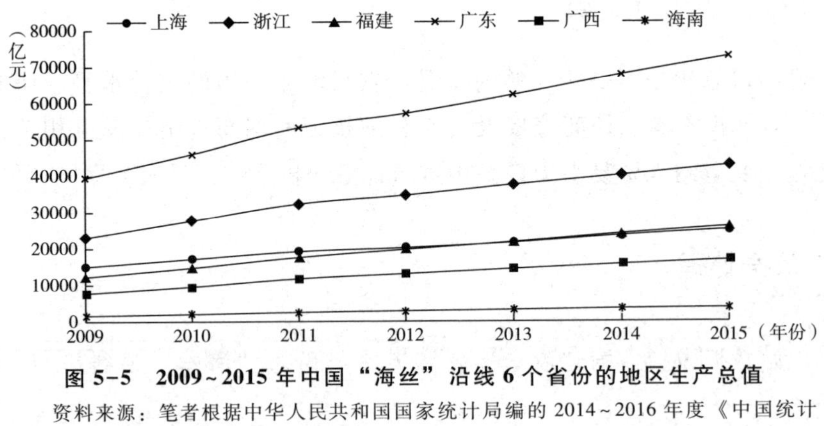

图5-5 2009~2015年中国“海丝”沿线6个省份的地区生产总值

资料来源：笔者根据中华人民共和国国家统计局编的2014~2016年度《中国统计年鉴》的数据制作而成。

（二）中国“海丝”沿线6个省份的外商直接投资额

从图5-6中可以看出，上海市和广东省的外商直接投资额遥遥领先，其中广东省比上海市具有明显优势，但2014年后上海外商直接投资额的增速明显加快，并于2015年赶超了广东省；浙江、福建两省的外商直接投资额增速稳定，其投资额在6个省份中处于中游水平；2010年海南省的外商直接投资额大幅下降，自此后与广西类似，其外商直接投资额均处于较低水平，且增速较慢。

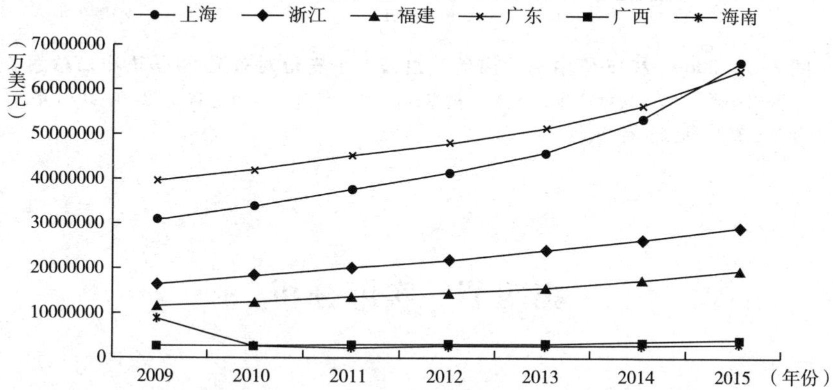

图5-6 2009~2015年中国“海丝”沿线6个省份的外商直接投资额

资料来源：笔者根据广东、上海、福建、浙江、海南、广西等省份2010~2016年度统计年鉴的数据制作而成。

（三）中国“海丝”沿线6个省份对东盟10国进出口总额

进出口总额可以反映某一地区的贸易水平，如图5-7所示，广东省在对东盟10国的进出口总额这一指标上一枝独秀，处于领先水平，且增速很快，直到2014年增长趋势消失，开始有下降趋势；上海市对东盟10国的进出口总额处于中游水平，2012年前稳步增长，次年略有下降，之后趋于稳定；其余4个省份对东盟10国的进出口总额从高到低依次是浙江、福建、广西、海南，均具有宏观上的增长趋势，但增长较为缓慢。

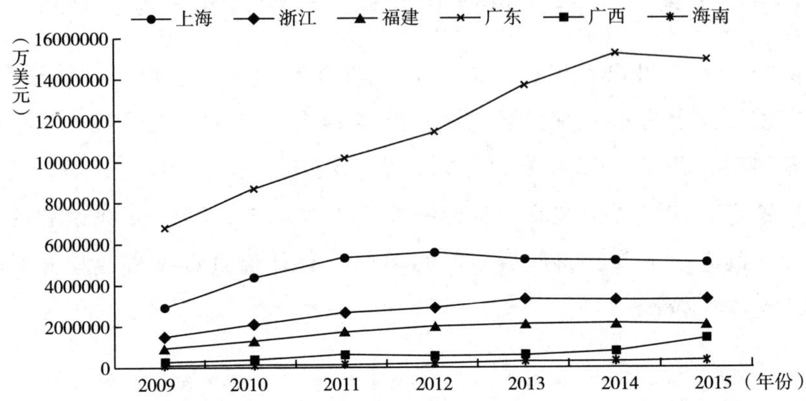

图 5-7　2009~2015 年中国“海丝”沿线 6 个省份对东盟 10 国进出口总额

资料来源：笔者根据广东、上海、福建、浙江、海南、广西等省份 2010~2016 年度统计年鉴的数据制作而成。

第四节　实证分析

一　中国“海丝”沿线省份与“海丝”沿线国家双边贸易分析

针对中国“海丝”沿线 6 个省份与“海丝”沿线国家的双边贸易进行分析，即对中国“海丝”沿线 6 个省份分别对“海丝”沿线 10 个国家进行整体分析。首先对原始数据进行预处理，接着根据回归结果对模型效果进行判别，最后分析每个变量对不同省份的影响，分析中国“海丝”沿线省份与“海丝”沿线国家之间的双边贸易情况和影响因素，以给出有依据的政策建议，回归结果如表 5-1 所示。

表 5-1　双边贸易回归结果

城市	LGDPi	LGi	LFDIi	LDi	R^2	D-W
上海	2.451 *	2.678 ***	0.839 *	-5.113 **	0.95889	1.614600
浙江	0.705 *	1.813 **	0.836 **	-5.082 **	0.99675	3.577137
福建	1.020 ***	1.054 *	-0.751 **	-0.265 *	0.99696	2.341353

续表

城市	LGDPi	LGi	LFDIi	LDi	R^2	D-W
广东	4.248**	-1.275*	-2.558*	8.226***	0.99159	2.736087
海南	3.039***	4.073**	4.831***	-2.276**	0.94958	3.021341
广西	2.217*	-1.065**	0.054***	2.638*	0.94887	2.685040

注：①***、**、*依次代表通过显著水平为1%、5%、10%的T检验。

②GDPi表示各省份的地区GDP，Gi表示沿线国家（部分）的平均GDP，FDIi表示外商直接投资额，Di表示距离，L表示取对数，R^2表示可决系数，D-W表示序列自相关检验。

根据表5-1，从整体上看，可决系数（R^2）均高于0.94，表明该问题中的回归关系可以解释因变量至少94%的变异，由于可决系数是随随机抽样而变动的随机变量，所以等价于控制自变量不变的情况下，因变量的变化幅度至多有6%。从结果上看，浙江、福建、广东三省在该模型下拟合优度最高，回归关系一定时因变量的变化幅度较小。另外，本次研究的变量数为4，样本数为6，经查D-W（杜宾-瓦森）统计量临界值表，在显著性水平$\alpha=0.01$下，可知其对应的下界dL=0.294，上界dU=1.606。由相关理论可知，当D-W统计量处于$[dU, 4-dL]=[1.606, 3.706]$时，变量间无自相关关系。从回归结果上看，上海的D-W统计量最小，约为1.615，海南的D-W统计量最大，约为3.021，均处于该区间内，故整体回归中变量间均不具有自相关性。4个自变量中，平均GCD距离对每个省份而言是一个常数，不存在增量，以下不再对这一变量多加赘述。

（一）地区GDP变量分析

如表5-1所示，地区GDP（每个省份的GDP）对贸易水平影响最大的省是广东省，广东省GDP每提高1%，对东盟10国的贸易总量将提高4.248%，回归结果在5%的显著性水平下是可信的。广东省作为中国各省份的地区GDP进入“7万亿俱乐部”的第一个成员，其GDP系数对进出口总额的拉动作用十分明显，广东省可以将其作为贸易方面的优势，进一步扩大并充分利用，进一步提高对外贸易水平。浙江省和福建省的地区GDP系数是6个省份中最小的两个，分别仅有0.705和1.020，对进出口总额的贡献度比其他变量较小，可能与其产业结构和政策优势有关。上海、广西、海南三省份的地区GDP系数处于中游水平，分别为2.451、

2.217和3.039，其中海南省相对较高，列6个省份中的第2位，提高地区GDP会是海南省提高对东盟10国贸易水平的重要途径。对广西和海南来说，除了提高地区GDP之外，也应该将发展的关注点适当转移至其他变量的增长，综合发展可以更容易、更有效率地提高这两个省份对东盟10国的贸易水平。

（二）东盟10国平均GDP

本章在整体性回归中，由于地区发展与贸易情况的复杂性，难以取定权重向量，此处东盟10国GDP直接用简单的算术平均来统计。从表5-1的回归结果上看，该变量对不同省份的进出口总量影响差别较大，其中较为特殊的是广东和广西，均是负相关关系，也就是说东盟10国的GDP越高，越不愿意与广东和广西进行贸易往来，东盟10国平均GDP每增加1%，广东和广西对其进出口总额分别减少1.275%和1.065%。从图5-5中可以看出，广东的GDP总量在6个省份中处于领先水平，而广西处于相对落后的位置，具有显著差异；两者的共同点是与东盟10国的平均距离较为相同，且平均GCD距离均较小，在东盟10国平均GDP水平较低时，为节约贸易成本，东盟10国更愿意与广东、广西进行贸易往来，但当GDP达到一定水平后，地理距离带来的贸易成本在一定程度上被东盟10国消费者的物质文化需求所淡化，进而愿意与别的省份增加贸易往来以丰富进出口物资。与东盟10国平均GCD距离较近的海南省的系数为4.073，为正相关关系，其原因在于海南的贸易运输与广东和广西相比处于劣势，从而导致的贸易成本相对较高，进而在初期与东盟10国的贸易水平也较低，但当GDP达到一定水平后，贸易运输成本在一定程度上被东盟10国消费者的物质文化需求所淡化，进而愿意与其增加贸易往来。东盟10国平均GDP对上海、浙江、福建三省份进出口总额的影响系数均为正值，且处于中游水平，其中，上海进出口总额的弹性相对较大，东盟10国平均GDP每增加1%，上海、浙江、福建对其进出口总额分别增加2.678%、1.813%和1.054%。

（三）外商直接投资额

从外商直接投资额的定义中不难理解，其中相当大的一部分可以计入一个地区的进口额中，进而拉动其进出口总额。从表 5-1 中可以看出，外商直接投资额对贸易总额影响最大的是海南，每提高 1%对沿线国家的贸易总量将提高 4.831%。根据图 5-5 显示的统计结果，海南的地区 GDP 在 6 个省份中处于最末位，故外商直接投资额所形成的进出口总额相对增加比例会比较高，进而对进出口总额的贡献度也会变高。外商直接投资额对上海、浙江、广西三省份的进出口总额均为正相关关系，由于中国是世界头号出口大国，中国对东盟 10 国均为贸易顺差，外商直接投资额作为进口额的一部分相比于中国庞大的出口额，其贡献度将会变得很小，外商直接投资额每增加 1%，上海、浙江、广西的进出口总额分别增加 0.839%，0.836%和 0.054%。福建和广东较为特殊，其系数为负，存在负相关关系，原因在于外商直接投资额中有一部分是生产设备要素，从而减少了劳动力要素的出口量，尽管外商直接投资额对进出口总量具有正作用，但其对进口的拉动量小于福建、广东两省接受一定的外商投资后对其出口的减少量，故呈现负相关关系。

以上为中国“海丝”沿线 6 个省份对东盟 10 国的整体性分析，下面将进行分样本的分析。

二　中国“海丝”沿线省份与“海丝”沿线国家个例分析

由于本模型是 6 个省份分别对东盟 10 国根据 2009~2015 年的数据样本进行回归计算，全部结果共有 60 组的回归系数，工作重复、原理相同，故先选择一个具有研究意义的“海丝”沿线国家为研究对象，进行个例的分析。在本次采样的“海丝”沿线国家中，不乏与中国贸易相对畅通的泰国、新加坡等地区，有关此类研究成果颇为丰硕，而针对一些小国的研究则相对较少。笔者注意到柬埔寨的人均 GDP 是东盟 10 国中最低的，故选取该国进行个例分析。此外，中国提出“21 世纪海上丝绸之路”倡议是为了深化区域合作、促进中国与周边国家经济关系、推动全球和平发展，故研究中国对人均 GDP 最低国家的贸易很有意义。因此本小节以柬埔寨为例，分析其与中国“海丝”沿线 6 个省份的回归关系。经 EViews 处理后各变量的回归结果如表 5-2~表 5-7 所示。

表 5-2　上海市—柬埔寨回归分析

变量	系数	标准误差	T 统计量	p 值
LGDP	0.911342	0.006120	148.9093	0.0000
LG	0.007636	0.005869	1.301055	0.2842
LFDI	0.010952	0.002127	5.148731	0.0142
LD	0.579195	0.006090	95.10447	0.0000
R^2	0.999994	D-W	2.348083	

注：表中“G”表示柬埔寨的 GDP，“GDP”表示相应省份的 GDP，“D”表示柬埔寨首都金边与相应省份省会的 GCD 距离，“FDI”表示相应省份对柬埔寨的外商直接投资总额，每一个符号前加 L 表示取对数后的值。下同。

由表 5-2 结果可知，上海市对柬埔寨的回归分析中，除了 LG 外，其余变量都显著，R^2 值接近 1，变量间的相关性很强。从系数上看，上海对柬埔寨的贸易量受上海当年的 GDP 影响较大，就是说，上海市 GDP 每提高 1%，上海市对柬埔寨的贸易总额就会提高约 0.91%。

表 5-3　浙江省—柬埔寨回归分析

变量	系数	标准误差	T 统计量	p 值
LGDP	0.940010	0.001447	649.5953	0.0000
LG	0.009872	0.003146	3.137887	0.0517
LFDI	0.010918	0.002733	3.994170	0.0281
LD	0.345988	0.002630	131.5651	0.0000
R^2	0.999999	D-W	2.812675	

从表 5-3 浙江省对柬埔寨的回归分析中，R^2 值接近 1，变量间的相关性很强。与上海市对柬埔寨的回归结果一样，影响浙江对柬埔寨的贸易总量的主要变量是浙江省的 GDP 水平，其中，浙江省 GDP 每提高 1%，对柬埔寨的贸易总额就会提高约 0.94%。

表 5-4　福建省—柬埔寨回归分析

变量	系数	标准误差	T 统计量	p 值
LGDP	0.880236	0.005928	148.4944	0.0000
LG	0.049050	0.011122	4.410307	0.0216

续表

变量	系数	标准误差	T 统计量	p 值
LFDI	0.020076	0.005456	3.679256	0.0348
LD	0.290527	0.010709	27.12807	0.0001
R^2	0.999982	D-W	1.590539	

从表 5-4 中可以看出，福建省对柬埔寨的贸易总额受自身的 GDP 水平影响开始减弱，两地的 GCD 距离对贸易总额的影响也减弱了很多，由此可以预见，对福建省而言，应该有其他的变量指标对贸易总额的影响较以上两个省份更大。从常识上来讲，福建对外贸易活跃，其贸易实力雄厚，在“海丝”沿线国家中的市场认可度很强，福建省 GDP 很可能不是影响其贸易量的关键因素。

表 5-5　广东省—柬埔寨回归分析

变量	系数	标准误差	T 统计量	p 值
LGDP	0.962043	0.001750	549.8083	0.0000
LG	0.008616	0.002254	3.822898	0.0315
LFDI	0.007240	0.001168	6.196466	0.0085
LD	0.269737	0.002051	131.4921	0.0000
R^2	0.999998	D-W	1.814376	

从表 5-5 广东省对柬埔寨的回归分析中，由于 R^2 值接近 1，故变量间的相关性很强。与福建省不同的是，广东省 GDP 值对贸易总额的影响有所扩大，而其与柬埔寨的 GCD 距离对贸易总量的贡献度较上海市仍有所减小。从经验上来讲，广东省海陆空交通都很发达，位于中国的南部沿海，与“海丝”沿线国家的交流较多，与“海丝”沿线国家的地理运输距离较短，故有这样的结果。

表 5-6　广西—柬埔寨回归分析

变量	系数	标准误差	T 统计量	p 值
LGDP	0.835739	0.006615	126.3322	0.0000
LG	0.07813	0.012051	6.490227	0.0074

续表

变量	系数	标准误差	T 统计量	p 值
LFDI	0.005021	0.005292	0.948870	0.4127
LD	0.313668	0.011071	28.33180	0.0001
R^2	0.999299	D-W	1.747338	

由表 5-6 结果可知，LFDI 回归分析的 p 值较大，很有可能存在单位根，R^2 值接近 1，变量间的相关性很强。从系数上看，广西对柬埔寨的贸易量受广西当年的 GDP 影响较大，受 GCD 距离影响也较大。广西的经济水平相对较低，其交通运输不够发达，可能仍处于低水平协同阶段，故其对外贸易仍有很大的潜力。

表 5-7　海南省—柬埔寨回归分析

变量	系数	标准误差	T 统计量	p 值
LGDP	0.435191	0.034186	12.73005	0.0010
LG	0.307985	0.045002	6.843749	0.0064
LFDI	-0.005675	0.003783	-1.500278	0.2305
LD	0.391369	0.072252	5.416741	0.0123
R^2	0.999911	D-W	2.581231	

由表 5-7 的 p 值结果可知，除了 LFDI 外，其余变量都显著，R^2 值接近 1，变量间的相关性很强。从系数上看，LGDP、LG、LD 对海南（对柬埔寨）的贸易总额的贡献度很接近，很有可能与海南省地理位置的特殊性有关，海南岛四面环海，每个港口对贸易国的地理距离所造成的成本受市场竞争而变得弹性很大。

三　结论与建议

通过对部分采集数据的描述性统计分析，运用贸易引力模型进行相关实证研究，本章有如下结论。

（1）中国“海丝”沿线 6 个省份对“海丝”沿线东盟 10 国的贸易多数处于瓶颈期，进入慢增长阶段，部分省份甚至进入不增长阶段，贸易模式和贸易政策急需调整。

（2）通过对东盟10国整体的回归分析，发现中国"海丝"沿线6个省份中大多数省份的地区GDP是对其进出口总额贡献度最大的变量，部分例外的省份是由其特殊的产业结构和贸易水平导致的；东盟10国平均GDP通常对进出口总额也呈正相关关系，部分例外的国家是由于随着GDP的提高，地理距离带来的贸易成本被一定程度淡化而造成的；外商直接投资额对中国"海丝"沿线6个省份的进出口总额总体贡献度较小。

（3）通过对东盟10国人均GDP最低的国家——柬埔寨的个例分析，得知中国"海丝"沿线6个省份的地区GDP是对其进出口总额贡献度最大的自变量；同时，回归结果除个别省份的某个变量置信度较低，其余回归结果均在1%或5%显著性水平下可信。

针对中国"21世纪海上丝绸之路"的发展现状，为了进一步提升对外贸易水平，现给出如下建议。

（1）拓展新市场。"21世纪海上丝绸之路"已经在相关沿线市场具有一定的基础和政策便利，且具备一定规模。国内相关部分省份的贸易水平已经进入了慢增长甚至不增长的时期，需要转变对外贸易思路，扩展新市场，即延伸"21世纪海上丝绸之路"，寻求新的贸易合作伙伴。其中，利用每个省份独特的文化感召力深化与"21世纪海上丝绸之路"沿线各国的交流与合作，加强"21世纪海上丝绸之路"沿线国家的基础设施建设，发挥好向南、向西拓展新市场的枢纽作用。扩展新市场的微观基础，以"21世纪海上丝绸之路"沿线各国市场需求为导向，以本土和外资企业为主体，加强政府政策扶持，积极开展对外合作，促进经济发展。

（2）推行人才战略。利用我国科教兴国战略的成果，大力发掘、利用人才，让更多具有跨文化、跨国际背景的专业人才有施展才华的空间。首先，需要"海丝"沿线6个省份能够在人才培养和教育投资上下足功夫；其次，除了教育投资，还要给现有的相关人员进行培训，提高其处理业务、解决问题、外语沟通的能力；再次，结合实际情况，组织各方面人才对在贸易过程中遇到的贸易壁垒问题进行研究，提高对贸易壁垒问题的认识，并研究相关的解决方案，不让贸易壁垒成为中国对外贸易的障碍；最后，让国内在外贸人才培养方面走在前列的省份，利用自己的教育和培训机制的优势，带动别的省份，提高"海丝"沿线省份的整体竞争力。

（3）建立产业优势。建设“21世纪海上丝绸之路”这一举措不仅可以提高中国的国家形象和影响力，更是中国发展对外贸易的一次机遇。在扩大开放程度、深化贸易合作的同时，“海丝”沿线6个省份应该增大引入外资的力度，将形成产业优势的想法提到议题上来。首先，产业优势不仅是单位时间生产效率的提高，更是基于市场调研，有针对性地发展和扶持对应产业；其次，应该形成深加工、高附加值的思路，参考美国等发达国家科技兴国的经验；最后，政府部门要积极主动地引导产业转移合作，优化基础设施建设，通过宏观指导和微观规范来推动产业转移并逐步构建产业优势。

（4）坚持科技创新。科学技术是第一生产力已是深入人心的发展理念，科技创新是提高贸易潜力的捷径，是促进贸易增长的重要方法，也是提高“海丝”沿线6个省份贸易竞争力的必由之路。首先，政府应该具有引导科技进步和科技创新的意识，并形成相关政策文件传达给企业和社会；其次，针对中国劳动力密集型的产业结构，应加快产业结构的调整和转型，“海丝”沿线6个省份内的企业要加强学习，应以技术引进和模仿为主，自主创新与模仿创新并存，提高自己的竞争力，避免被市场所淘汰；最后，建立灵活多样的资金投入方式，如通过与外国企业合资合作，或发行债券、股票等金融方式吸引社会资本流入，保障技术创新活动的开展。

（5）改善贸易环境。宽松的贸易环境有利于贸易市场的发展以及合作的深化。为了给“21世纪海上丝绸之路”提供较为适宜的贸易环境，第一，“海丝”沿线6个省份应该首先放低姿态，适当降低贸易壁垒，改善贸易环境，健全贸易自由化制度；第二，要进一步加大开放程度，制定合理、透明、公正的关税制度，吸引更多外资，也让“海丝”沿线国家看到中国作为倡导者的诚意；第三，要加强与贸易合作伙伴的相互理解，并在贸易壁垒问题上达成一定程度的共识，共同应对贸易环境的问题，积极主动地加强沟通，为双赢而奋斗，为双方人民共谋福祉。

第六章　中国与“海丝”沿线国家贸易

——基于拓展引力模型的研究

第一节　“海丝”沿线国家情况

一　“海丝”沿线国家的总体情况

首先，考察“海丝”沿线国家的进出口总额情况，根据相关“一带一路”专题研究网站的数据，提取有关“海丝”沿线国家 2015 年的进出口总额。由于数据收集的限制，本章一共找到“海丝”沿线 18 个国家的数据，这 18 个国家是马来西亚、印度尼西亚、泰国、菲律宾、新加坡、文莱、越南、老挝、缅甸、柬埔寨、印度、巴林、伊朗、阿曼、卡塔尔、科威特、沙特阿拉伯、斯里兰卡。考虑到中国-东盟自贸区的特殊性和东盟 10 国在“海丝”沿线上述 18 个国家中的重要地位，故在分析总体情况的时候，把东盟 10 国也考虑在内。图 6-1 考察了 2015 年“海丝”沿线 18 个国家、东盟 10 国与中国的进出口总额及其对比。

从图 6-1 可知，东盟 10 国在“海丝”沿线 18 个国家中，与中国的进口额和出口额都占有相当大的比重，并且无论是东盟 10 国还是“海丝”沿线 18 个国家，都出现与中国的进口总额大于出口总额的情况。虽然本章在此所展示的“海丝”沿线国家的数据并不是涵盖了所有国家，但基本包括了相对重要的经济体，其他国家由于数据难以获取而并未纳入考核体系，并不会影响大局，因为相对重要的国家一般其数据也比较完善，具有更好的可获取性。

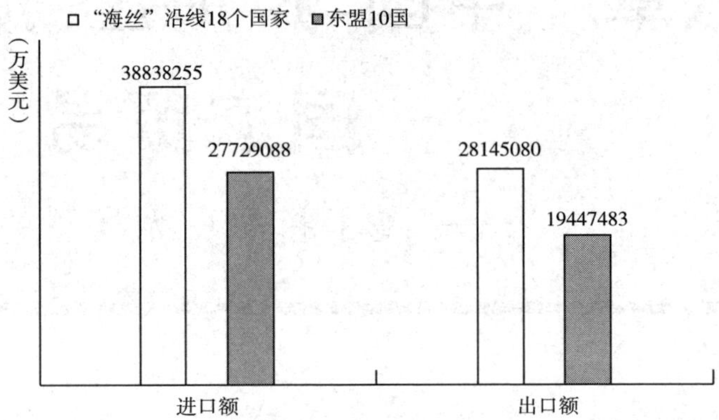

图 6-1　2015 年“海丝”沿线 18 个国家和东盟 10 国分别与中国的进出口总额

国内生产总值和人均国内生产总值是反映一个国家经济发展程度的关键性指标，图 6-2 和图 6-3 分别反映了“海丝”沿线 18 个国家和东盟 10 国 2015 年的国内生产总值和人均国内生产总值情况。

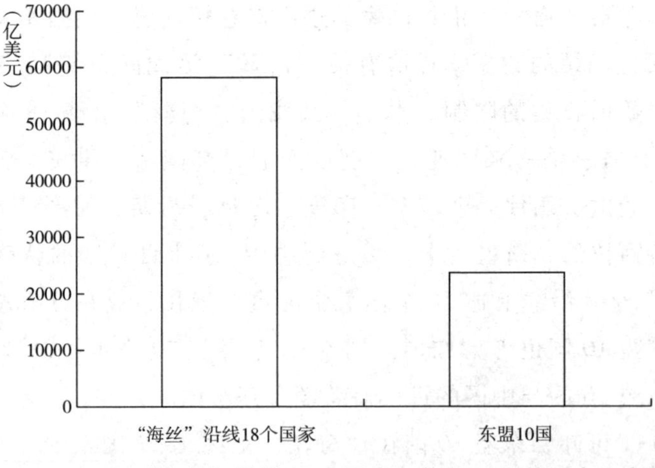

图 6-2　2015 年“海丝”沿线 18 个国家和东盟 10 国的国内生产总值

资料来源：世界银行数据库、CEIC 数据库，2015。

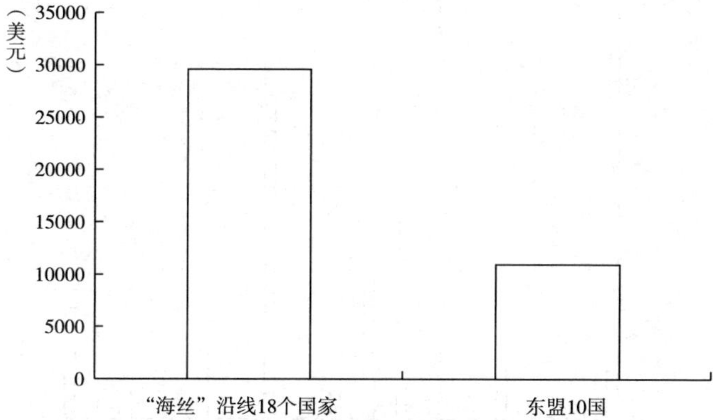

图 6-3　2015 年“海丝”沿线 18 个国家和东盟 10 国的人均国内生产总值

资料来源：世界银行数据库、CEIC 数据库，2015。

从图 6-2 和图 6-3 可以看出，2015 年东盟 10 国和“海丝”沿线 18 个国家国内生产总值的绝对数量和相对份额。东盟 10 国 2015 年的国内生产总值占“海丝”沿线 18 个国家的 40.61%。而从人均国内生产总值的角度来看，2015 年东盟 10 国的人均国内生产总值占“海丝”沿线 18 个国家的 30.09%。这同时意味“海丝”沿线的其他国家在这两个指标方面具有更大的份额。值得注意的是，从本章考察样本的数量上来说，“海丝”沿线国家共 18 个，东盟国家 10 个，其他国家只有 8 个，包括印度、巴林、伊朗、阿曼、卡塔尔、科威特、沙特阿拉伯、斯里兰卡。这说明在这 8 个国家中，至少有部分国家的发展极具潜力，需要特别关注。

以上考察了“海丝”沿线 18 个国家和东盟 10 国的总体情况，下面针对各个国家的细节进行分析。

二　“海丝”沿线国家内部情况

从上面的叙述可知，本章针对“海丝”沿线国家的考察范围一共包括 18 个国家，在此对一些重要指标分别进行分析。首先是 2015 年“海丝”沿线各国的国内生产总值以及人均国内生产总值，见图 6-4。

从 2015 年“海上丝绸之路”沿线各国的国内生产总值情况来看，印

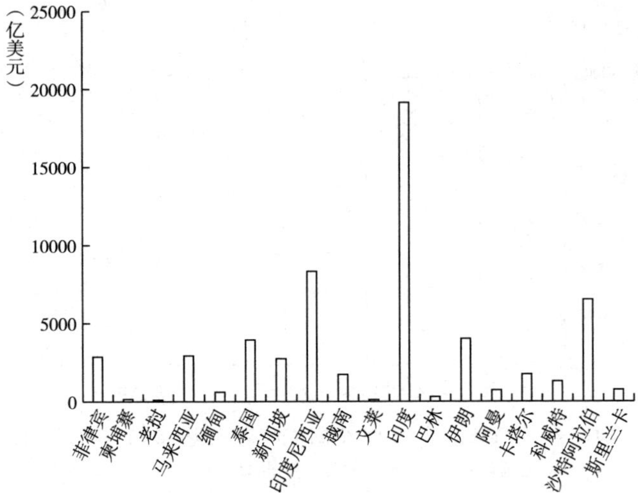

图 6-4　2015 年“海丝”沿线各国的国内生产总值

资料来源：世界银行数据库、CEIC 数据库，2015。

度的国内生产总值位居第一，并且比位居第二的印度尼西亚高出一倍左右，位居第三的是沙特阿拉伯。而在“海丝”沿线国家中，文莱、老挝和柬埔寨的国内生产总值相对较低。值得注意的是，在国内生产总值排名前三位的国家中，只有印度尼西亚是东盟 10 国之一，国内生产总值最高的印度和石油资源相对较多的沙特阿拉伯均不是东盟的成员国。而在排名后三位的国家中，文莱、老挝和柬埔寨都是东盟的成员国。这说明东盟 10 国的经济发展有待进一步提升，希望“21 世纪海上丝绸之路”倡议可以实现各个国家之间的互利共赢。

从图 6-5 可以看出 2015 年“海丝”沿线 18 个国家的人均国内生产总值情况，人均国内生产总值能够更好地反映一个国家人民的物质生活水平。不难发现，在考虑了人口因素之后，各国的排名出现了明显的变化。卡塔尔以显著的优势位居第一，新加坡位居第二，科威特位居第三。卡塔尔和科威特都是中东地区的石油大国，新加坡是东盟 10 国中人均国内生产总值最高的国家。而图 6-4 中排名第一的印度，在人均国内生产总值的考察中处于较后的名次。柬埔寨、缅甸和印度分别位列倒数第一名、第二名、第三名。其中柬埔寨无论是国内生产总值还是人均国内生产总值方

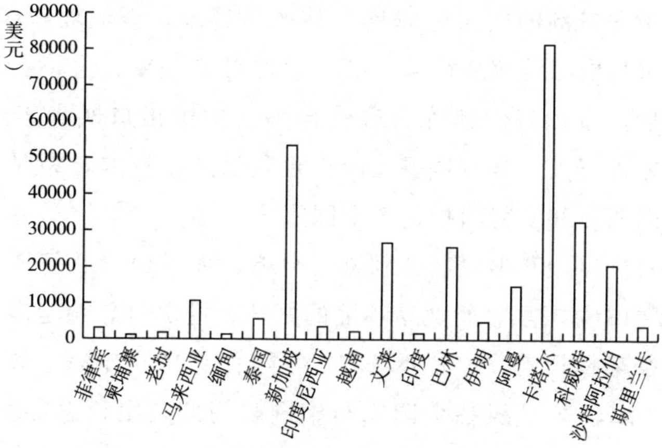

图 6-5　2015 年“海丝”沿线各国的人均国内生产总值

资料来源：世界银行数据库、CEIC 数据库，2015。

面，都处于末位，说明该国的经济发展亟待提升。由此可以看出，从人均国内生产总值来考察，中东部分国家的位次有所提升。

以下从外贸的角度考察 2015 年“海丝”沿线各国与中国的出口额、进口额情况，见图 6-6。

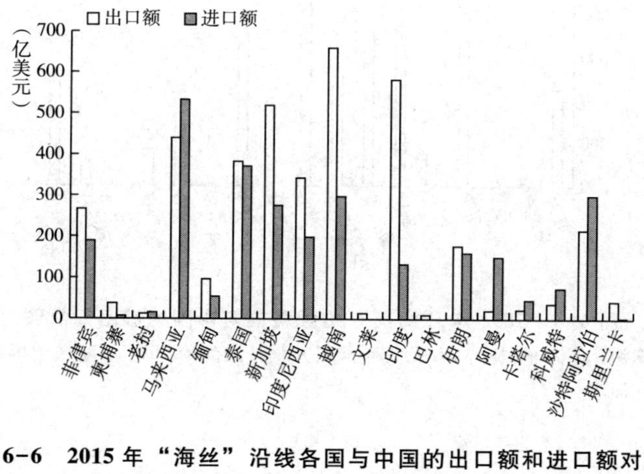

图 6-6　2015 年“海丝”沿线各国与中国的出口额和进口额对比

资料来源：笔者根据中华人民共和国国家统计局编的 2016 年度《中国统计年鉴》的数据制作而成。

从图 6-6 可以看出，大部分国家对中国的出口额大于进口额，其中出口额显著高于进口额的国家是印度，其次是越南、新加坡和印度尼西亚。说明这些国家与中国的贸易往来具有显著的贸易顺差，这将有利于其经济的进一步发展。泰国、伊朗等国虽然也是对中国出口额高于进口额的国家，但两者差距不大，基本持平。而出现贸易逆差且差距相对较大的国家是阿曼、马来西亚和沙特阿拉伯 3 个国家。

以上是对进口额和出口额分别进行分析，而进出口总额反映了中国跟“海丝”沿线 18 个国家之间贸易环境的好坏，进出口总额越多，说明两国之间的贸易往来越频繁，贸易环境较好。随着“21 世纪海上丝绸之路”建设的开展，“海丝”沿线各个国家与中国之间的进出口总额会稳定增长，实现共同繁荣。以下对进出口总额数据进行分析。

图 6-7 展示了 2015 年“海丝”沿线 18 个国家对中国的进出口总额情况，其中马来西亚位列第一、越南位列第二、新加坡位列第三。说明这些国家与中国的外贸往来相对比较活跃。而巴林、文莱和老挝对中国的进出口总额相对较少。

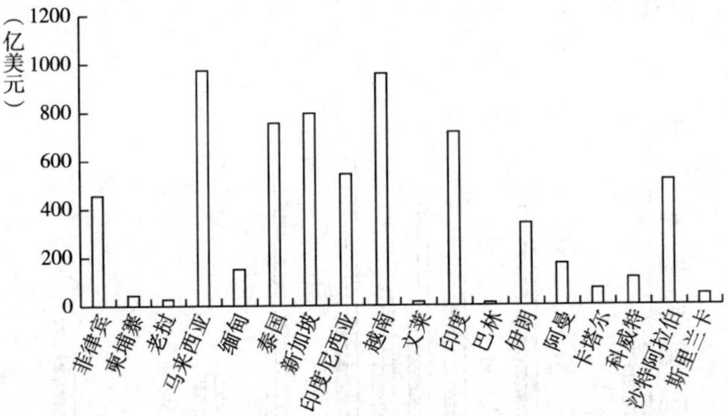

图 6-7 2015 年“海丝”沿线各国与中国的进出口总额

资料来源：笔者根据中华人民共和国国家统计局编的 2016 年度《中国统计年鉴》的数据制作而成。

三 东盟 10 国的经济与贸易情况

中国-东盟自由贸易区成立于 2010 年 1 月 1 日。东盟 10 国是共建“21

世纪海上丝绸之路”的重要国家。因此有必要对东盟 10 国的情况进行分析。首先了解一下东盟 10 国的国内生产总值及其人均国内生产总值情况。

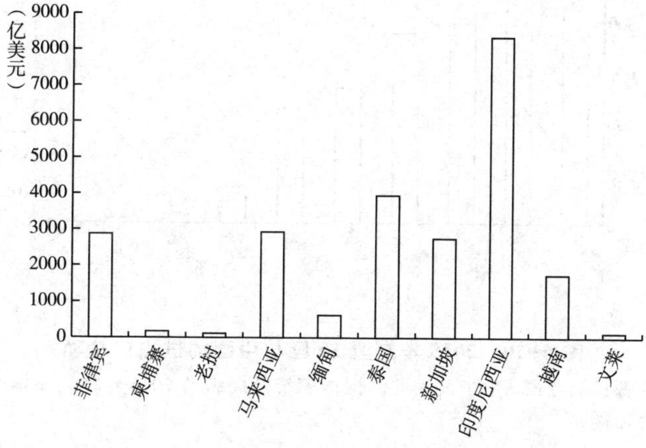

图 6-8 2015 年东盟 10 国的国内生产总值

资料来源：世界银行数据库、CEIC 数据库，2015。

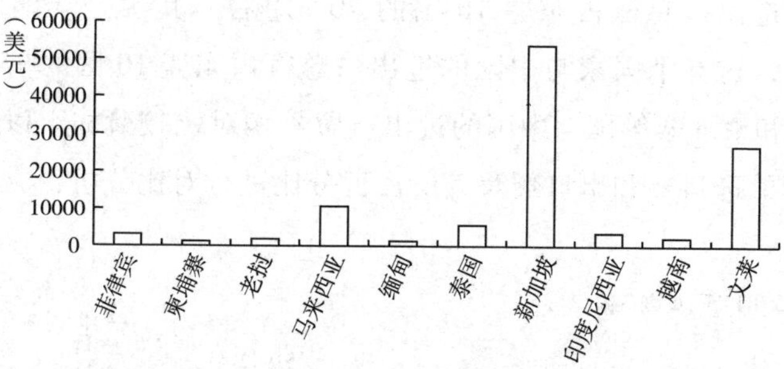

图 6-9 2015 年东盟 10 国的人均国内生产总值

资料来源：世界银行数据库、CEIC 数据库，2015。

图 6-8 和图 6-9 反映了东盟 10 国 2015 年的国内生产总值和人均国内生产总值情况。从国内生产总值指标情况来看，印度尼西亚的优势最明显，其次是泰国、马来西亚和菲律宾。但从人均国内生产总值来看，新加坡具有非常显著的优势，其次是文莱、马来西亚和泰国。而柬埔寨、缅甸和老挝等国在两种指标体系的比较下，都没有自己的优势，说明其经济亟待发展。下面考察东盟 10 国对中国的进出口总额情况，见图 6-10。

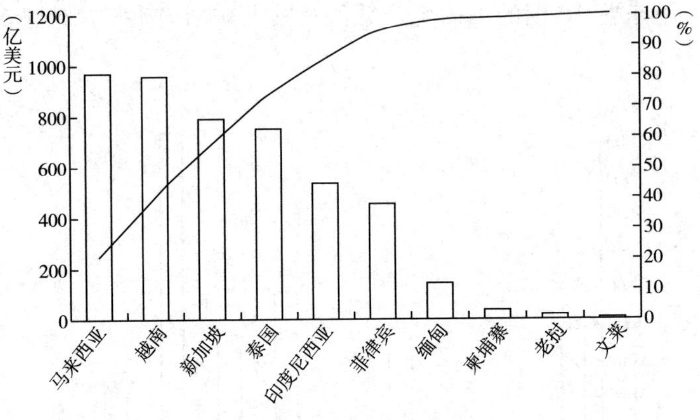

图 6-10　2015 年东盟 10 国与中国的进出口总额

资料来源：笔者根据中华人民共和国国家统计局编的 2016 年度《中国统计年鉴》的数据制作而成。

图 6-10 反映的是 2015 年东盟 10 国与中国进出口总额的情况及其百分比。其中马来西亚、越南和新加坡占据东盟 10 国的前三位，并且这 3 个国家与中国的进出口总额占东盟 10 国的 70%左右。其次是泰国、印度尼西亚和菲律宾，这 6 个国家与中国的进出口总额占东盟 10 国的 95%以上。而文莱、老挝和柬埔寨等国与中国的进出口贸易相对比较薄弱。以下针对东盟 10 国与中国的进口额和出口额及其所占百分比进行对比分析，见图 6-11。

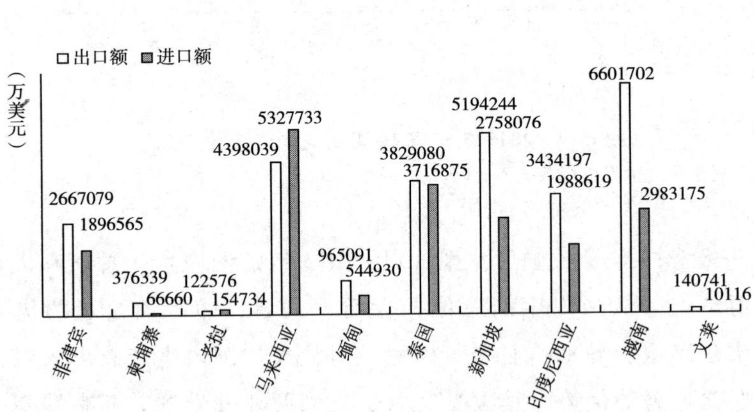

图 6-11　2015 年东盟 10 国与中国的进口额和出口额

资料来源：笔者根据中华人民共和国国家统计局编的 2016 年度《中国统计年鉴》的数据制作而成。

从图 6-11 可以看出，东盟 10 国当中，越南、新加坡对中国的出口额较高，但这两个国家在进口方面与中国的贸易往来相对较少。菲律宾、印度尼西亚和缅甸都保持着对中国的出口额大于进口额的局势。与中国贸易往来相对薄弱的国家是文莱、老挝和柬埔寨，说明中国需要同这些国家寻找新的贸易往来方式。马来西亚也属于东盟 10 国中与中国建立了良好贸易环境的国家之一，并且进口额高于出口额，与中国的进出口总额位居东盟国家之首，因此要继续保持这一良好态势，促进贸易更加平稳健康地发展，营造更好的外贸环境。以下是有关东盟 10 国与中国的进口额和出口额所占比例的分析。

由于东盟各国之间的经济体量和对外贸易额差距相对比较大，一些小国的数据难以在图中很好地进行反映，笔者将东盟各国与中国的出口额和进口额进行比例分配并可视化，不但可以看出东盟各国与中国的进口额和出口额所占的比例，并且可以显示小国的数据情况。从图 6-12 不难发现，对于东盟 10 国而言，大部分国家与中国的出口额多于进口额。比较明显的国家是柬埔寨、文莱和缅甸。与中国的进口额大于出口额的国家在东盟 10 国中一共有 2 个，分别是老挝和马来西亚，出口额大约占进出口总额的 40%。泰国与中国的进口额和出口额相对持平，而新加坡、印度尼西亚、越南等国与中国的出口额占进出口总额的 60%以上。

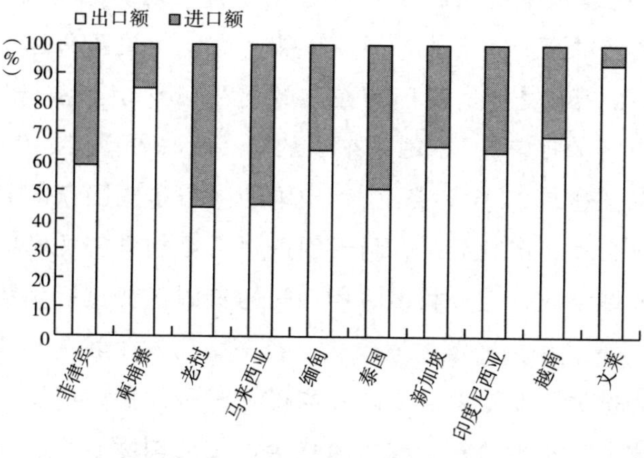

图 6-12　2015 年东盟 10 国与中国的进口额和出口额所占比例

资料来源：笔者根据图 6-11 数据制作而成。

第二节 理论模型与文献分析

一 研究视角与文献分析

（一）以东盟为例的中国—海丝贸易互通关系

随着“21 世纪海上丝绸之路”建设的不断推进，中国在不断地调整自身的对外贸易发展规划，“21 世纪海上丝绸之路”倡议在方式、贸易范围和内涵上已经延伸至前所未有的广度和深度。2013 年，习近平主席提出的共建“一带一路”倡议，体现了全球治理的新理念。

在“一带一路”建设中，不仅涉及能源、基建工程、产能合作等硬联通项目，也涉及文化、教育和人文交流等各个方面，在实现战略对接、规划对接、项目对接的基础之上，不断地向智慧对接、舆论对接、行动对接推进。其中，围绕“五通”的探索是关键所在，而贸易畅通在“一带一路”倡议实现的过程当中起着基础性和关键性的作用，要想建设好“21 世纪海上丝绸之路”就必须彻底解决好贸易畅通的问题。

东盟 10 国作为“一带一路”建设过程当中的重要组成部分，对于“一带一路”的建设推进有很重要的作用。自中国与东盟各国建交以来，形成了较为紧密的全面对话伙伴国、睦邻互信伙伴关系和合作共赢的战略伙伴关系，在此基础之上，中国与东盟签署了《全面经济合作框架协议》和《南海各方行为宣言》。中国是东盟的第一大贸易伙伴，2015 年中国与东盟进出口总额达 4721.6 亿美元。[①] 中国加强与东盟国家的双边贸易具有重大的战略意义和经济利益，有利于创造一个更加紧密的利益共同体，扩展中国国际发展空间，充分利用两者之间的资源优势进行优势互补。在经济“新常态”下，中国经济增速放缓，经济结构发生较大转变，国内和国际上的风险和挑战不断增多。中国要取得进一步发展，需要不断寻求创新驱动和内需驱动，扩大对外开放和加强全方位的国际合作，而加强与东盟

---

① 《中国-东盟经贸合作形势及展望》，http://asean.mofcom.gov.cn/article/o/g/201609/20160901387817.shtml。

国家之间的双边贸易可以促进中国成熟技术的出口，带动东盟国家的经济发展，充分利用两者的市场资源，同时加大中国在国际上的影响力。

随着中国与东盟国家的合作推进，两者之间的贸易互通需求越来越强烈，如何更好地促进彼此之间的经济往来，提高贸易效率成为当下亟待解决的问题，双方都根据自己国情和国际形势提出加强贸易互通的规划建议。正是在这样的国际背景之下，本书研究中国与“海丝”沿线国家的贸易互通关系。鉴于东盟10国的特殊地位及数据的可获取性，在此重点研究中国与东盟10国之间的贸易互通关系，作为中国与“海丝”沿线国家贸易互通关系的代表。在方法上，运用改进的贸易引力模型重估双边之间的贸易关系，从不同的变量视角来分析变量对两者之间贸易关系的影响，并通过研究结果为政府推进“一带一路”建设和与东盟10国之间的贸易互通提出相应的建议。

（二）文献分析

从Tinbergen等人提出贸易引力模型并应用于国际贸易研究以来，贸易引力模型不断地深化和发展，在理论研究和实证研究中都出现了大量的研究成果，同时应用领域也十分广泛。

在国外已有众多文献将贸易引力模型运用到研究当中。Linnemann同样将引力模型引入贸易的计量分析中，第一次对贸易模型结构和变量设计进行较为系统的总结。[①] Fratianni等人运用贸易引力模型研究双边贸易的影响因素，表明两个国家之间的贸易受到语言距离、区域性组织的规模及贸易协定等因素影响。[②] Egger等人也重点考虑地理上的距离对于贸易流量的影响，认为其不能作为地理距离的替代因素。[③] 也有外国学者研究贸易引力模型的使用范围。Walsh采用Hausman-Taylor模型进行分析，研究表明贸易引力模型同时适用于商品贸易和服务贸易，而国民收入水平和语言

---

① H. Linnemann, "An Econometric Study of International Trade Flows," Amsterdam: Holland Publishing, 1966.

② M. Fratianni, H. Kang, "Heterogeneous Distance-elasticities in Trade Gravity Models," *Economics Letters*, 90, (2006): 68-71.

③ P. Egger, M. Pfaffermayr, "The Proper Panel Econometric Specification of the Gravity Equation: A Three-way Model with Bilateral Interaction Effects," *Empirical Economics*, 28, (2003): 571-580.

因素对服务贸易影响最大。[①] Carrere 重点运用贸易引力模型研究规模经济下的运输成本，结果表明贸易安排对贸易流量的影响是不可逆的，降低运输成本有利于福利增加，而选择区域性贸易组织框架下的贸易互通优于多边安排。[②]

在国内，也有大量学者对基础的引力模型加入各种变量，对模型进行扩展应用到不同层面上。在国际层面的研究有：姜书竹和张旭昆对引力模型做适当变换，研究中国与东盟各国双边贸易的影响因素，并测度中国与东盟之间的贸易潜力。[③] 陈汉林、涂艳研究中国-东盟自贸区中国静态总体的贸易转移效应，认为其大大超过贸易创造效应。[④] 陈雯则基于中国的视角研究中国-东盟自贸区的建立对中国贸易的影响，认为中国应当积极倡导建立中国-东盟自贸区。[⑤] 巴达玛详尽论述蒙中两国在历史各个阶段存在的问题，通过贸易引力模型分析了中蒙的自由贸易协定，从中蒙贸易逆差、结构互补等方面展开讨论。[⑥]

在国内层面的研究有：王鹏利用贸易引力模型深入探讨泛珠三角区域经济组织对内地和香港在贸易互通上的影响效果，认为其有正向的积极效应。[⑦] 也有国内学者在产业上引入贸易引力模型，王瑞和王丽萍选取 1992~2009 年的面板数据，运用贸易引力模型研究表明，在双边农产品贸易中，人口、GDP、加入 WTO 和 APEC 均表现为正向效应，而两国之间的贸易距离、人均收入差异等阻碍彼此之间的贸易。[⑧]

---

① K. Walsh, “Trade in Services: Does Gravity Hold?”, *A Gravity Model Approach to Estimating Barriers to Economic Review*, 50, (2006): 223-247.

② C. Carrere, “Revisiting the Effects of Regional Trade Agreements on Trade Agreements on Trade Flows with Proper Specification of the Gravity Model,” *European Economic Review*, 50, (2006): 233-247.

③ 姜书竹、张旭昆：《东盟贸易效应的引力模型》，《数量经济技术经济研究》2013 年第 10 期。

④ 陈汉林、涂艳：《中国-东盟自由贸易区区下中国的静态贸易效应——基于引力模型的实证分析》，《国际贸易问题》2007 年第 5 期。

⑤ 陈雯：《中国-东盟自由贸易区的贸易效应研究——基于引力模型“单国模式”的实证分析》，《国际贸易问题》2009 年第 1 期。

⑥ 巴达玛：《蒙中自由贸易协定可行性分析》，《吉林师范大学学报》（人文社会科学版）2013 年第 3 期。

⑦ 王鹏：《基于引力模型的内地与香港双边贸易流量研究》，《经济经纬》2008 年第 1 期。

⑧ 王瑞、王丽萍：《我国农产品贸易流量现状与影响因素：基于引力模型的实证研究》，《国际贸易问题》2012 年第 4 期。

此外，部分学者将制度因素纳入引力模型的考量范围：田晖和蒋辰春选取中国与31个国家和地区1995~2009年的贸易数据，对贸易引力模型引入Hofstede的国家文化维度，研究发现文化距离对于中国贸易存在两方面的影响，在整体变量上阻碍中国对外贸易，而作为组合变量，则能促进中国对外贸易。[①] 潘镇则将不良制度和制度距离作为隐性贸易成本来源，扩展了引力模型。[②] 魏龙和潘安也引入制度水平，用来测算稀土出口潜力指数，并解释导致稀土贸易摩擦的深层原因。[③] 魏浩等人和谢孟军等人也分别引入制度差距和法律制度等因素进行考量。[④]

随着“一带一路”建设的推进，中国在世界范围内的影响力越来越大，在全球贸易中占据的地位也越来越重要，在这个充满合作和竞争的国际环境当中，及时认清国与国之间的贸易关系和影响因素刻不容缓。众多学者在国际贸易关系当中对贸易引力模型的应用，充分体现了贸易引力模型的可行性。然而在当下的国际环境当中，截至2017年，学者的研究中单纯涉及中国与东盟各国之间贸易互通传统的影响因素的文献较少，而且数据都比较陈旧。为此，本章试图通过贸易引力模型重新审视中国与东盟各国之间的贸易关系，分析相关变量与贸易进出口额之间的影响效应，并寻找影响中国与东盟贸易畅通的重要因素。本章主要创新点体现在：第一，对传统贸易引力模型进行适当扩展，引入是否与中国有共同边界、是否为内陆国等虚拟变量，丰富了中国与东盟贸易互通影响因素的探索；第二，数据主要采用2001~2015年东盟10国与中国的进出口总额、进口额和出口额，数据得到更新，更能够体现研究的时效性；第三，本章通过建立不同方程的广义线性模型，对新引入的变量从进出口总额、进口额和出口额三个方面进行交叉验证，在显示各个变量的作用之外，还能够通过进出口总额之间的对比情况进一步发现研究变量的相关关系，研究更加全面；第四，本章大胆剔除中国的

---

① 田晖、蒋辰春：《国家文化距离对中国对外贸易的影响——基于31个国家和地区贸易数据的引力模型分析》，《国际贸易问题》2012年第3期。

② 潘镇：《制度质量、制度距离与双边贸易》，《中国工业经济》2006年第7期。

③ 魏龙、潘安：《制度水平、出口潜力与稀土贸易摩擦——基于贸易引力模型的实证分析》，《世界经济研究》2014年第10期。

④ 魏浩、何晓琳、赵春明：《制度水平、制度差距与发展中国家的对外贸易发展——来自全球31个发展中国家的国际经验》，《南开经济研究》2010年第5期；谢孟军、郭艳茹：《法律制度质量对中国对外直接投资区位选择影响研究——基于投资动机视角的面板数据实证检验》，《国际经贸探索》2013年第6期。

经济总量这一影响因素，同时通过东盟各国的经济总量和人均国民生产总值对核心变量进行回归验证，更加显著体现东盟各国的经济变化程度。

二 理论模型与数据说明

以下将运用贸易引力模型来分析中国与东盟 10 国之间的双边贸易关系。贸易引力模型是当前研究两国之间贸易关系的重要工具之一，已经在贸易研究等领域得到广泛的应用，并取得较好的效果。万有引力定律认为，两个物体之间相互作用的引力，一方面跟它们自身的质量成正相关，另一方面又与它们之间的距离成反比。Tinbergen 和 Poyhonen 将万有引力定律应用在国际贸易研究当中，首先提出贸易引力模型。他们认为两国之间的贸易关系的相互作用与两个物体的相互作用相似，与双方各自的经济总量呈正相关关系，而与两国之间的距离呈负相关关系。根据他们提出的模型理论，可将贸易引力模型的公式写作：

$$T_{ij}=\frac{AGDP_iGDP_j}{D_{ij}} \tag{6-1}$$

式中，T_{ij}表示两国之间的贸易流量；A 为常数项；GDP_i 和 GDP_j 分别表示两国的经济总量，一般指两国的国内生产总值；D_{ij}表示两国之间的物理距离。该模型认为，两国之间的贸易总量与国内生产总值成正比，如果一个国家拥有较大的经济总量，就意味着这个国家有更大的潜在消费需求和国际贸易需求；另外，该模型还认为，两国之间的贸易往来与两国的物理距离成反比，距离越大，两国的贸易阻力越大，产生相互贸易的可能性越低。为了便于研究，该模型一般转化为公式：

$$\ln tl=\beta_0+\beta_1\ln gdp_i+\beta_2\ln gdp_j+\beta_3\ln d_{ij}+\mu_{ij} \tag{6-2}$$

式中，tl 为两国的进出口总额，gdp_i 和 gdp_j 分别表示两国的国内生产总值，d_{ij}表示两国经济中心的距离，β_0 为常数项，μ_{ij}为其他扰动因素。

贸易引力模型具有被广大学者认同的理论基础和经验基础，并可根据不同研究领域问题的需要对该模型进行扩展和修正，表现为两个方面：一方面是对模型进行扩展，引入内生变量和虚拟变量，另一方面是将该模型应用在不同的研究领域，用不同视角验证贸易引力模型。同样，本书在“一带一路”的大背景之下，结合中国与东盟 10 国之间的贸易实际情况，对贸易引力模型做如下 4 个方面的扩展和修正。

第一，除了保留原来贸易引力模型的变量之外，本书还引入了人口因素变量。根据经济增长理论，一国的经济增长主要受资本、劳动、技术进步、企业家才能和制度等方面的影响。在经济增长中，人力资本具有受益递增的特点，在这个过程当中的作用举足轻重，拥有适度的人口，能够为生产能力提供源源不断的劳动力，在不断地竞争中能够提供较为优质的劳动力，使不同企业家的才能得到充分的发挥，对生产要素进行创新性的组合，提供经济效益。同时，一国的人口不仅是贸易产品的提供方，也是贸易产品的需求方，一个国家拥有数量较多的人口，意味着本国的潜在需求越大，越有利于国家制定适宜的经济策略，刺激商品需求，影响商品之间的贸易。但是从另一个角度上来说，一个国家如果人口数量较大，而本国经济发展还相对落后，那么这个国家将碰到诸如粮食短缺、土地资源不足等各方面的约束，给经济的增长带来一定阻力，同时较大的人口数量可能还会导致劳动力的素质、技能和劳动力结构之间的不协调，管理者对经济政策的调整难度更大。严重的话，不能解决自身生存问题的人口太多，会导致社会动乱等治安问题，从而影响一个国家的政治稳定，最终影响该国与各国之间的贸易往来。可以看到，人口在两国的贸易当中起着相互矛盾的作用，在促进两国相互贸易的同时又能加大彼此之间的阻力。本书从这个角度引入人口因素，以期能够看到人口在两国之间的贸易作用大小。

第二，汇率指的是用一国的货币表示为另一个国家的货币价格。在国际金融市场上和国际贸易中作为货币转换的工具，汇率的变动意味着两国双边贸易的成本发生变动，对两国的贸易影响不言而喻。首先，汇率的变动会影响两国之间产品相对价格的变化，从而影响两国的双边贸易，本国货币贬值引起本国产品相对价格下降，这将提高本国产品的出口竞争力，但同时不利于本国的进口。同时，商品价格变化的程度与汇率变化的程度不同也将引起需求弹性的变动。其次，汇率的变动会影响国民收入，本国货币升值，意味着本国货币相对于国外货币来说具有更强的购买力，在自由贸易中，会刺激本国对国外产品的大量需求。最后，汇率的变动也会令贸易收支差额发生变动，进而引起本国外汇储备的变动，这样就使本国在货币政策上进行调整，最终影响国内实际货币余额的变动，导致贸易收支情况的变动。因此本书同样纳入汇率因素，研究汇率对双边贸易的综合影响。

第三，本书把是否为内陆国、是否与中国有共同边界作为虚拟变量。内陆国指的是没有海岸线的国家，也可以说周围是由陆地领土包围的国家。拥有海岸线的国家比内陆国有较为丰富的海运资源，特别是早期，拥有海岸线的国家与其他国家之间的政治、经济和文化交流会比较多，能够在早期积累大量的贸易经验，建立牢固的贸易关系。而内陆国，交通是其进行对外贸易的最大阻力，同时通过其他国家的陆地交通与更远的国家进行贸易会进一步加大交易成本。而与中国是否为邻近国家则反映了中国与该国贸易的便利性和时效性。两国距离较近，会拥有更好的信息优势，能够比较容易获取彼此之间的不对称信息，同时由于地理上相邻，两国在经济文化上的差异不会太过显著，易于交流和沟通。另外，邻近国家之间在早期已积累了一定的交易经验，各方的供给需求比较清晰，避免了贸易摸索过程。因此，本书同样将这两个因素纳入考量的范围。

第四，贸易政策指一国政府为了某种目的而制定的、对外贸活动进行管理的方针和原则。随着信息化和国际化程度的不断加深，贸易政策对两国之间的贸易往来所起的所用也越来重要。因此，本书同样选取“亚太经合组织”“亚洲开发银行”作为贸易政策的虚拟变量。

亚太经合组织的主旨是推动区域贸易投资自由化，保持经济的增长和发展；促进成员间经济的相互依存；加强开放的多边贸易体制；减少区域贸易和投资壁垒，维护本地区人民的共同利益。

亚洲开发银行是一个区域性政府间金融开发机构，主要目的是促进亚洲及太平洋地区发展中成员经济和社会发展。亚洲开发银行通过开展政策对话、提供贷款、担保、技术援助和赠款等方式支持其成员，在每个成员的经济建设中的作用也逐渐增强，成员之间的交流和对话也通过该组织而进一步加深。

两国同属于一个贸易集团，在政策上和经济上都能获得该组织成员之间的支持，使两国之间贸易阻力减小，并且在一些风险和问题的处理上有一个共同标准，能够减少摩擦，使贸易效率更高。另外，属于同一个贸易集团，成员之间可以基于该集团提供的框架进行更多的交流合作，促进两国贸易。因而本书也将“贸易安排”作为一个虚拟变量，验证这个虚拟变量在中国与东盟 10 国贸易往来中的作用。

同时站在中国自身的视角，本书将中国的贸易总量这一影响因素剔除，单纯考虑东盟各个国家贸易总量所产生的影响，希望可以更加凸显东盟各个国家 GDP 造成的贸易效应。

综上所述，本书将贸易引力模型扩展为：

$$\ln tl=\beta_0+\beta_1\ln gdp_j+\beta_2\ln d_{ij}+\beta_3\ \mathrm{er}_{ij}+\beta_4 cb+\beta_5 ld+s_i \tag{6-3}$$

或者为：

$$\ln tl=\beta_0+\beta_1\ln argdp_j+\beta_2\ln pop_i+\beta_3\ln pop_j+\beta_4\ln d_{ij}+\beta_5\mathrm{er}_{ij}+\beta_6 cb+\beta_7 ld+s_i \tag{6-4}$$

式中，$\mathrm{ar}gdp_j$ 表示各国的人均国内生产总值，pop_i 和 pop_j 表示两国的人口数量，er_{ij}表示 1 美元兑换的本国货币，cb 表示是否与中国为邻国，ld 表示是否为内陆国，s_i 表示贸易政策，s_1 表示两国同属于亚太经合组织，s_2 表示两国同属于亚洲开发银行。其中，因变量 tl 表示中国与东盟 10 国的贸易流量，包括进出口总额 tr、出口额 x 和进口额 m。

第三节　中国与“海丝”沿线国家的贸易数据分析

一　数据来源与指标说明

本书选取了 2001~2015 年中国与东盟 10 国之间的贸易流量和扩展贸易引力模型所涉及的相关变量。东盟 10 国包括印度尼西亚、文莱、新加坡、柬埔寨、泰国、缅甸、老挝、菲律宾、越南、马来西亚。相关数据的说明及来源归纳如表 6-1 所示。

表 6-1　变量符号及数据来源说明

变量符号	变量解释	说明	数据来源
gdp_j	各国的国内生产总值	代表东盟各国的供给能力和需求能力，经济规模总量越大，潜在的进口需求和出口供给能力越强，进出口贸易量也越大	中国国家统计局

续表

变量符号	变量解释	说明	数据来源
$argdp_j$	各国人均国内生产总值（美元）	代表东盟各国的经济发展水平，对中国进口需求随人均收入的增长而增长	中国国家统计局
pop_i	中国的人口总数（人）	代表中国潜在需求，中国对外的进口需求随人口数量增加而增加	中国国家统计局
pop_j	各国的人口总数（人）	代表各国潜在需求，中国向各国的出口随人口数量增加而增加	中国国家统计局
er_{ij}	单位美元代表的本币（贸易双边汇率）	代表本国产品相对于外国产品的价格，汇率升高，本国产品竞争力降低，促进进口，抑制出口	EPS数据库
d_{ij}	两国经济中心的绝对距离（千米）	代表交通运输成本的高低，距离越大，贸易阻力越大，贸易量会受到影响	CEPII（http://www.cepii.fr/）
ld	虚拟变量：是否为内陆国，是取1，否则取0	内陆国家对外交流及贸易均相对不利，不利于对外贸易	CEPII（http://www.cepii.fr/）
cb	虚拟变量：是否拥有共同的边界，是取1，否则取0	双方拥有共同边界时，交通便利，信息更为对称，有利于双边贸易	CEPII（http://www.cepii.fr/）
s_i	虚拟变量：当两国属于同一贸易集团时取1，否则取0	i=1表示两国属于亚太经合组织，i=2表示两国属于亚洲开发银行。当双方属于同一贸易集团时，会产生贸易创造和转移效应，促进贸易	国泰安数据库
$\ln tr$、$\ln x$、$\ln m$	进出口总额、出口总额、进口总额（美元）	代表中国与东盟10国的贸易互通	中华人民共和国海关总署

二　实证结果分析

在东盟10国中，每个国家的详细情况各不相同，每个国家与中国之间的贸易受到各国自身差异的影响，因此本书选用相应的CSW（cross-section weights）对模型进行分析，同时为了更加全面地分析扩展贸易模型的应用，笔者分别对中国与东盟各国之间的贸易进出口总额、进口额和出口额做了一次回归分析，并将方程变量的引入做了交叉代入，使结果更加具有准确性。由于传统的线性模型不能有效地处理诸如是否为内陆国、是否与中国有共同边界，以及是否与中国同属于一个贸易集团等虚拟变量，本书将采用广义线性模型对面板数据进行回归分析。广义线性模型是离散的，也可以是连续的，能够较好地处理虚拟变量在模型当中的作用。回归分析的结果如表 6-2 所示。

表 6-2　中国与东盟 10 国贸易畅通引力模型回归分析结果

	A	B	C
变量	lntr_gls	lnx_gls	lnm_gls
lngdp_j	1.149331*** (11.88)	1.205953*** (25.18)	
lnargdp_j			1.689065*** (22.12)
lnpop_i	14.25414*** (6.01)		
lnpop_j	0.888317*** (12.41)	-0.5526386*** (-9.29)	1.415682*** (20.08)
lnd_{ij}	-0.7775153*** (-3.16)	-1.43688*** (-5.49)	-1.449892*** (-5.31)
er_{ij}		0.000047***	-0.0000319*** (-3.32)
cb	0.2001881** (2.47)		0.4989713*** (4.21)
ld		-1.218526*** (-5.46)	0.6448934** (3.12)
s_1	0.2725512***	(1.16)	0.0694522 (0.33)
s_2	1.956087*** (8.72)	3.582182*** (12.52)	0.8067314** (2.76)
常数项	-96.59624*** (-5.41)	-6.987986*** (-3.64)	5.453437** (2.67)
观测数	150	150	150

注：*、**、*** 分别表示测算结果在 0.1、0.05、0.01 的水平下显著，括号内为 Z 值。

回归分析的结果显示，各个变量都能够得到较为显著的效果，该结果表明所得到的结论与传统的国家贸易理论模型结果一致：在两国的双边贸易中，一个国家的国内生产总值对两国的进出口贸易起到促进的作用；另外，作为另一个核心变量，两国经济中心的距离 d_{ij}，代表两国贸易成本的重要组成部分，对两国的贸易畅通起阻碍的作用。

从其他变量的结果上看，中国与东盟国家的人口规模 pop_{ij} 对双方贸易起到不同的影响效应，促进中国的进出口总额和进口额，但是抑制中国的出口额；各国相对于美元的汇率 er_{ij} 在与中国的贸易中所起的作用不一样；虚拟变量 cb（是否与中国有共同边界）结果显示为正，即拥有共同边界对双边贸易起促进作用。虚拟变量 ld（是否为内陆国）在进出口上的表现不同，中国的出口显示为负，进口显示为正，即该国属于内陆国反而抑制中国出口，但是利于中国进口。虚拟变量 s_i（是否与中国同属于一个贸易集团），拥有较为便利的贸易优势和优惠，促进双边贸易。

从显示的具体结果分析。方程 A、方程 B 和方程 C 分别从不同角度说明东盟各国的国内生产总值对东盟各国与中国贸易的影响情况。方程 A、方程 B 直接采用东盟国家的 GDP 对数据进行回归分析，显示系数为正，这意味着东盟各国国内经济规模对于双边贸易具有促进的作用。方程 C 则表明东盟国家的人均国内生产总值 $\mathrm{ar}gdp_i$ 能有效促进中国的进口额。方程 A、方程 B、方程 C 同时也从中国与东盟国家的进出口总额、进口额和出口额三个方面表明，国内生产总值作为贸易引力模型的核心变量，对双边贸易的影响显著为正，一个国家的国内生产总值越大，则供给能力和需求能力越强，更有动力在国际市场上寻求更大的发展，因而促进该国的贸易。

同样，方程 A、方程 B、方程 C 也共同体现了作为两国之间贸易互通的重要因素，即两国经济中心的绝对距离在双边贸易当中的作用，该系数为负，表明两国之间的距离越大，越不利于两国之间的贸易畅通。距离代表着两国在贸易过程中的运输成本，距离越远，运输成本越高，特别是一些薄利产品，受到成本的影响就更大，会阻碍该类产品的交易。另外，有些物品不适合长途运输，如果运输距离过长，就直接否定了这类物品的交易可行性。而距离越长，也可能导致文化和制度距离越远，交易阻碍也就越大，两国之间的贸易量也就越低。

对于引入的另一重要变量，即人口总数，笔者却发现一个比较意外的结果。从方程 A 看中国人口总数对双边贸易的影响，结果系数为正，也就是说，在中国的进出口总额上，中国人口的增长意味着较大的贸易需求量和贸易可能性，能够促进中国与东盟各国之间的贸易往来。而东盟各国人口的增长在贸易中所起的作用不同，在中国与东盟国家的进出口总额和进口额中，即方程 A 和方程 C 显示的系数为正，人口数量的增加能够有效促进中国的进出口总额和进口额，但方程 C 显示人口数量的增加反而抑制了中国的出口额。这可能是由于随着本国人口的增加，政府将政策更偏向于国内的产品消费供给，促进国内供需的解决，而不是寻求国外的产品需求。

方程 B、方程 C 主要体现东盟各国汇率对中国贸易进出口的影响，在中国的进口额中显示系数为负，在中国的出口额中显示系数为正，也就是说，汇率的提高将抑制中国的进口额，促进中国的出口额。汇率作为两国进行双边贸易的转换媒介，当东盟各国的汇率提升时，意味着中国产品的价格更低，中国货币更不值钱，购买能力降低，这也导致了中国产品在国际市场上更具有竞争力，而购买国外产品的需求降低，总体上对中国的进口额具有负效应，对中国出口额具有正效应。

方程 A、方程 C 表示东盟各国中与中国相邻的国家对中国的双边贸易的影响，结果显示系数均为正，说明与中国有共同边界的国家能在一定程度上促进中国与该国之间的相互贸易。两个国家拥有共同边界，则两国之间的空间距离较短，两国之间的运输成本较低。另外，由于两国相邻近，在历史上有千丝万缕的联系，两国企业家之间的交流会更多，在彼此之间的商贸中有更多的情感成分，可以从多方面促进两国之间的双边贸易。

方程 B、方程 C 表示某一国是否为内陆国对中国贸易的影响，该结果表明，对于内陆国来说，有利于中国的进口，但是不利于中国的出口。作为一个内陆国家，没有海岸线，在运输上具有明显的劣势，自身的经济发展会受到很大程度的限制。这样的国家一般来说，产品价格低廉，更倾向于将本国产品出售到国外的市场以获得更多利润，但是没有足够的消费需求从中国购买相应的产品。

最后，如果中国与东盟同属于一个贸易集团，则方程 A、方程 B、方程 C 的系数为正，表明同属于一个贸易集团能够促进两国之间的贸易畅通。在同一个贸易框架之下，双方有更多的机会进行沟通，一方面，这会促进更多的成员之间的合作；另一方面，在发生争端之时又能够通过这个贸易平台得到合理解决，使贸易效率得到提高。另外，中国与东盟各国同属于亚太经合组织，又同属于亚洲开发银行，各个国家能够从中获得本国所需要的资金等各方面资源的相互流通和帮助，使彼此之间的贸易互通成为可能，从而促进两国之间的贸易畅通，提高双边贸易。

三　结论与启示

本章通过对传统的贸易引力模型进行扩展，引入人口、汇率、是否为内陆国、是否与中国有共同边界和是否同属于一个贸易集团等多个重要的相关变量，对2001~2015年中国与东盟10国的进出口总额、进口额和出口额进行广义线性回归分析，重新审视了在这样的视角之下，各个变量对中国与东盟国家双边贸易畅通的影响。结果表明：作为贸易引力模型核心变量，各国的国内生产总值和两国经济中心之间的绝对距离对贸易的影响与传统国际贸易理论一致，更高的国内生产总值促进两国的贸易，而较远的物理距离则抑制双边的贸易畅通；东盟各国人口的增加，可以促进中国的进出口总额和进口额，但是同时会抑制中国的出口额；汇率的变动会引起国内商品和收入的变动，东盟国家汇率的提高将抑制中国的进口额，促进中国的出口额；与中国拥有共同边界的国家有利于两国之间的贸易；内陆国对中国的出口有抑制作用，对中国的进口有促进作用；与中国同属于亚太经合组织和亚洲开发银行都有利于中国与该国之间的双边贸易。

中国与东盟10国之间的贸易畅通是“一带一路”建设的重要组成部分，中国与东盟10国的经济互通在“一带一路”建设过程中起到引领和指示的作用。本章从各个角度，运用扩展的贸易模型再次验证影响中国与东盟10国双边贸易的因素，对双方的贸易畅通有重要的指导作用。

第一，借力中国-东盟自由贸易区的建设，辐射“一带一路”沿线其他国家。中国与东盟10国之间的双边贸易的不断加强，对全球公正、自由的贸易和全球化均衡发展起到示范作用，能够形成以中国和东盟10国为中心的辐射区域。中国与东盟10国在建设“一带一路”的过程当中，一方面能够不断深化彼此之间的交流和合作，促进自身经济的发展，减少对欧美等市场的依赖，另一方面又能在合作过程中继续加深中国与其他国家之间的贸易畅通，利用与东盟各个国家的贸易优势和贸易经验，以点带面扩展经济合作范围，提高中国的国际影响力。

第二，加强产业结构调整，深化各方面的自由贸易。中国与东盟10国的贸易主要是产业内贸易，两者之间的贸易互通开始转型为附加值较高的制成商品，双边的贸易不断向产业内贸易转变，资源的整合使双方能够在交流合作之中互补互益，在这样的背景之下，中国要不断深化产业结构调整，对于拥有较为明显优势的产品要保持自身的国际竞争力，在此基础之上不断提高。同时注重中国与东盟国家之间产品的优势互补，加强彼此之间的短板合作，提高贸易效率，使两国之间的贸易效益达到最大化。

第三，促进双边贸易的基础设施建设。双方拥有便利的交通方式、完善的基础设施、优质的贸易服务，能够有效推进双方的贸易互通。首先，中国应该把东盟10国当中参与“一带一路”建设热情高、与中国拥有丰富的贸易经验和较好贸易合作基础的国家置于重点发展地位，注重与这类国家的交流合作，以期能够把彼此之间的合作共赢作为样板和示范，推动其他国家的积极参与；积极建设跨境的交通设施，使全程的运输协调机制得到不断改进和完善，加强通信、互联网等基础设施的建设，尽可能地降低双边贸易的交易成本和运输成本，提高通关能力和贸易效率，形成信息共享。

第四，加强政治互信、推动文化交流。政治互信是中国与东盟国家贸易畅通的重要保障，拥有友好的合作关系，才能开展深层次的对话和磋商。加强领导层的对话，能够使中国和东盟国家关系更加紧密，更有利于化解彼此之间的贸易冲突，改善地缘政治环境，为自由贸易提供一个更加安全和谐的合作环境，进一步促进亚太地区的和平稳定与合作共赢。中国应加强与东盟国家之间深层次的文化交流，使彼此之间拥有一个良好的文化沟通平台，加强留学生的人才交换、旅游文化的宣传，打造文化交流平台，举办形式多样、内容丰富的文化论坛，展示中国优秀的传统文化，既能让东盟国家有一个良好的渠道了解和认识中国，又能够使中国对东盟各国有更全面的认知。

第四节 基于EM算法的分位贸易引力模型的分析

上一小节通过拓展模型的自变量的方式对中国与“21世纪海上丝绸之路”沿线的东盟国家的贸易问题进行了研究。虽然在传统引力模型的基础上已经进行了拓展和更完备的考虑，但由于外部世界的复杂性，总有一部分变量无法完全纳入到引力模型当中。因此，本节把EM算法纳入引力模型，通过隐变量的设置把其他未尽的因素考虑进来，从而达到更精确刻画现实世界的目的。此外，本节一共选取包含“一带一路”沿线国家及其他发达经济体的45个国家的数据，以期在更宏大的视角下，考察“21世纪海上丝绸之路”沿线国家的贸易情况。

一 研究背景与文献综述

（一）研究背景

经济全球化和贸易自由化已经成为世界经济发展的主潮流，世界经济发展规模越发达，国家与国家（地区）之间的贸易规模越大，贸易程度也更深。据2018年发布的《世界贸易投资报告》估算，2017年全球贸易出口额为17.3162万亿美元，较上年相比增长10.5%，这是自2011年以来上涨幅度首次突破10%。其中，2013年提出的“一带一路”倡议推动了沿线国家对外贸易的发展。《“一带一路”贸易合作大数据报告（2018）》的数据显示，2017年“一带一路”沿线国家对外贸易总额为9.3万亿美元，占全球贸易总额的27.8%。在此背景下，对国际双边贸易的研究显得尤为重要。在对外贸易的研究中，贸易引力模型的理论基础不断地得到完善，众多学者已经在经济学的基础上验证了贸易引力模型的合理性，Deardorff[①]、Bergstrand[②]、

① A. V. Deardorff, “Determinants of Bilateral Trade: Does Gravity Work in a Neoclassical World?” National Beaurean of Economic Research, 1995: 7-32.

② J. H. Bergstrand, “The Gravity Equation in International Trade: Some Microeconomic Foundations and Empirical Evidence,” *Review of Economics and Statistics*, 67, (1985): 474-481.

Evenett 和 Keller① 等众多学者都验证了该模型在国际贸易问题中的适用性和实用性。众多学者的研究都是在贸易引力模型上添加或者删减解释变量，用来研究各变量对贸易的影响。例如，方英和马芮②、Didier③ 的文章认为贸易引力模型存在未观测数据的情况，即存在隐变量，并且已有的实证研究文献中参数的估计基本上都是不考虑隐变量情况而直接采用最小二乘法进行参数估计，这样得出的结果存在偏误。另外，回归模型是在平均意义上的研究，这些结果不能全面地反映双边出口贸易额，不能有效揭示双边出口贸易额在不同水平的受影响程度。

基于以上原因，本节选取了包含 22 个“一带一路”沿线国家在内共 45 个国家的双边出口贸易数据，在贸易引力模型的基础上引入考虑隐变量的分位回归的思想，从而分析国家间距离和国家经济规模对双边出口贸易额在不同分位点的影响。EM 算法在存在隐变量的问题中具有计算简便、估计结果性质优良的优点，因此结合 EM 算法对分位贸易引力模型的参数进行估计，对数据进行实证分析。

（二）文献综述

Tinbergen 和 Poyhonen 提出贸易引力模型，该模型的基本理论是指一国与另一国的贸易流量与两国各自的经济规模成正比，并且与两国之间的距离成反比。该模型得到广泛应用，得益于其具有经济理论基础，如 Deardorff 基于 H-O 模型从无摩擦贸易和有摩擦贸易两方面推导了贸易引力模型，④ Evenett 和 Keller 分别从李嘉图模型、H-O 模型、规模报酬模型、IRS 模型四个方向推导出了贸易引力模型。⑤ 随后，贸易引力模型成为研究各国对外贸易的一种流行工具。在关于出口贸易的分析中，众多学者利用

① S. J. Evenett, W. Keller, “On Theories Explaining the Success of the Gravity Equation,” *Journal of Political Economy*, 110, (2002): 281-316.

② 方英、马芮：《中国与“一带一路”沿线国家文化贸易潜力及影响因素：基于随机前沿引力模型的实证研究》，《世界经济研究》2018 年第 1 期。

③ L. Didier, “Economic Diplomacy: The ‘One-China Policy’ Effect on Trade,” *China Economic Review*, 48, (2018).

④ A. V. Deardorff, “Determinants of Bilateral Trade: Does Gravity Work in a Neoclassical World?” National Beaurean of Economic Research, 1995: 7-32.

⑤ S. J. Evenett, W. Keller, “On Theories Explaining the Success of the Gravity Equation,” *Journal of Political Economy*, 110, (2002): 281-316.

贸易引力模型进行分析，这些研究都验证了距离和国家的经济规模对出口贸易存在显著影响，并且更多学者采取在贸易引力模型基础上增加解释变量的方法进行研究。关于新增加的解释变量可以分为两大类：一类是逻辑性的变量，如贸易便利化、人口、价格、贸易壁垒、经济距离、技术距离等，另一类是外延型的变量，如是否拥有共同语言、是否具有共同边界、是否缔结区域贸易优惠协定、是否为内陆国等。张萌和张宗毅就优惠贸易制度安排、是否具有共同边界、是否为环海国家3个虚拟变量对中国农机产品出口贸易流量的影响进行分析，并得到3个因素对中国农机产品出口贸易流量具有显著影响的结论；[①] 方英和马芮对2011~2015年中国与“一带一路”沿线64个国家的文化产品出口贸易流量进行分析，证明了自由贸易协定、关税、人口是影响文化产品出口贸易流量的显著变量。[②] 以上研究都验证了距离和两国经济规模对贸易产生了显著影响。如果再加入其他影响因素对贸易引力模型进行分析，这些不可观测的因素则被纳入随机扰动项，并采用传统最小二乘法进行估计，这会导致模型的估计存在偏差。[③] 同时，贸易引力模型是以“均值”这一理念进行分析，不能体现解释变量在不同分位点的影响，而分位回归模型是在线性关系假设的前提下，采用残差加权绝对值之和最小化的规则，得到模型在任意分位点处的回归结果。其分析结果表明分位回归模型可以在误差项不满足正态分布时依旧是稳健的，并且在该情况下构造的检验统计量更加具有有效性。[④] 因此本节在贸易引力模型的基础上结合分位回归的理论框架，构建分位贸易引力模型，研究解释变量在不同分位点对贸易出口额的影响。

在使用分位贸易引力模型进行分析时，参数估计的方法会决定该分析是否有效。在针对分位回归模型参数估计的研究中，Kottas 和 Krnjajiĉ 通过在分位回归模型中应用独立 Dirichlet 过程，结合马尔可夫链蒙特卡洛方法

① 张萌、张宗毅：《我国农机产品出口贸易流量及潜力——基于引力模型的实证分析》，《国际贸易问题》2015年第6期。

② 方英、马芮：《中国与“一带一路”沿线国家文化贸易潜力及影响因素：基于随机前沿引力模型的实证研究》，《世界经济研究》2018年第1期。

③ S. Armstrong, “Measuring Trade and Trade Potential: A Survey,” *Asia Pacific Economic Papers*, 2007.

④ R. Koenker, G. Bassett, “Tests of Linear Hypotheses and L1 Estimation,” *Econometrica*, 50, (1982): 1577-1583.

（MCMC）进行后验概率密度推断，最终提出贝叶斯半参数分位回归模型以及其参数估计量。① 曾惠芳等人选择非对称 Laplace 分布的似然函数和 MH 算法对分位回归模型进行模拟，以期解决高维数值积分问题，而 MH 算法需要给定分布 π 来设计马尔可夫链，这两个方法中马尔可夫链需要静态分布，因而都会加大模型的计算难度。② 马学俊和何晓群提出了 K 近邻分位回归模型，而该方法在待估函数的跳跃点较多或者突变点较多的情况下进行参数估计才会具有优势。③ Zhao 和 Lian 采用回归样条的方法对分位回归进行局部拟合，并且验证了其收敛的性质，但是该方法适用于局部拟合。④ 晏振和田茂再基于 MCEM 算法对分位回归模型进行分析，该算法是在 EM 算法中对步骤 E 进行简化的方法，但是该算法主要适用于被解释变量存在删失数据的情况。⑤ Zhao 等人采用逆概率权重的方法对分位回归进行分析，但是该方法适用于响应变量存在非随机的删失数据的情况。⑥ 程豪和易丹辉在分位回归模型的基础上加入偏最小二乘算法，该方法具有不要求数据分布和数值计算客观等优点，但其缺点是并不能解决隐变量存在的隐患。⑦ 尽管上述方法都取得了一定的成功，但是其方法都有一定的适用条件。而本节是基于贸易引力模型未考虑存在隐变量的前提，上述研究方法都不适用。Tian 等人提出了采用 EM 算法进行线性分位回归模型参数估计的方法，该方法不仅考虑了模型存在隐变量的情况，并且 EM 算法计算简单。⑧ 基于以上原因，本节在贸易引力模型的基础上引入分位回归的理论框架，同时为了解决存在隐变量的问题，采用 EM 算法进行参数估计，对解释变量的影响

---

① A. Kottas, M. Krnjajić, “Bayesian Semiparametric Modelling in Quantile Regression,” *Scandinavian Journal of Statistics*, 36,（2009）: 297-319.

② 曾惠芳、朱慧明、李素芳、虞克明：《基于 MH 算法的贝叶斯分位自回归模型》，《湖南大学学报》（自然科学版）2010 年第 2 期。

③ 马学俊、何晓群：《基于 Monte Carlo 模拟比较 K 近邻和局部线性分位数回归》，《数学的实践与认识》2014 年第 17 期。

④ W. H. Zhao, H. Lian, “Local Asymptotics for Nonparametric Quantile Regression with Regression Splines,” *Statistics and Probability Letters*, 117,（2016）: 209-215.

⑤ 晏振、田茂再：《删失线性分位回归模型的 MCEM 估计及应用》，《系统科学与数学》2016 年第 2 期。

⑥ P. Y. Zhao, N. S. Tang, D. P. Jiang, “Efficient Inverse Probability Weighting Method for Quantile Regression with Nonignorable Missing Data,” *Statistics*, 2,（2017）: 363-386.

⑦ 程豪、易丹辉：《基于分位回归的偏最小二乘算法的应用》，《统计与决策》2019 年第 2 期。

⑧ Y. Z. Tian, M. Z. Tian, Q. Q. Zhu, “Linear Quantile Regression Based on EM Algorithm,” *Communications in Statistics-Theory and Methods*, 43,（2014）.

进行分析。以下将介绍本节模型的构建以及参数估计的算法实现。

二 模型构建与算法实现

（一）模型构建

贸易引力模型是将自然物理学科中的万有引力定律应用到经济分析中，研究距离、两个国家的经济规模这三个变量对贸易额的影响，贸易引力模型为：

$$Y_{ij}=C\frac{x_i x_j}{d_{ij}} \tag{6-5}$$

其中，Y_{ij}表示 i 国对 j 国的贸易额；i 国为出口国；j 国为进口国；C 为常数；x_i 和 x_j 分别为 i 国和 j 国的经济规模，通常用出口国和进口国的 GDP 表示；d_{ij}表示 i 国与 j 国间的距离。将上式转化为线性的对数形式并添加误差项构成线性回归模型：

$$\ln Y_{ij}=\beta_0+\beta_1\ln x_i+\beta_2\ln x_j+\beta_3\ln d_{ij}+\varepsilon \tag{6-6}$$

式（6-6）即为本节的贸易引力模型，为与实证部分符号统一，将式（6-6）中的解释变量统一用 x 来表示，即 $x_i=[1, x_{1,i}, x_{2,i}, x_{3,i}]^T$，$x_{1,i}$ $x_{2,i}$，$x_{3,i}$分别代表式（6-6）中的 $\ln x_i$、$\ln x_j$ 和 $\ln d_{ij}$，即出口国经济规模、进口国经济规模和两国间距离；用 y_i 代表 $\ln Y_{ij}$，即样本国双边贸易出口额，$\beta=[\beta_0, \beta_1, \beta_2, \beta_3]^T$，$\beta_p=[\beta_{0,p}, \beta_{1,p}, \beta_{2,p}, \beta_{3,p}]^T$ 为参数 β 的 p 分位，即本书要分析的参数。式（6-6）写成：

$$y_i=x_x^T\beta+\varepsilon \tag{6-7}$$

其分位数函数为：

$$Q_p(Y|X)=X\beta_p+\varepsilon \tag{6-8}$$

依据分位回归理论式（6-8）参数的估计问题转化为对下式的求解问题：

$$\begin{gathered}\operatorname{argmin}\frac{1}{n}\sum_{i=1}^{n}\rho_p(Y-X\beta_p)\\ \begin{cases}\rho_p(Y-X\beta_p)=p(Y-X\beta_p), if Y-X\beta_p>0\\ \rho_p(Y-X\beta_p)=(1-p)(Y-X\beta_p), if Y-X\beta_p\leqslant 0\end{cases}\end{gathered} \tag{6-9}$$

式（6-9）中 ρ_p 表示损失函数，在零处不可微，因此不能直接求解最小值，本节对该问题采用的方法是令误差项服从非对称拉普拉斯分布。针对模型中残差项部分，常用的方法有 AEPD（Asymmetric Exponential Power Distribution）、AST（Asymmetric Student-t Distribution）和 ALD（Asymmetric Laplace Distribution），而 AEPD 和 AST 中参数相较于 ALD 更多，AEPD 和 AST 需要提前设定参数来控制分布的偏度和厚尾性，而 ALD 只包含两个参数，并且参数都有有限的中心矩，计算比较方便，并且具有明确的经济意义。Yu 和 Moyeed 提出残差项服从 ALD 后对参数进行极大似然求解，[①] 就等价于对式（6-9）求解。因此，令残差项服从 ALD，为考虑更一般的情况，在误差项加入尺度参数，式（6-7）转换为下式：

$$y_i = x_i^T\beta_p + \sigma\varepsilon_i \tag{6-10}$$

$$\varepsilon_i = \theta z_i + \tau\sqrt{z_i\mu_i} \tag{6-11}$$

σ 为误差项 ε_i 的尺度参数，假定 ε_i 是服从独立同分布的，并且其 p 分位数为零。$\theta=\dfrac{1-2p}{p\ (1-p)}$，$\tau^2=\dfrac{2}{p\ (1-p)}$，z ~ exp（1），令变量 $v_i=\sigma z_i$，并且该变量服从参数为 $\dfrac{1}{\sigma}$ 的指数分布，变量 u_i 服从标准正态分布，并且假设 z_i 与 u_i 两个变量相互独立。变量 z_i 实际上就是分位贸易引力模型中的隐变量的表达，则式（6-10）和式（6-11）可以写为下式：

$$Y = X\beta_p + \theta V + \tau\sqrt{\sigma VU} \tag{6-12}$$

综上，可以得到以下分层模型：

$$\begin{cases} Y \mid V = X\beta_p + \theta V + \tau\sqrt{\sigma VU} \mid V \sim N(X\beta_p + \theta V, \tau^2\sigma V) \\ V \sim Exp\dfrac{1}{\sigma} \end{cases} \tag{6-13}$$

式（6-13）即为分位贸易引力模型，式（6-9）为其参数估计模型，下面使用 EM 算法进行参数估计。

---

① K. Yu, R. Moyeed, "Bayesian Quantile Regression," *Statistics & Probability Letters*, 54, (2001): 437-447.

（二）算法实现

分位回归模型不仅能描述解释变量在各分位点对贸易的影响，展示更加丰富的信息，而且，分位回归模型对应的是分位数而非平均数，因而相较于回归模型其系数更具稳健性。同时，学者在贸易引力模型上不断添加解释变量进行分析，从侧面说明了在贸易引力模型中存在隐变量，采用普通最小二乘法进行回归分析会导致参数估计存在偏差。EM 算法（Expectation Maximization Algorithm）是一种用于解决隐变量问题的极大似然估计方法，因此本节将采用 EM 算法对贸易引力模型参数进行估计。EM 算法是一种迭代优化策略，它的计算方法中每一次迭代都分两步，其中一个为期望步（E 步），另一个为极大步（M 步）。EM 算法是一种无监督的学习方法，EM 算法的优点是可以处理隐变量的数据，计算简便、估计结果稳定。对上一节中提出的分位贸易引力模型运用 EM 算法对模型中的参数进行估计，算法实现的具体步骤如下。

E 步：结合上一节中推导出的式（6-13），可以得到参数的密度函数和完全数据的极大似然对数函数，依据 EM 算法理论框架可以得到 Q 函数。给定 $t-1$ 步的参数 $\beta_p^{(t-1)}$，$\sigma^{(t-1)}$ 后使下式达到最大。

$$
\begin{aligned}
&Q(\beta_p,\sigma \mid Y,\beta_p^{(t-1)},\sigma^{(t-1)}) = E[L(\beta_p,\sigma V) \mid Y,\beta_p^{(t-1)},\sigma^{(t-1)}] \\
&= -n\cdot\log(\sqrt{2\pi}\tau) - \frac{3n}{2}\log\sigma - \frac{1}{2}\sum_{i=1}^{n}E(\log v_i \mid Y,\beta_p^{(t-1)},\sigma^{(t-1)}) \\
&\quad - \frac{1}{\sigma}\sum_{i=1}^{n}E(v_i \mid Y,\beta_p^{(t-1)},\sigma^{(t-1)}) \\
&\quad - \frac{1}{2\tau^2\sigma}\sum_{i=1}^{n}E[(y_i - x_i^T\beta_p)^2 v_i^{-1} - 2\theta(y_i - x_i^T\beta_p) + \theta^2 v_i \mid Y,\beta_p^{(t-1)},\sigma^{(t-1)}] \\
&= -\mathrm{n}\cdot\log(\sqrt{2\pi}\tau) - \frac{3n}{2}\log\sigma\frac{1}{2} - \frac{1}{2}\sum_{i=1}^{n}E(\log v_i \mid Y,\beta_p^{(t-1)},\sigma^{(t-1)}) \\
&\quad - \frac{\theta^2 + 2\tau^2}{2\tau^2\sigma}\sum_{i=1}^{n}E(v_i \mid Y,\beta_p^{(t-1)},\sigma^{(t-1)}) \\
&\quad + \frac{\theta}{\tau^2}\sum_{i=1}^{n}(y_i - x_i^T\beta_p) - \frac{1}{2\tau^2\sigma}\sum_{i=1}^{n}(y_i - x_i^T\beta_p)^2 E(v_i^{-1} \mid Y,\beta_p^{(t-1)},\sigma^{(t-1)})
\end{aligned}
\tag{6-14}
$$

其中，依据 f（V | Y）$\propto GIG\left(\frac{1}{2}, \frac{(\mathrm{Y}-\mathrm{X}^{T}\beta_{\mathrm{p}})^{2}}{\tau^{2}\sigma}, \left(\frac{2\tau^{2}+\theta^{2}}{\tau^{2}\sigma}\right)\right)$ 性质，可以将上式中的期望部分求解，其求解如下式所示。

$$\begin{cases} E(v_i \mid Y,\beta_p^{(t-1)},\sigma^{(t-1)})=\dfrac{\mid Y-X\beta_p^{(t-1)}\mid}{\sqrt{\theta^2+2\tau^2}}\cdot\dfrac{K_{1+\frac{1}{2}}\left[\dfrac{\mid Y-X\beta_p^{(t-1)}\mid\cdot\sqrt{\theta^2+2\tau^2}}{\tau^2\sigma^{(t-1)}}\right]}{K_{\frac{1}{2}}\left[\dfrac{\mid Y-X\beta_p^{(t-1)}\mid\cdot\sqrt{\theta^2+2\tau^2}}{\tau^2\sigma^{(t-1)}}\right]} \\ E(v_i^{-1} \mid Y,\beta_p^{(t-1)},\sigma^{(t-1)})=\dfrac{\sqrt{\theta^2+2\tau^2}}{\mid Y-X\beta_p^{(t-1)}\mid} \\ E(\log v_i \mid Y,\beta_p^{(t-1)},\sigma^{(t-1)})=\dfrac{dE(v_i^{\alpha} \mid Y,\beta_p^{(t-1)},\sigma^{(t-1)})}{d\alpha}\mid \alpha=0 \end{cases} \tag{6-15}$$

上式中的 K_{λ}（·）代表第 3 类修正贝塞尔函数，上式计算需要运用贝塞尔函数的性质，其具体性质有：

$$\begin{cases} K_{\frac{1}{2}}(u)=K_{-\frac{1}{2}}(u)=\sqrt{\dfrac{\pi}{2u}}\exp(-u) \\ K_{r+1}=2\dfrac{r}{u}K_r(u)+K_{r-1}(u) \\ K_r(u)=K_{-r}(u) \end{cases} \tag{6-16}$$

根据上述贝塞尔函数的性质，式（6-14）最终可以写成下式：

$$\begin{aligned} \mathrm{Q}(\beta_p,\sigma \mid Y,\beta_p^{(t-1)},\sigma^{(t-1)}) &= -n\cdot\log(\sqrt{2\pi}\tau)-\frac{3n}{2}\log\sigma \\ &-\frac{1}{2}\sum_{i=1}^{n}\left\{\frac{dE(v_i^{\alpha} \mid Y,\beta_p^{(t-1)},\sigma^{(t-1)})}{d\alpha}\mid \alpha=0\right\} \\ &-\frac{\theta^2+2\tau^2}{2\tau^2\sigma}\sum_{i=1}^{n}\left[\frac{\tau^2\sigma^{(t-1)}}{\theta^2+2\tau^2}+\frac{\mid y_i-x_i^T\beta_p^{(t-1)}\mid}{\sqrt{\theta^2+2\tau^2}}\right]+\frac{\theta}{\tau^2\sigma}\sum_{i=1}^{n}(y_i-x_i^T\beta_p) \\ &-\frac{1}{2\tau^2\sigma}\sum_{i=1}^{n}(y_i-x_i^T\beta_p)^2\cdot\frac{\sqrt{\theta^2+2\tau^2}}{\mid y_i-x_i^T\beta_p^{(t-1)}\mid} \end{aligned} \tag{6-17}$$

M 步：根据 E 步所求解的 Q（β_p，σ | Y，$\beta_p^{(t-1)}$，$\sigma^{(t-1)}$）对 β_p 求偏导，需注意的是 $\beta_p^{(t-1)}$ 为已知因素，故求导时将其视为常数，最终对 β_p 的

偏导可以得到下式：

$$\frac{\partial Q}{\partial \beta_p} = \frac{\theta}{\tau^2 \sigma}\sum_{i=1}^{n}(-x_i) + \frac{1}{\tau^2 \sigma}\sum_{i=1}^{n}\frac{\sqrt{\theta^2 + 2\tau^2}}{|y_i - x_i^T \beta_p^{(t-1)}|}\cdot(y_i - x_i^T \beta_p)x_i \tag{6-18}$$

在求最大值时，令 M 步偏导数等于 0，可以得到如下解：

$$\hat{\beta}_p \sum_{i=1}^{n}\frac{\sqrt{\theta^2 + 2\tau^2}}{|y_i - x_i^T \beta_p^{(t-1)}|}\cdot x_i y_i - \theta\sum_{i=1}^{n} x_i \tag{6-19}$$

上式用矩阵的形式可以表示为下式：

$$X^T V^{(t-1)} X\beta_p = X^T V^{(t-1)} Y - \theta X^T \cdot l_n \tag{6-20}$$

在式（6-20）中，$V^{(t-1)}$ 和 l_n 分别由下式表示：

$$\begin{cases} V^{(t-1)} = diag\left(\dfrac{\sqrt{\theta^2+2\tau^2}}{|y_1 - x_1^T\beta_p^{(t-1)}|}, \dfrac{\sqrt{\theta^2+2\tau^2}}{|y_2 - x_2^T\beta_p^{(t-1)}|}, \cdots, \dfrac{\sqrt{\theta^2+2\tau^2}}{|y_n - x_n^T\beta_p^{(t-1)}|}\right) \\ l_n = (1,1,\cdots,1)^T_{1\times n} \end{cases} \tag{6-21}$$

根据式（6-19）、式（6-20）、式（6-21）可以获得分位回归模型中参数 β_p 的 t 步估计量，表示为：

$$\hat{\beta}_p^{(t)} = (X^T V^{(t-1)} X)^{-1}(X^T V^{(t-1)} Y - \theta X^T \cdot l_n) \tag{6-22}$$

按照上述方法，对 E 步和 M 步进行不断交替迭代，直至参数达到最优。在对分位贸易引力模型中的参数 σ 求最值时，令其偏导为 0 的求解计算过程比较复杂，因此采用 Yu 和 Zhang① 提出的估计量，即：

$$\hat{\sigma}^{(t)} = \frac{1}{n}\sum_{i=1}^{n}\rho_p(y_i - x_i^T \hat{\beta}_p^{(t)}) \tag{6-23}$$

至此，分位贸易引力模型中的参数估计推导部分均已经求解，下一小节将分位贸易引力模型运用到 2014~2018 年 45 个国家的双边贸易出口额数据的实证分析中。

---

① K. Yu, and J. Zhang, “A Three-Parameter Asymmetric Laplace Distribution and Its Extension,” *Communications in Statistics-Theory and Methods*, 34, (2005): 1867-1879.

三　实证分析

（一）数据来源与说明

本小节为了保证数据的有效性和全面性，从 CEIC 数据库选取了 2014~2018 年包括 22 个发达国家和 23 个发展中国家共 45 个国家的双边出口贸易额。其中发达国家包括澳大利亚、比利时、加拿大、希腊、爱尔兰、日本、韩国、荷兰、葡萄牙、瑞典、瑞士、丹麦、爱沙尼亚、法国、意大利、立陶宛、新加坡、西班牙、英国、美国、奥地利、捷克共和国，发展中国家包括中国①、印度、巴基斯坦、沙特阿拉伯、保加利亚、克罗地亚、匈牙利、波兰、土耳其、白俄罗斯、格鲁吉亚、俄罗斯、乌克兰、约旦、摩洛哥、阿拉伯联合酋长国、肯尼亚、巴西、哥伦比亚、墨西哥、斯里兰卡、卡塔尔、阿尔巴尼亚，其中包含 22 个“一带一路”沿线国家。为了保证数据的完整性，2014 年的数据中剔除了存在缺失数据的格鲁吉亚、卡塔尔、肯尼亚 3 个国家的数据，以及删除其余国家与这三个国家的出口贸易额；同样，2015 年的数据中删除了斯里兰卡、卡塔尔、肯尼亚三个国家的数据，2016 年的数据中删除了哥伦比亚的数据，2018 年的数据中删除了卡塔尔的数据。

之所以将上述国家作为研究样本主要是基于以下考虑：（1）数据的可获取性。本节的样本国家数据均采用 CEIC 数据库的数据，旨在研究国家间的双边贸易额的影响因素，从而需要选取双边贸易额都可以获取的国家。（2）选取的样本中涵盖了中国的主要贸易伙伴（美国、英国、法国、意大利、荷兰、日本、新加坡、韩国、俄罗斯、澳大利亚、加拿大、瑞士），2017 年中国对这些国家的进出口总额约占世界进出口总额的 6.65%，中国作为目前世界贸易中的最大贸易经济体，对其与贸易伙伴国的贸易进行分析有利于对双边贸易影响因素的分析。（3）由《“一带一路”贸易合作大数据报告（2018）》可知，“一带一路”沿线国家的贸易总额占世界贸易总额的 27.8%，因此选取 22 个“一带一路”沿线国家作为样本国更

① 此处指中国内地，并没有考虑中国内地的第二大出口市场香港，主要目的在于避免转口贸易所带来的数据问题。

具有代表性，更加全面。（4）根据世界贸易组织发布的报告，本书所选取的国家在世界贸易总额排名中既有排名靠前的，也有排名靠后的，因此本节所选取的样本具有研究的代表性和典型性。由表6-3可以看出，样本数据中既包含在世界贸易总额所占比重排名前20的国家，也包含在世界贸易总额所占比重排名100之后的国家。根据世界贸易组织发布的统计数据，本节所选取的样本国家在世界贸易总额中的排名如表6-3所示。

表6-3 样本国在世界贸易总额中所占比重及排名（2017年）

	排名	比重（%）		排名	比重（%）		排名	比重（%）
中国	1	11.48	俄罗斯	18	1.65	乌克兰	48	0.26
美国	2	11.07	瑞士	20	1.59	希腊	50	0.25
日本	4	3.83	波兰	21	1.29	哥伦比亚	56	0.23
荷兰	5	3.43	澳大利亚	23	1.28	巴基斯坦	58	0.22
法国	6	3.24	土耳其	26	1.09	摩洛哥	62	0.21
英国	8	3.05	巴西	27	1.05	保加利亚	63	0.18
韩国	9	2.94	沙特阿拉伯	28	0.98	白俄罗斯	64	0.18
意大利	10	2.68	奥地利	29	0.96	立陶宛	65	0.17
加拿大	11	2.41	捷克共和国	30	0.96	克罗地亚	69	0.11
墨西哥	12	2.35	瑞典	32	0.86	斯里兰卡	74	0.09
比利时	13	2.33	爱尔兰	33	0.62	爱沙尼亚	76	0.09
印度	14	2.09	匈牙利	34	0.62	约旦	82	0.08
新加坡	15	1.96	丹麦	35	0.55	肯尼亚	91	0.06
西班牙	16	1.88	葡萄牙	41	0.39	格鲁吉亚	113	0.03
阿拉伯联合酋长国	17	1.76	卡塔尔	47	0.27	阿尔巴尼亚	131	0.02

资料来源：世界贸易组织。

（二）样本数据的实证分析

采用从CEIC数据库获得的共45个国家2014~2018年的双边出口贸易额，以及从CEPII数据库获取的两国间的距离、两国的GDP，并搭建分位贸易引力模型：

$$y_i = x_i^T\beta + \sigma\varepsilon_i$$

其中 y_i 表示取对数后的双边出口贸易额，$x_i=[1, x_{1,i}, x_{2,i}, x_{3,i}]^T$ 表示截距项、取对数后的出口国的 GDP、取对数后的进口国 GDP 和取对数后的贸易伙伴国间的距离共 4 个变量。本小节研究从 0.005 到 0.955 等分的共 100 个分位点下参数的估计结果，并将最大迭代次数设置为 2000 次后得出参数的分位估计值。表 6-4 为基于 EM 算法得出的各个参数估计量在 0.205、0.505、0.755、0.955 分位点的估计值。

表 6-4　2014~2018 年基于 EM 算法的参数估计值

	2014 年				2015 年			
	0.205	0.505	0.755	0.955	0.205	0.505	0.755	0.955
β_0	-11.874	-10.564	-8.833	-7.642	-12.044	-9.848	-8.396	-6.913
β_1	1.151	1.082	0.998	0.984	1.192	1.063	1.006	0.934
β_2	1.011	0.944	0.872	0.826	1.000	0.917	0.854	0.804
β_3	-1.319	-1.172	-1.040	-0.946	-1.337	-1.173	-1.067	-0.925
σ	0.430	0.503	0.387	0.118	0.439	0.509	0.387	0.114
	2016 年				2017 年			
	0.205	0.505	0.755	0.955	0.205	0.505	0.755	0.955
β_0	-11.972	-10.639	-8.400	-6.942	-12.919	-10.542	-8.244	-7.041
β_1	1.187	1.100	1.002	0.922	1.247	1.110	0.993	0.918
β_2	0.978	0.935	0.857	0.811	1.002	0.939	0.865	0.844
β_3	-1.299	-1.166	-1.069	-0.914	-1.349	-1.207	-1.088	-0.952
σ	0.439	0.505	0.384	0.115	0.387	0.501	0.383	0.115
	2018 年							
	0.205	0.505	0.755	0.955				
β_0	-12.919	-10.542	-8.244	-7.041				
β_1	1.247	1.110	0.993	0.918				
β_2	1.002	0.939	0.865	0.844				
β_3	-1.349	-1.207	-1.088	-0.952				
σ	0.387	0.501	0.383	0.115				

为了更清晰地了解分位贸易引力模型中各估计参数随分位点的变化而变化的趋势，下面分别将 2014~2018 年数据中各估计参数随分位点变化而变化的趋势图画出，具体见图 6-13。

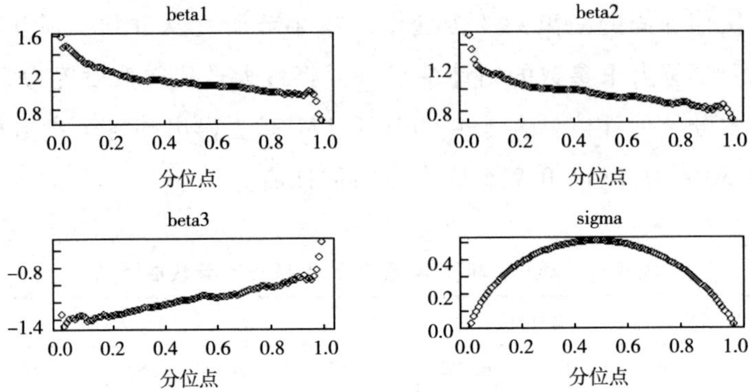
beta1
分位点
beta2
分位点
beta3
分位点
sigma
分位点

（a）

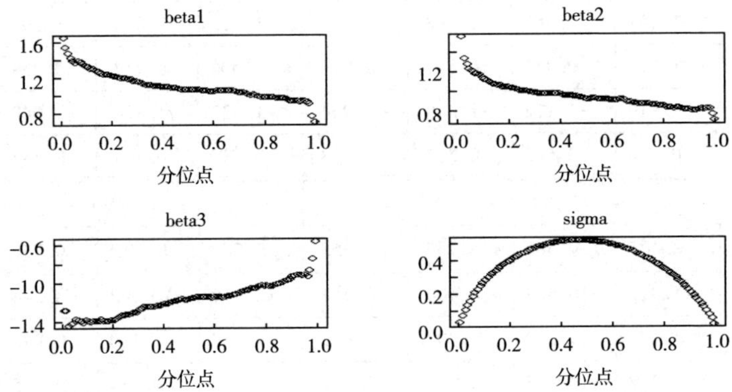
beta1
分位点
beta2
分位点
beta3
分位点
sigma
分位点

（b）

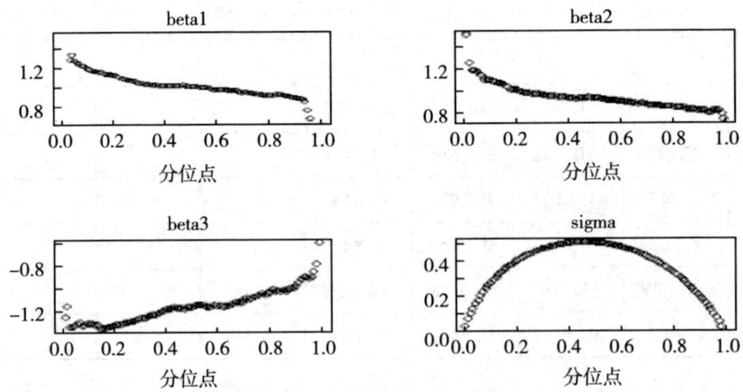
beta1
分位点
beta2
分位点
beta3
分位点
sigma
分位点

（c）

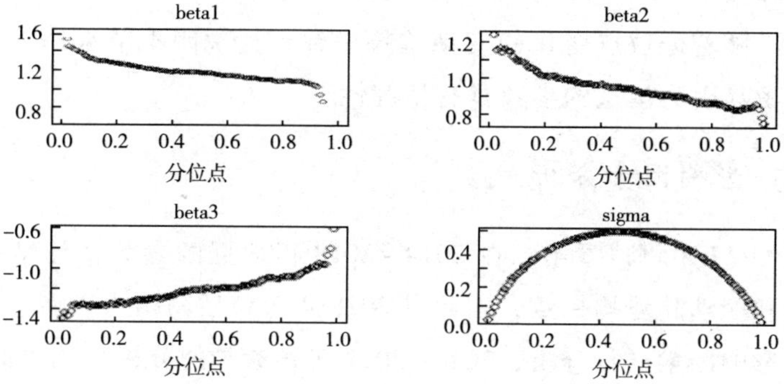

（d）

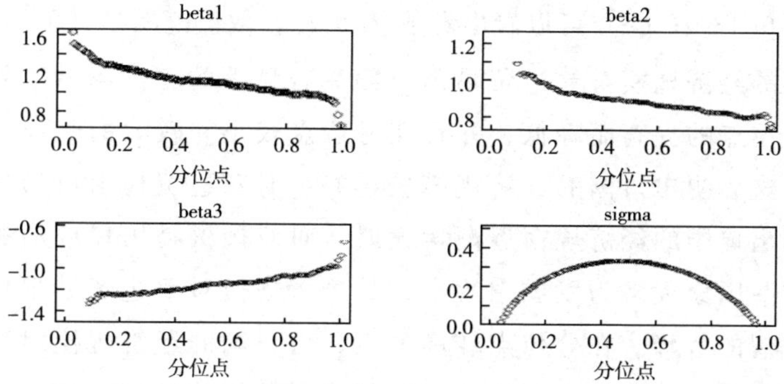

（e）

图 6-13 2014~2018 年分位贸易引力模型参数估计

图 6-13 是根据 2014~2018 年数据得到的分位贸易引力模型的参数估计在不同分位点的趋势，图中（a）、（b）、（c）、（d）、（e）分别是 2014 年、2015 年、2016 年、2017 年和 2018 年双边贸易出口额的分位贸易引力模型参数估计结果。首先，比较图 6-13 中（a）、（b）、（c）、（d）、（e）中参数 β_1，可以发现 2014~2018 年各数据下参数估计结果均为正，并且随着分位点的增大逐渐递减。同时在分位点极小和极大时出现下降速度的变化，在分位点极小时下降速度减缓，而在分位点极大时下降速度变快。再比较图 6-13 各图中参数 β_2，在 5 个年度中参数估计结果均为正，并且都随着分位点增大而减小，并且都在分位点极小时减小速度减缓，而在分位点极大时减小速度猛增。再比较图 6-13 各图中参数 β_3，各年度中参数估计结果均为负，且随着分位点增大其绝对值减小，在分位点极小时减小速度减缓，在分位点极大时减小速度猛增。最后比较图 6-13 各图中参数 σ，

各年度中参数估计结果均为正，并呈倒U形。由分析可知，4个参数取值方向一致，随着分位点变化的变动趋势一致，这说明本节采用EM算法分析的分位贸易引力模型的参数具有稳健性。

（三）影响因素分析

从图6-13中可以看出，在2014~2018年数据的参数估计结果中各参数的方向和变动趋势均一致，因此以2018年分位贸易引力模型参数估计结果为例对影响因素进行分析，2014~2017年各参数的分析与此类似。

1. 出口国经济规模

从图6-13中（e）可以看出参数β_1为正，取值范围是（0，1.6），表明出口国的经济规模对双边贸易出口额具有显著的正向影响，并且其影响随着分位点的提高而降低，并且在分位点较小和较大的时候出现急速的降低，这表明出口国的经济规模较小时，对双边贸易出口额的影响较大，而当出口国的经济规模逐渐增大时，对双边贸易出口额的影响逐渐递减，这些国家大多为发展中国家，其经济规模对双边贸易出口额的影响符合常规的解释。在分位点较高的点，出口国的经济规模对双边贸易出口额的影响较低，并且在达到一定规模时其影响出现快速递减，通常这些国家是发达国家，其经济规模越大对双边贸易出口额的影响越低，且降低的速度加快。

2. 进口国经济规模

从图6-13（e）中可以看出参数β_2为正，取值范围是（0，1.2），表明进口国的经济规模对双边贸易出口额具有显著的正向影响，其随着分位点的变动而出现的变化与进口国经济规模一致，表明进口国的经济规模对双边贸易额的影响为：在经济规模较低并逐渐增加时对双边贸易额的影响迅速降低，呈现边际递减效应；随着经济规模的增大，其作用持续减低，当经济规模达到很大时，其对双边贸易出口额的影响的速度加快。与出口国经济规模对双边贸易出口额的影响不同的是，β_2比β_1在不同分位点数值都小，且降低的速度更快，也就是说，进口国经济规模对双边贸易出口额的影响要小于出口国经济规模对双边贸易出口额的影响。

3. 国家间距离

从图6-13（e）中可以看出参数β_3为负，取值范围是（-1.4，-0.6），表明国家间距离对双边贸易出口额具有显著的负向影响，两国间的距离会产生交易成本，因而具有负向作用。并且其负向影响随着分位点的增加逐渐减小，这符合经济理论。两国间距离较近时，两国之间的生活差异、产业差异不大，因而两国间的双边出口贸易会较少；而当两国之间距离较大时，两国之间的生活差异、产业差异相对较大，这会增加两国间的双边出口贸易，而且会建设交通运输设施以降低交通运输成本。

4. 隐变量

图 6-13（e）中隐变量系数 σ 呈倒 U 形，即随着分位点增大，σ 先增大，达到最大值后减小，说明除出口国和进口国的经济规模、两国之间距离以外，还存在其他影响两国双边贸易出口额的因素，从而也证明了本小节关于隐变量考虑的正确性。若仅在贸易引力模型的基础上增添解释变量进行分析，其结果会存在偏误。

综上，出口国经济规模和进口国经济规模对双边贸易出口额具有正向影响，但其贡献度随着经济规模的增大而降低，并且降低速度在经济规模较小和较大处出现转变。整体上来说，出口国经济规模对双边贸易出口额的影响大于进口国经济规模对双边贸易出口额的影响，出口国经济规模越大，其会生产更多的商品与劳务，进而促进双边贸易出口额。两国之间的距离对双边贸易出口额具有负向影响，并且随着距离的增加其阻碍作用减弱。隐变量系数 σ 呈倒 U 形，证明存在其他影响两国双边贸易出口额的因素。

（四）模型诊断

原始的贸易引力模型是基于“均值”思想，采用最小二乘法进行回归分析对参数进行估计，其参数是服从正态分布的。为检验本节分位贸易引力模型的有效性，对估计参数的分布进行分析。

图 6-14 为对 2018 年数据进行分位贸易引力模型学习后参数 $\hat{\beta}_{0,p}$、$\hat{\beta}_{1,p}$、$\hat{\beta}_{2,p}$、$\hat{\beta}_{3,p}$的柱状图，从图 6-14 中可以看出参数 $\hat{\beta}_{0,p}$右偏，$\hat{\beta}_{1,p}$左偏，$\hat{\beta}_{2,p}$左偏，$\hat{\beta}_{3,p}$左偏，这显然与正态分布不相符。为验证分位贸易引力模型的有效性，本节采用 R 软件中 fitdistrplus 包对参数 $\hat{\beta}_{0,p}$、$\hat{\beta}_{1,p}$、$\hat{\beta}_{2,p}$、$\hat{\beta}_{3,p}$的密度分布进行验证，结果如图 6-15 所示。

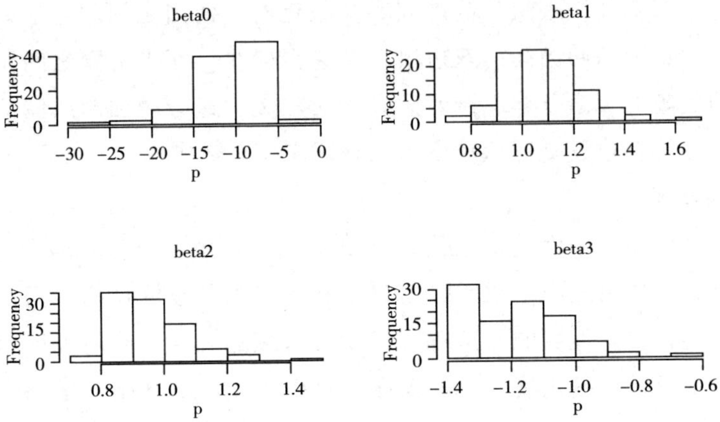

图 6-14　分位贸易引力模型参数估计的柱状图

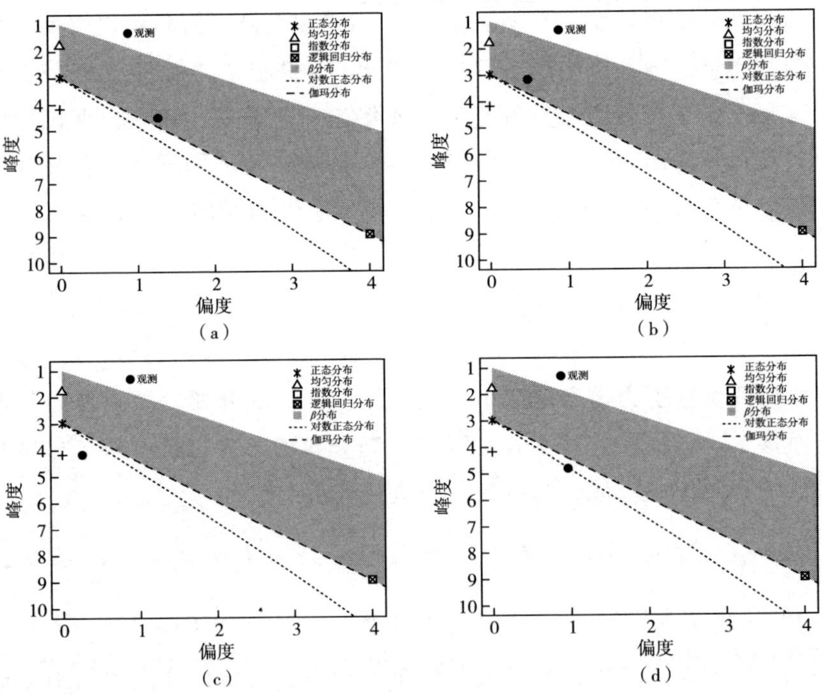

图 6-15　各参数密度分布

图 6-15 中（a）、（b）、（c）、（d）分别代表参数 $\hat{\beta}_{0,p}$、$\hat{\beta}_{1,p}$、$\hat{\beta}_{2,p}$、$\hat{\beta}_{3,p}$ 的分析结果，图中横轴代表偏度，纵轴代表峰度，途中的黑圆点是观测数据的偏度-峰度值，图中给出了待比较的密度分布的偏度-峰度，分析观测数据的偏度-峰度与各个分布的偏度-峰度来进行下一步的测定。如图 6-15（a）中观测点的偏度-峰度靠近 Gamma 分布、Beta 分布、Logistic 分布的偏度-峰度，（b）中观测点的偏度-峰度与 Beta 分布、Lognorm 分布、Logistic 分布、Gamma 分布的偏度-峰度较近，（c）中观测点的偏度-峰度与 Logistic 分布、Gamma 分布、Lognorm 分布的偏度-峰度较近，（d）中观测点的偏度-峰度与 Logistic 分布、Gamma 分布、Lognorm 分布的偏度-峰度较近。因此利用 R 软件中的 fitdistrplus 包分别对这些分布进行分析，比较分析后的残差，选择残差最小的分布，结果如表 6-5 所示。

表 6-5　参数与各密度分布分析的残差结果

	Gamma		Beta		Logistic		Lognorm	
	location	scale	location	scale	location	scale	location	scale
β_0	--	--	--	--	0. 3201075	0. 1589798	-	-
β_1	7. 656078	7. 117312	--	--	0. 013278468	0. 006818981	0. 013550825	0. 009579532
β_2	10. 58454	11. 08341	-	-	0. 010441431	0. 005088569	0. 011357244	0. 008027983
β_3	--	--	-	-	0. 014351637	0. 006706151	--	--

注：“-”表示该参数不需要对应分布的分析，“--”表示参数与对应分布分析后结果不显著。

表 6-5 中的数值代表参数与密度分布分析后位置和尺度的残差，从表中可知，各参数均是在 Logistic 分布下的残差最小，因此参数服从 Logistic 分布。贸易引力模型假定残差服从正态分布，而本节提出的分位贸易引力模型则考虑隐变量的存在，采用 EM 算法进行参数估计，结果表明参数服从 Logistic 分布而非正态分布，这也说明了分位贸易引力模型的有效性。

第七章　汇率波动对中国对外直接投资的影响

——以"一带一路"为视角

第一节　"一带一路"和"海丝"沿线国家情况

自从2013年习近平主席提出"丝绸之路经济带"和"21世纪海上丝绸之路"的倡议之后，中国对外开放的新格局再次形成，与此同时这也极大地鼓舞了中国企业"走出去"实现产业国际化的热情。由此，中国对外直接投资（OFDI）出现新的增长趋势，"一带一路"沿线国家发展潜力巨大，与中国在基础设施建设、能源合作和金融体系建设等各方面都存在合作的空间。统计资料显示，中国对"一带一路"沿线国家的直接投资额增长迅速，主要投资地包括新加坡、印尼、沙特阿拉伯、阿联酋和俄罗斯等沿线各国，目前中国的投资目的地已经覆盖50多个国家。随着互联互通的进一步深化和发展，以及金融投资平台的建设，中国对"丝绸之路经济带"和"21世纪海上丝绸之路"沿线国家的投资将进一步提升。与此同时，任何投资都与风险并存，如何在地区政策环境差异巨大、产业结构亟待升级、国内汇率波动不定的情况下降低投资风险，实现共赢，是值得研究的课题。

一 “21 世纪海上丝绸之路”与“一带一路”的关系

“一带一路”是“丝绸之路经济带”和“21 世纪海上丝绸之路”这两条分别从陆路和海路出发的丝绸之路的总称。2013 年 9 月 7 日，中国国家主席习近平在出访中亚国家时，提出共建“丝绸之路经济带”倡议。同年 10 月，习近平主席在印度尼西亚国会发表演讲，表明中国愿同东盟国家加强海上合作，并提出共建“21 世纪海上丝绸之路”倡议。这两方面共同构成了“一带一路”倡议，无论是陆上丝绸之路还是海上丝绸之路，它们在地理位置上都直通辽阔的太平洋，将借助中国与其他相关国家的双边和多边机制，在经济、政治、文化等多方面展开交流与合作。因此这一合作倡议的实施将会为环太平洋的国家和地区提供千载难逢的历史机遇。

综上可以看出，“21 世纪海上丝绸之路”是“一带一路”的子命题。在做传统的结构化数据分析之前，通过网络非结构化的新闻文本数据，对这两个息息相关的命题进行分析，从而确定在结构化数据处理方面，所需要分析问题的具体方面。鉴于“一带一路”与“21 世纪海上丝绸之路”属于国家宏观层面的倡议，在文本选取上，则倾向于追踪媒体发文陈述式的文本，这类文本的主要来源基本上是国家主流媒体。这类文章的特点在于冗余信息较少，文体严谨，内容完整，具有权威性。因此，利用前面所述的爬虫技术，对《人民日报》2013 年 1 月 1 日至 2016 年 12 月 31 日（2017 年的数据爬取时间止于 3 月 22 日，与其他数据无法进行横向比较，故时间截至 2016 年底）的所有文章进行爬取和文本非结构化数据的预处理。最终选择从时间趋势对“一带一路”和“21 世纪海上丝绸之路”的新闻文本出现频率进行时间序列分析，具体结果见图 7-1。

从图 7-1 可以看出，从新闻总量来说，“一带一路”远超“21 世纪海上丝绸之路”，说明前者作为一个倡议组合，具有更高的关注度和曝光率。从时间角度来说，除了该倡议提出的 2013 年，两者的新闻量较为接近之外，其他年份都具有显著差距。2014 年“21 世纪海上丝绸之路”方面的新闻具有更高的曝光率，但从此之后，“一带一路”倡议逐渐成为新闻曝光的重点。从两者的新闻量走势来看，“一带一路”经历了 2013~2014 年的缓慢增长，2014~2015 年的飞速增长，2015~2016 年的平稳发展；“21

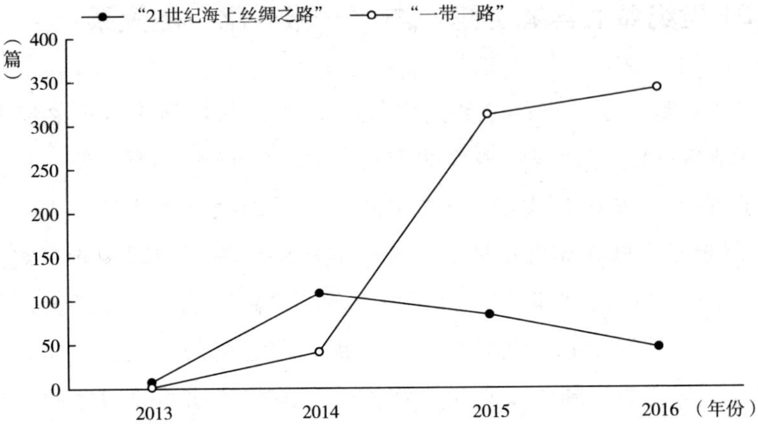

图 7-1 “一带一路”与“21 世纪海上丝绸之路”新闻文本频数趋势

世纪海上丝绸之路”这一新闻量仅在 2013～2014 年出现增长，随后开始下降。

这两个高度相关的新闻出现截然不同的发展趋势，说明“21 世纪海上丝绸之路”倡议作为“一带一路”倡议的一部分，随着时间的推移，呈现对母命题更高的融合度。这一现象提醒我们，在对“21 世纪海上丝绸之路”问题进行结构化数据的计量分析时，一定要着眼于“一带一路”的宏观背景及其整个战略体系下的计量经济模型的搭建。因此，本章在后续的有关非结构化数据的计量分析方面，从“一带一路”沿线等 79 个国家展开，进行全样本分析。在此基础上，再进行分样本分析。

二 “一带一路”与“21 世纪海上丝绸之路”沿线国家和地区概况

由上一小节的分析可知“21 世纪海上丝绸之路”与“一带一路”之间存在相互包容的关系，“21 世纪海上丝绸之路”倡议作为“一带一路”倡议的重要组成部分，两者之间必然存在各种因素之间的影响和相互促进作用。本章主要研究以“21 世纪海上丝绸之路”为主的沿线国家相关情况，并以“21 世纪海上丝绸之路”为中心，比较其中相对重要的经济区域一体化组织东盟和欧盟之间的关系，以及“一带一路”沿线国家与上述地区之间的基本情况。在此所选取的数据包括“一带一路”沿线的 65 个国家和地区，包括“海丝”沿线的 24 个国家（由于数据选取问题，部分国家并未纳入研究）。此外，还从中抽取东盟 10 国的数据，添加部分不属于“一带一路”沿线的欧盟国家，共计 79 个样本量。

（一）各地区国民收入

首先考察“一带一路”沿线国家与“海丝”沿线国家的国民收入和人均国民收入情况。由于牵涉国家众多，难以分别表示和一一比对，在此进行算数平均。将“一带一路”沿线各个国家的国民收入全部加总再取其均值，并对“海丝”沿线国家的国民收入采用同样的计算方式，人均国民收入以此类推，从而得出图 7-2 和图 7-3。

图 7-2 和图 7-3 分别反映了 2015 年“一带一路”沿线与“海丝”沿线各个国家的国民收入均值和人均国民收入均值。分别用这两个均值代表“一带一路”沿线国家与“海丝”沿线国家的总体情况。从图 7-2 和图 7-3 可以发现，无论是国民收入指标还是人均国民收入指标，“一带一路”沿线国家都表现出更高的国民收入和人均国民收入。由于“一带一路”沿线国家中包含了“海丝”沿线国家，因此可以认为“丝绸之路经济带”沿线国家的国民收入总体水平高于“21 世纪海上丝绸之路”沿线国家的国民收入总体水平。从总体国民收入角度来看，“一带一路”沿线国家的优势更加明显，在人均国民收入指标考核下，“海丝”沿线国家的水平有所提升。

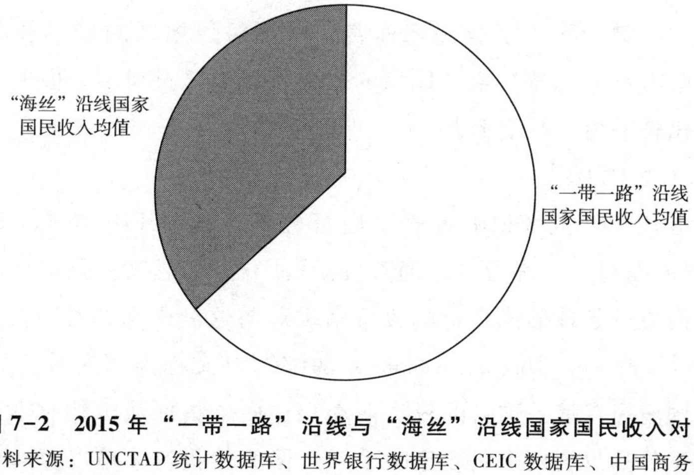

图 7-2　2015 年“一带一路”沿线与“海丝”沿线国家国民收入对比

资料来源：UNCTAD 统计数据库、世界银行数据库、CEIC 数据库、中国商务部数据中心等多家权威数据库。

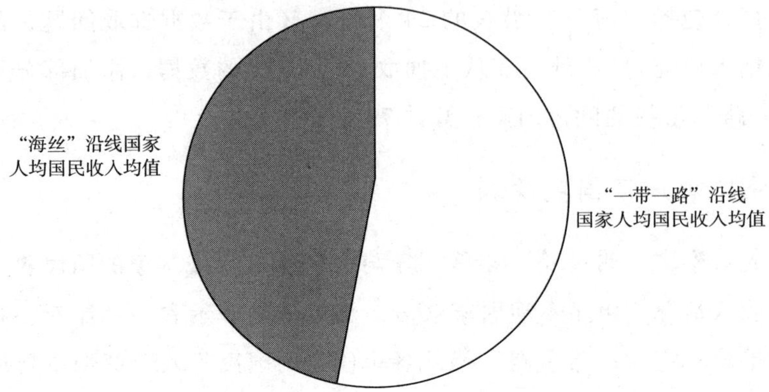

图 7-3　2015 年“一带一路”沿线与“海丝”沿线国家人均国民收入对比

资料来源：UNCTAD 统计数据库、世界银行数据库、CEIC 数据库、中国商务部数据中心等多家权威数据库。

（二）中国与“一带一路”沿线国家的双边贸易与投资

1. 进出口额

贸易畅通是建设“21 世纪海上丝绸之路”乃至“一带一路”，保证其他“四通”的重要基础，因此需要考察上述地区与中国的双边贸易情况。

图 7-4、图 7-5 分别展现了 2015 年中国对“一带一路”沿线与“海丝”沿线国家的进口额和出口额的比重情况，从而反映出中国与“一带一路”沿线和“海丝”沿线国家之间的双边贸易结构。通过对两个图的比较发现，对“一带一路”沿线国家而言，中国对该地区的出口额高于进口额。同样中国对“海丝”沿线国家的出口额也高于进口额，但两者的比例分配相对比较平衡，差距不大。

2. FDI 与 OFDI

以下再从 FDI 与 OFDI 的角度进行分析，其中 FDI 是 Foreign Direct Investment 的缩写，又称为“外商直接投资”。顾名思义就是指外国投资者在中国境内通过各种形式进行的投资活动。与这个概念相对应的是 OFDI，它是 Outward Foreign Direct Investment 的缩写，又称为“对外直接投资”。指的是中国居民在境外进行的投资活动。这两个指标从国外对本国的投资和本国在国外的投资两个角度反映了一个国家的投资环境以及对外投资活跃程度。

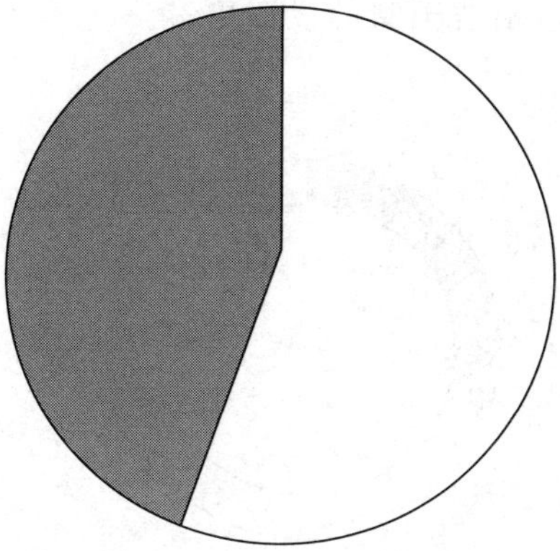

图 7-4 2015 年中国对“一带一路”沿线国家的进出口额所占比重

资料来源：UNCTAD 统计数据库、世界银行数据库、CEIC 数据库、中国商务部数据中心等多家权威数据库。

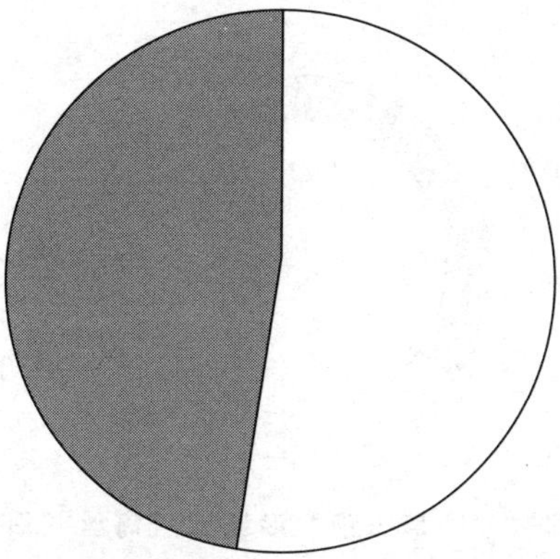

图 7-5 2015 年中国对“海丝”沿线国家的进出口额所占比重

资料来源：UNCTAD 统计数据库、世界银行数据库、CEIC 数据库、中国商务部数据中心等多家权威数据库。

图 7-6、图 7-7 分别反映了 2015 年“一带一路”沿线与“海丝”沿线国家对中国的投资情况（FDI），以及中国对“一带一路”沿线与“海丝”沿线国家的投资情况（OFDI）。从图 7-6、图 7-7 中可以看出，“一带一路”沿线国家对中国的投资份额较多，是“海丝”沿线国家总体平均水平的 2 倍多。而从中国对“一带一路”沿线与“海丝”沿线国家的投资来看，也就是 OFDI 的份额来看，中国对“一带一路”沿线国家的投资占总

投资的65%，而对“海丝”沿线国家的投资占总投资的35%。这说明中国对“丝绸之路经济带”沿线国家的投资更多。

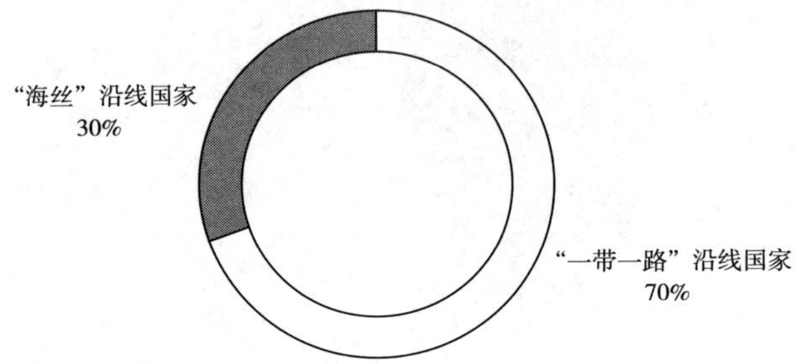

图7-6　2015年“一带一路”沿线与“海丝”沿线国家对中国的FDI份额

资料来源：UNCTAD统计数据库、世界银行数据库、CEIC数据库、中国商务部数据中心等多家权威数据库。

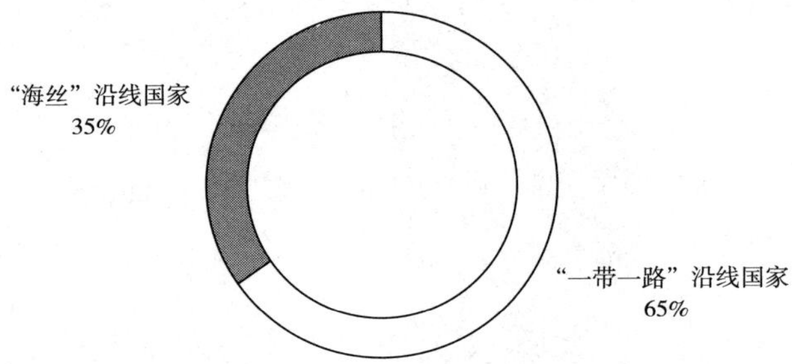

图7-7　2015年中国对“一带一路”沿线与“海丝”沿线国家的OFDI份额

资料来源：UNCTAD统计数据库、世界银行数据库、CEIC数据库、中国商务部数据中心等多家权威数据库。

三　东盟与欧盟

东盟10国全部属于“海丝”沿线国家，而欧盟也有部分国家属于“丝绸之路经济带”沿线国家。并且，东盟和欧盟都是重要的区域性国际组织，两者在共建“21世纪海上丝绸之路”和“丝绸之路经济带”中的作用不容忽视。因此要对东盟和欧盟的情况进行分析。

（一）东盟与欧盟的国民收入

东盟10国包括马来西亚、印度尼西亚、泰国、菲律宾、新加坡、文莱、越南、老挝、缅甸和柬埔寨。欧盟28国包括英国①、法国、德国、意大利、荷兰、比利时、卢森堡、丹麦、爱尔兰、希腊、葡萄牙、西班牙、奥地利、瑞典、芬兰、马耳他、塞浦路斯、波兰、匈牙利、捷克、斯洛伐克、斯洛文尼亚、爱沙尼亚、拉脱维亚、立陶宛、罗马尼亚、保加利亚、克罗地亚。两者涵盖的国家数量不同，因此分别取其算数平均值，用来分别代表东盟与欧盟的总体水平。

图7-8反映了2015年东盟与欧盟的国民收入和人均国民收入的比例，其中外圈表示东盟与欧盟的人均国民收入情况，内圈则表示总体国民收入情况。从图7-8可以看出东盟与欧盟之间的显著差别。从内圈所表示的国民收入比例来看，欧盟占79%，东盟仅占21%。从外圈，也就是人均国民收入比例来看，这一比例情况有所好转，但东盟仍然和欧盟存在不小的差距。欧盟占77%，东盟仅占23%。

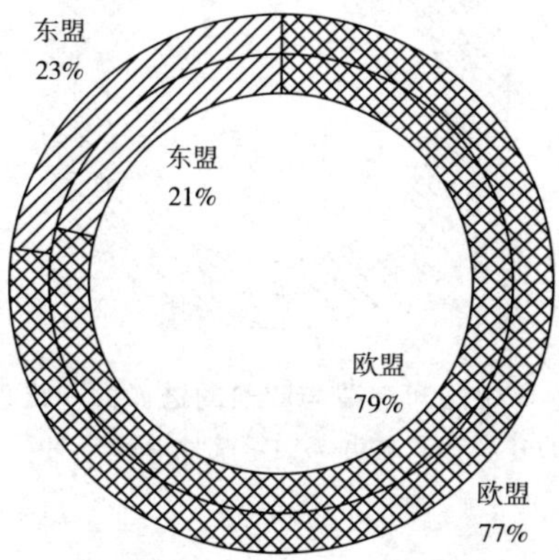

图7-8　2015年东盟与欧盟的国民收入和人均国民收入比例

资料来源：UNCTAD统计数据库、世界银行数据库、CEIC数据库、中国商务部数据中心等多家权威数据库。

① 笔者在开展本研究时，英国还没有退出欧盟。

（二）中国与东盟和欧盟的双边贸易与投资

1. 进出口额

下面分别通过中国对东盟和欧盟的进口额和出口额情况进行分析。

图 7-9 是 2015 年中国分别对东盟与欧盟的进出口额占比情况。其中外圈表示进口额，内圈表示出口额。首先，考察外圈进口额的情况，中国对东盟国家的进口额显然多于对欧盟国家的进口额。在这一指标中，中国对东盟国家的进口额占 72%，而对欧盟的进口额占 28%。从内圈的出口额指标来看，中国对东盟的出口额也具有一定的优势，占 67%，中国对欧盟的出口额占 33%。以上均是平均指标的对比，而不是绝对量，但也客观反映出在“21 世纪海上丝绸之路”倡议的指导下，中国-东盟自贸区之间的贸易活跃程度。而对于部分不属于“一带一路”倡议的欧盟国家而言，与中国的贸易活跃程度低于东盟国家。

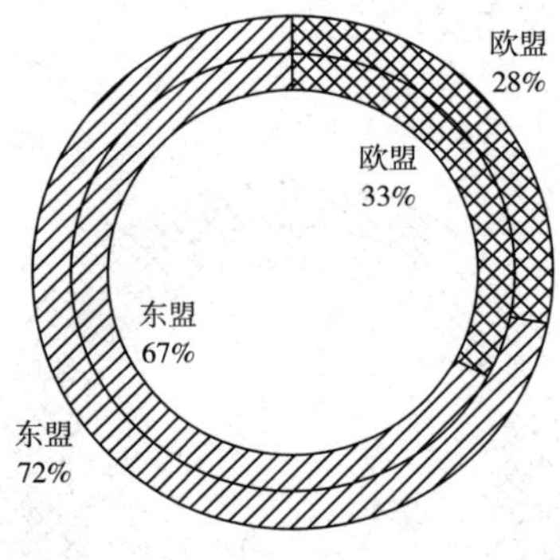

图 7-9　2015 年中国对东盟与欧盟的进口额和出口额占比情况

资料来源：笔者根据中华人民共和国国家统计局编的 2016 年度《中国统计年鉴》的数据制作而成。

2. FDI 与 OFDI

有关 FDI 与 OFDI 两个指标的概念和异同在此不再赘述。需要强调的是上述指标都是站在中国视角进行的数据搜集与整理，因此某国的 FDI 值表示该国对中国的投资，而某国的 OFDI 则表示中国对该国的对外直接投资。有关东盟与欧盟的 OFDI 和 FDI 情况见图 7-10。

图 7-10 显示了 2015 年中国对东盟和欧盟的直接投资情况（OFDI）以

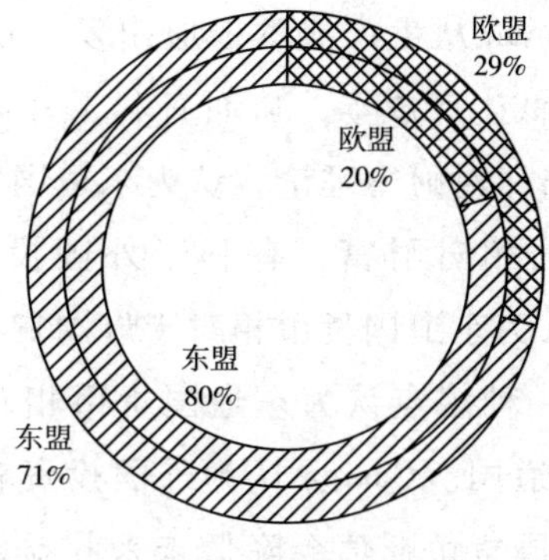

图 7-10 2015 年东盟与欧盟的 OFDI 和 FDI 情况

资料来源：笔者根据中华人民共和国国家统计局编的 2016 年度《中国统计年鉴》的数据制作而成。

及东盟和欧盟对中国的投资情况（FDI）。其中外圈表示 OFDI，内圈表示 FDI。从 OFDI 指标，也就是外圈数据来看，中国对东盟的直接投资额占 71%，中国对欧盟的直接投资额占 29%。从内圈的 FDI 数据情况来看，东盟对中国的投资额多于欧盟对中国的投资额，两者的份额比重分别为 80%、20%。从以上指标进一步说明中国与东盟之间的投资往来从 2013 年的“21 世纪海上丝绸之路”号角吹响之后则更加频繁。中国-东盟自贸区的优势也将在“21 世纪海上丝绸之路”建设中得到更好的发挥。

第二节 方法研究

一 文献综述

Blonigen 认为外商直接投资受汇率影响较大，因此中国的对外直接投资将受人民币汇率波动的显著影响。[①] 对外直接投资受汇率的影响包括以下两个方面。第一，关于汇率波动对外商直接投资的影响，有两种截然相

① B. A. Blonigen，“Firm-Specific Assets and the Link Between Exchange Rates and Foreign Direct Investment，” *The American Economic Review*，87，（1997）：447-465.

反的观点。一种观点认为东道国货币相对于母国货币贬值有利于外商直接投资流入东道国。Cushman 从生产成本效应出发，认为东道国的货币相对于母国货币贬值，会降低生产成本，从而有利于外商直接投资向东道国流入；① Froot 和 Stein 提出相对财富理论，认为东道国货币相对于母国货币贬值会增加外国投资者的相对财富，有利于外国投资者进行跨国并购；② Suliman 等人的研究也认为东道国货币相对于母国货币贬值有利于外商直接投资流入东道国。③ 另一种观点认为东道国货币相对于母国货币贬值不利于外商直接投资流入东道国。Campa 认为外国投资者的投资决策取决于未来收益的期望值，东道国货币贬值会降低未来收益，因此，东道国货币贬值不利于外商直接投资流入东道国；④ Görg 和 Wakelin 的研究也认为东道国货币相对于母国货币贬值不利于外商直接投资流入东道国。⑤ 第二，关于汇率波动对一国对外直接投资的影响，也存在两种截然相反的观点。一种观点认为汇率波动增加不利于外商直接投资，Cushman 认为汇率波动增加会增大外国投资者面临的风险，不利于外商直接投资流入东道国；⑥ Lee 的研究也认为汇率波动增加不利于外商直接投资。⑦ 另一种观点认为汇率波动增加会促进外商直接投资流入东道国，Cushman 认为如果出口额和 FDI 是相互替代的关系，那么汇率波动增加会促使外国投资者通过直接投资方式替代出口额以规避汇率波动对出口额带来的不利影响，因此汇率波动增加会促进外商直接投资流入东道国；⑧ Sung 和 Lapan 的研究也认为汇

---

① D. O. Cushman, “Real Exchange Rate Risk, Expectations, and the Level of Direct Investment,” *The Review of Economics and Statistics*, 67, (1985): 297-308.

② K. A. Froot, J. C. Stein, “Exchange Rates and Foreign Direct Investment: An Imperfect Capital Markets Approach,” *The Quarterly Journal of Economics*, 106, (1991): 1191-1217.

③ A. Suliman, K. Elmawazini, M. Z. Shariff, “Exchange Rates and Foreign Direct Investment: Evidence for Sub-saharan Africa,” *Journal of Developing Areas*, 49, (2014): 204-226.

④ J. M. Campa, “Entry by Foreign Firms in the United States Under Exchange Rate Uncertainty,” *The Review of Economics and Statistics*, 75, (1993): 614-622.

⑤ H. Görg, K. Wakelin, “The Impact of Exchange Rate Variability on US Direct Investment,” *International Review of Economics and Finance*, 18, (2005): 31-37.

⑥ D. O. Cushman, “Real Exchange Rate Risk, Expectations, and the Level of Direct Investment,” *The Review of Economics and Statistics*, 67, (1985): 297-308.

⑦ J. W. Lee, “Dynamic Relationships between Exchange Rates and Foreign Direct Investment: Empirical Evidence from Korea,” *Asian Economic Journal*, 29, (2015): 73 - 90.

⑧ D. O. Cushman, “Exchange Rate Uncertainty and Foreign Direct Investment in the United States,” *Weltwirtschaftliches Archiv*, 124, (1988): 322-336.

率波动增加会促进外商直接投资流入东道国。[①]

国内的研究多针对汇率波动对流入一国 FDI 的影响，对于以中国为母国的对外直接投资的研究较少。关于汇率波动对外商直接投资的影响，陶士贵、相瑞的研究发现本币升值与母国对外直接投资存在正相关关系；[②] 夏良科的研究认为本币升值有利于母国对外直接投资的结论只在长期内成立；[③] 郭志芳、林季红的研究支持 Campa 的观点，认为东道国货币升值有利于外商直接投资流入；[④] 于津平、赵佳的研究发现短期内人民币升值会对中国 FDI 利用产生负面影响；[⑤] 彭红枫的研究发现汇改后人民币升值有利于流入中国的 FDI 进一步增加；[⑥] 毛日昇、郑建明的研究发现人民币升值会促进"市场导向型" FDI 流入，但对"出口导向型" FDI 的影响，理论和经验研究没有得出一致结论。[⑦] 关于汇率波动对外商直接投资的影响，费为银等人的研究认为投资者在进行跨国直接投资时，应根据汇率波动的变化适时调整其投资组合，以减少风险。[⑧]

现有研究已获得一定的成果，但依然存在三点不足：第一，现有研究聚焦在人民币汇率波动对对外直接投资产生的影响，目前鲜有学者以"一带一路"倡议为视角，展开汇率波动对国家直接投资影响问题的研究。第二，现有文献在该领域的研究中忽略了中国对欧盟和"21 世纪海上丝绸之路"沿线国家直接投资的不同影响。第三，越来越多的中国企业走出国门，大量优质过剩产能输出到"一带一路"沿线的各个国家和地区，范围

---

① H. Sung, H. E. Lapan, "Strategic Foreign Direct Investment and Exchange Rate Uncertainty," *International Economic Review*, 41, (2000): 411-423.

② 陶士贵、相瑞：《对外直接投资中的汇率影响因素：中国样本》，《经济管理》2012 年第 5 期。

③ 夏良科：《汇率、汇率制度与对外直接投资——基于广义脉冲响应函数法的国际比较》，《上海经济研究》2012 年第 10 期。

④ 郭志芳、林季红：《汇率不确定性与对外直接投资——基于日本对亚洲 8 国直接投资的实证分析》，《亚太经济》2013 年第 4 期。

⑤ 于津平、赵佳：《人民币——美元汇率与中国 FDI 利用关系的实证分析》，《世界经济研究》2007 年第 12 期。

⑥ 彭红枫：《汇率对 FDI 的影响：基于实物期权的理论分析与中国的实证》，《中国管理科学》2011 年第 4 期。

⑦ 毛日昇、郑建明：《人民币实际汇率不确定性与外商直接投资择机进入》，《金融研究》2011 年第 5 期。

⑧ 费为银、何丹丹、张伟：《跳扩散下汇率变动的外商直接投资问题研究》，《系统工程理论与实践》2015 年第 2 期。

越来越广，但现有文献研究不足，且样本量选取较为有限。综上所述，本章的意义在于以下三点：第一，本章研究了汇率波动对中国对 79 个国家和地区直接投资的影响，其次在人民币汇率波动条件下对上述问题进行研究；第二，本章在实证分析中，分别考虑了“21 世纪海上丝绸之路”沿线国家和欧盟，并研究了中国对上述两个分样本直接投资的影响及其差异性。第三，本章样本的选取数量较多，共囊括了 79 个国家和地区，其研究结果具有较为重要的经济和现实意义。

二　计量模型研究

（一）面板数据介绍

面板数据，也称混合数据或时间序列截面数据，是二维数据，而时间序列数据和截面数据均是一维数据。面板数据是时间序列数据和截面数据的结合体。自 1966 年贝尔斯拉特和纳洛夫发表了一篇有关面板数据的会议论文以来，面板数据作为一种新的计量分析工具得到快速的发展，随后在经济学、管理学、社会学等领域得到广泛的应用。专门研究面板数据的协会也应运而生，每两年会举办一次学术交流会议。

面板数据模型介于宏观和微观之间，更侧重于微观。例如市场调查与预测中的常用固定样本调查，通过调查我们可以得到不同样本不同时间所对应的不同指标的数值。既有时间维度，同一个样本不同时间的对应指标值；又有截面维度，不同样本同一时间的对应指标值。随着科技的进步和搜集信息渠道的多样性和广泛性提高，不论是数量还是质量，数据的可获得性和可利用性都有了很大的改观，同时不可避免地会遇到既有时间维度又有截面维度的数据——面板数据。它在一定程度上克服了时间序列数据需要至少 30 年时间长度的局限性，又可以克服截面数据不能动态发展地看问题的弊端。例如密歇根大学的收入调查动态数据库（PSID），PSID 每一年都在美国搜集 6000 户代表性家庭和 15000 个个体的经济信息，变量超过 500 个。例如，就业、收入、人力资本、人口流动、住宅信息和旅游信息等。这个调查所取得的数据既涵盖了样本家庭，又包括了每个家庭个体的年度数据资料。这就是面板数据。

作为一种特殊的数据集，面板数据既不同于一般的时间序列数据，也不同于单纯的截面数据。和它们相比，面板数据具有自身的一些优势。①

1. 可以控制个体的异质性

个体、家庭、公司、省份或国家之间通常存在一定的差异，有着自己独特的特征即异质性。

2. 提供更多信息，避免多重共线性

面板数据可以提供更多的信息和变化，避免多重共线性，具有更高的自由度和效率。

3. 可以较好地研究动态调整过程

在一定程度上，截面维度的分布掩盖了许多变化。面板数据可以将某一时点的个体行为和另一时点的个体行为结合起来进行动态分析，这是其他数据所不具备的。

4. 分析问题更加全面、深入

面板数据还可以分析一些单纯的截面数据和时间序列数据无法分析的问题。

除了上述优点之外，与时间序列数据和截面数据相比，面板数据还允许我们构建更为复杂的行为模型。例如，面板数据可以更好地考虑技术效率问题。而且在分布滞后的模型中，面板数据有较少的约束条件。面板数据可以搜集到一些微观个体数据，包括个人、企业和家庭。在微观层面上，我们研究的变量可以得到更加准确的测度，可以消除宏观数据所带来的偏差。

（二）面板数据的理论模型

最简单的面板模型公式为：

$$Y_{it}=X_{it}^{'}\beta+\mu_{it} \tag{7-1}$$

如果误差项是球形扰动项，那么普通最小二乘法得到的估计系数就是最佳估计。和普通最小二乘法的标准假定一样，面板模型有关误差项的标准假定如下：

① H. Badi, *Baltagi Econometric Analysis of Panel Data 2001 Chichester*, New York: John Wiley, 2001.

(1) 每一个截面内误差项之间无关；

(2) 每一个截面个体所对应的误差项同方差；

(3) 不同截面之间的残差不相关；

(4) 不同截面之间具有相同方差。

如果违背了这些基本假定，我们就不能用普通最小二乘法，而要用广义最小二乘法或可行广义最小二乘法。

如果存在个体效应，面板模型公式变形为：

$$y_{it}=\gamma_i+x_{it}^{'}\beta+\mu_{it} \tag{7-2}$$

其中，μ_{it}是独立同分布的，无论对 i 或 t 而言。x_{it}是一个 1×N 矩阵，包含了那些仅随时间变化、仅随个体变化，或者随着时间和个体都发生变化的变量。γ_i 有许多名字，例如观测不到的部分、隐变量、观测不到的异质性。如果 i 表示个体，这个个体可以是家庭、企业、城市，以及其他截面单元，γ_i 又称为个体效应或个体异质性，表示那些不随时间改变的影响因素，而这些因素在多数情况下都是无法直接观测或难以量化的，如个人的消费习惯、地区的经济结构、法律和产权制度等。μ_{it}称为特质误差项或特质扰动项。

如何对待 γ_i 成为区分随机效应和固定效应的关键，首先看固定效应，我们把 γ_i 视为和观测到的解释变量 x_{it}相关的一种观测不到的随机变量，这个变量称为固定效应。如果假定个体效应 γ_i 与解释变量 x_{it}独立，这个模型就是随机效应模型。通常需要下面的辅助假设：

γ_i~ (γ, σ_r^2)，μ_{it}~ (0, σ_u^2)，此时，个体效应和误差项都是独立同分布。

可见固定效应和随机效应的区别在于假定条件的不同。在微观计量中，固定效应并不意味着 γ_i 是非随机的，它意味着允许 γ_i 和可观测解释变量之间存在某种程度的相关性。①

(三) 面板数据模型分析的基本步骤

1. 面板数据的平稳性检验

正常来说，数据在回归分析前都需要对其平稳性进行检验，面板数据

① 王志刚：《面板数据模型及其在经济分析中的应用》，经济科学出版社，2008。

也不例外。对非平稳的数据进行回归分析，即使 R^2 很高，也是没有实际意义的，李子奈教授把这种现象称为伪回归。什么是平稳性呢？一个时间序列如果剔除不变的均值（常数项）和时间趋势后，剩余的序列为白噪声（零均值、同方差），这样的时间序列就是平稳的。

因此为了避免伪回归，我们必须进行平稳性检验。单位根检验是平稳性检验的常用方法。面板数据单位根检验方法有 LLC、Breintung、IPS、ADF-Fisher 和 PP-Fisher 五种。前两种原假设是存在普通的单位根，后两种原假设是存在有效的单位根。有时为了方便，我们只采用两种方法进行单位根检验，即相同根单位根 LLC 检验和不同根单位根 ADF-Fisher 检验，如果拒绝存在单位根的原假设就说明此序列是平稳的，反之则是非平稳的。

此外，单位根检验先从水平序列开始检验，如果存在单位根，一阶差分后仍进行单位根检验，直到多次差分后序列平稳为止。N 次差分平稳就记为 N 阶单整。一般来说，我们首先检验既含有截距又含有趋势项，再检验只含截距项，最后检验二者都不含的模型。截距和趋势项的选择上，只要三个中有一个满足平稳性假定，我们就可认为时间序列是平稳的，而不需要三个都满足平稳性假定。

2. 协整检验或模型修正

情况一：如果单位根检验结果显示变量之间是同阶单整的，那么我们就需要进行协整检验。协整检验是一种用来考察变量间是否存在长期均衡关系的方法，是指若两个或多个变量序列本身是非平稳的，但变量间的某个线性组合具有平稳性。这种情况下，就可以称这些变量存在协整关系。一般情况下，要记住协整前提是变量必须同阶单整。

面板数据协整检验常用方法有 Pedroni、Kao、Johansen 三种。Pedroni 方法的原假设是动态面板回归中不存在协整关系，是基于残差的检验方法。Kao 方法的原假设是静态面板回归中不存在协整关系，也是基于残差构建统计量来进行检验。Johansen 方法的原假设是变量间存在共同的协整的秩序。

通过了协整检验，可以说明方程回归残差是平稳的且变量间存在长期稳定的均衡关系。在此基础上就可以直接对原方程进行回归计算，此时的回归结果是可靠的。

在变量间存在协整检验的基础上，可以对面板数据进行格兰杰因果检验。若不协整，就不能进行因果关系检验，但是可以对数据进行差分等一系列处理来达到预期结果。这里需要注意的是变量间是否存在经济意义。

情况二：如果单位根检验发现变量间是非同阶单整的，即面板数据中有些变量序列是平稳的，有些序列是非平稳的，此时不能进行协整检验和直接对原序列进行回归分析。但可以在变量具有一定经济意义的前提下，对模型进行修正，以消除数据不平稳性对回归分析造成的不利影响。如差分某些序列，将绝对数据变成增长率数据或变动数据，把研究转向新的模型，但要保证模型仍然具有经济意义，否则就没有研究价值了。

3. 面板模型的选择与回归分析

在面板模型形式的选择方法上，经常采用 F 检验决定选用混合模型还是固定效应模型，然后用 Hausman 检验确定应该建立随机效应模型还是固定效应模型。检验完毕后，可以确定选用哪种模型，然后进行回归分析。本章面板数据的回归软件采用 STATA，当然 EViews 也能够进行常规的面板分析工作。[①]

第三节 词云分析和数据说明

一 词云分析

"一带一路"从地理位置上来说，贯穿欧亚大陆，西面承接欧洲经济圈，东部涉及亚太经济圈。该倡议主要是倡导合作发展的理念，通过"共商、共建、共享"的原则，借助区域合作交流平台，推动"一带一路"沿线国家的经贸往来，增进"一带一路"沿线各国全方位、多角度的互联互通，促进经济发展。而在这其中，对外直接投资是"一带一路"倡议中的重要环节。本节通过对 CNKI 数据库中相关科技文献数据的爬取进而产生高频词，将海量文本数据通过图形的方式进行简单直观的描述。

从图 7-11 中不难发现在以"一带一路"为主题的科技文献文本数据的搜索中，出现频率较高的词为"一带一路""新丝绸之路"两项。但是

① 高铁梅：《计量经济分析方法与建模》（第 2 版），清华大学出版社，2009。

由于这两个词只反映了主题的范围和宏观属性，因此必须考察其他高频词，才能反映新闻所关注的焦点内容。显然以经济文化为主题的“经济发展”“经贸合作”“文化交流”等也是出现频率较高的词。此外，本章所关注的“汇率波动”和“直接投资”出现的频率也较高。这从另一个侧面反映出“汇率波动”和“直接投资”相关研究的必要性与意义所在。

图 7-11　词云

二　模型说明和指标选取

（一）模型说明

参考 Blonigen[①]、毛日昇和郑建明[②]的研究，本章建立以下计量模型：

$$\ln ofdi_{i,t}=\beta_0+\beta_1\ln ofdi_{i,t-1}+\beta_2\ln e_{i,t}+\beta_3\ln e_{i,t-1}+\beta_4\ln v_{i,t}+\beta_5\ln cy_{i,t}+\beta_6\ln fy_{i,t}+\beta_7\ln rw_{i,t}+\beta_8\ln open_{i,t}+\beta_9 msr_i+\beta_{10} eu_i+\varepsilon_{it} \tag{7-3}$$

① B. A. Blonigen, “Firm-Specific Assets and the Link Between Exchange Rates and Foreign Direct Investment,” *The American Economic Review*, 87, (1997): 447-465.

② 毛日昇、郑建明：《人民币实际汇率不确定性与外商直接投资择机进入》，《金融研究》2011 年第 5 期。

其中，$ofdi_{i,t}$为中国对全样本国家和地区的实际直接投资额，$e_{i,t}$为人民币对全样本国家货币的实际双边汇率，$v_{i,t}$为实际双边汇率的波动性，$cy_{i,t}$为中国的收入水平，$fy_{i,t}$为东道国的收入水平，$rw_{i,t}$为东道国与中国的相对劳动力成本，$open_{i,t}$为东道国的对外开放度，msr_i、eu_i 为虚拟变量，分别代表“21 世纪海上丝绸之路”沿线国家和欧盟，通过在模型中引入 msr_i、eu_i 两个虚拟变量来研究这两个分样本数据对中国对全样本国家和地区直接投资的影响。由 msr_i、eu_i 的系数可以判断中国对“21 世纪海上丝绸之路”沿线国家和欧盟直接投资的影响及其两种影响之间的差异性①。实证分析由 STATA 软件完成。

（二）指标选取与测算

数据采集样本为“一带一路”沿线的国家和地区，以及部分欧盟国家，共计 79 个，见表 7-1。

表 7-1 全样本国家和地区

“21 世纪海上丝绸之路”沿线 24 国	马来西亚、印度尼西亚、泰国、菲律宾、新加坡、文莱、越南、老挝、缅甸、柬埔寨、印度、孟加拉国、巴基斯坦、斯里兰卡、伊朗、伊拉克、阿拉伯联合酋长国、科威特、卡塔尔、巴林、沙特阿拉伯、阿曼、埃及、也门
欧盟 28 国	英国、法国、德国、意大利、荷兰、比利时、卢森堡、丹麦、爱尔兰、希腊、葡萄牙、西班牙、奥地利、瑞典、芬兰、马耳他、塞浦路斯、波兰、匈牙利、捷克、斯洛伐克、斯洛文尼亚、爱沙尼亚、拉脱维亚、立陶宛、罗马尼亚、保加利亚、克罗地亚
其他 27 个国家和地区	阿富汗、阿尔巴尼亚、亚美尼亚、澳大利亚、阿塞拜疆、波斯尼亚和黑塞哥维那、格鲁吉亚、以色列、日本、约旦、哈萨克斯坦、吉尔吉斯斯坦、韩国、黎巴嫩、马尔代夫、蒙古国、尼泊尔、新西兰、俄罗斯、叙利亚、塔吉克斯坦、中国台湾、中国香港、土耳其、土库曼斯坦、乌克兰、乌兹别克斯坦

数据来源于《中国统计年鉴》、UNCTAD 统计数据库、世界银行数据库、CEIC 数据库、中国商务部数据中心等多家权威数据库，考察时间段为

① 中国属于“21 世纪海上丝绸之路”沿线的国家之一，而非欧盟的成员国，故通过引入虚拟变量研究成员国身份对母国的对外直接投资所产生的影响。

2002~2015 年，由上述指标构成面板数据。其指标说明如下：

$ofdi_{i,t}$由以下公式得出：

$$ofdi_{i,t}=nofdi_{i,t}/use_t/cpi_{c,t}\times 100 \tag{7-4}$$

$nofdi_{i,t}$为双边名义直接投资额（以美元表示），use_t 为间接标价法下的美元兑换人民币名义汇率，$cpi_{c,t}$表示消费价格指数（2010=100）。

$e_{i,t}$的计算公式为：

$$e_{i,t}=ne_{i,t}\times p_{i,t}/p_{i,t}^{*} \tag{7-5}$$

其中 $e_{i,t}$为间接标价法，值增大表示人民币升值。$ne_{i,t}$为间接标价法下的双边名义汇率，$p_{i,t}$和 $p_{i,t}^{*}$分别表示中国和外国的消费价格指数。

式（7-3）中，汇率波动 $v_{i,t}$的计算采用张伯伟、田朔①的方法，用邻近两期的汇率差值的绝对值比前期值。

$cy_{i,t}$和$fy_{i,t}$为国内外收入水平，用实际 GDP 来表示。

相对劳动力成本$rw_{i,t}$，用人均实际 GDP 来代替劳动力成本，因此，相对劳动力成本用东道国的人均实际 GDP 与中国的人均实际 GDP 之比来表示。

东道国开放度$open_{i,t}$，用东道国进出口贸易额与 GDP 的比值来表示。

msr_i、eu_i 为虚拟变量，若中国的投资对象国为分样本中的成员则取值为 1，否则取 0。

第四节　实证测算与结果分析

一　针对“一带一路”沿线等国家的全样本分析

在进行正式的实证分析之前，需要考察变量之间是否存在多重共线性，通过对相关系数矩阵的计算发现本章所建立的模型不会存在多重共线

① 张伯伟、田朔：《汇率波动对出口贸易的非线性影响——基于国别面板数据的研究》，《国际贸易问题》2014 年第 6 期。

性问题，故可以进行以下建模。

基于“一带一路”沿线等79个国家和地区的面板数据，利用以下4种回归模型进行处理，即OLS混合回归模型、面板固定效应模型、差分GMM模型和系统GMM模型。其中，*AR*（2）检验结果表明扰动项不存在序列相关性，模型成立，而发现用Sargan进行的过度识别检验得出不能拒绝原假设的结论，因此模型的参数估计有效，具体参数结果见表7-2。

表7-2 全样本回归结果

	OLS混合回归模型	面板固定效应模型	差分GMM模型	系统GMM模型
ln*e*	-1.6725 (0.2280)	-0.4519 (0.5067)	-1.1168** (0.0469)	-1.1397** (0.0376)
ln*e*（-1）	1.9022 (0.1689)	1.3316 (0.1344)	0.8953* (0.0913)	0.8776 (0.1613)
ln*v*	0.0924 (0.1908)	0.0428 (0.1747)	-0.0149 (0.5030)	-0.0174 (0.4736)
ln*cy*	3.3252*** (0.0000)	2.7574** (0.0269)	-1.0982 (0.3028)	-0.2341 (0.4641)
ln*fy*	0.8433*** (0.0000)	0.8697 (0.4103)	1.1623 (0.1507)	0.4949 (0.3198)
ln*rw*	-0.1411 (0.1492)	-0.8980 (0.4916)	-3.1022*** (0.0024)	-1.7366*** (0.0048)
ln*open*	1.3206*** (0.0002)	0.3765 (0.6541)	0.4818 (0.1164)	0.3322 (0.2441)
msr	0.4677 (0.1297)			2.6472 (0.5616)
eu	-1.4824*** (0.0000)			1.9734 (0.1891)
ln*ofdi*（-1）			0.5057*** (0.0001)	0.6189*** (0.0000)
c	-58.4334*** (0.0000)	-45.9657*** (0.0003)	7.5822 (0.4860)	
N	697	697	605	682
AR（2）*p*值			0.5184	0.4928
Sargan *p*值			0.2376	0.3667

注：*、**、***分别表示在10%、5%、1%的水平下显著。

由表 7-2 不难发现以下几点。

第一，利用 OLS 混合回归模型和面板固定效应模型所估计的结果中，ln*e* 的系数均不显著，当在模型中引入中国对外直接投资的滞后项 ln*ofdi*（-1）后，模型变为动态面板模型。由差分 GMM 模型和系统 GMM 模型的估计结果可知，当期人民币升值不利于中国对全样本国家和地区的投资，上一期人民币升值有利于中国对全样本国家和地区的投资。这说明，由于人民币汇率长期处于低估状态，人们对人民币存在普遍的升值预期，在人民币升值预期的作用下，当期人民币升值使投资者产生人民币会进一步升值的预期，进而推迟投资，以便降低投资成本，获得更多利润。这也说明了中国对全样本国家和地区的投资更多的是“成本导向型”而非“市场导向型”。

第二，ln*v* 的系数在 4 种估计结果中均不显著，这意味着从总体上看，相比于人民币汇率水平 ln*e*，汇率波动 ln*v* 对中国向 79 个国家和地区投资的影响并不显著。

第三，在 OLS 混合回归模型和系统 GMM 模型中，*msr* 的系数为正但不显著。而另一个虚拟变量 *eu* 在 OLS 混合回归模型中的系数显著且为负，说明该经济体对中国向其成员国的投资具有一定的负效应。

第四，在差分 GMM 模型和系统 GMM 模型估计中，相对劳动力成本 ln*rw* 的系数为负，值也较大，并且在 1%的水平下显著。这说明东道国劳动力成本上升会对中国对全样本国家和地区的投资产生不利影响，并且与汇率等其他因素相比，东道国劳动力成本上升的负面影响最为显著，这使中国的对外直接投资偏向于“成本导向型”而非“市场导向型”。

第五，在差分 GMM 模型和系统 GMM 模型估计结果中，东道国收入水平 ln*fy* 的系数不显著，这说明东道国市场增大对中国向全样本国家和地区的投资不存在显著影响。这也同样说明了中国对全样本国家和地区的投资更多的是“成本导向型”而非“市场导向型”。

第六，东道国对外开放度的提高有利于中国对外直接投资，但是这种影响显著。

二　针对“21 世纪海上丝绸之路”的分样本分析

上述分析结果显示，中国对其他东道国的直接投资会受区域经济一体化组织的影响，故在此将79个国家和地区分为3个组别，第一组为“21世纪海上丝绸之路”沿线国家，共24个国家；第二组为欧盟，共28个国家；第三组为除上述两组国家之外的其他国家和地区，共27个国家和地区。下面通过对3个分组样本进行回归分析，进而得出不同经济体对中国向东道国的直接投资所产生影响的差异性。由全样本的分析结果可知，当期对外直接投资会受上一期对外直接投资的显著影响，故这里只列出差分GMM模型和系统GMM模型方法的估计结果。*AR*（2）检验说明扰动项不存在自相关，Sargan检验说明工具变量有效。分组样本的实证分析结果见表7-3。

表7-3　分样本回归结果

	“21世纪海上丝绸之路”沿线国家		欧盟国家		其他27个国家和地区	
	差分GMM模型	系统GMM模型	差分GMM模型	系统GMM模型	差分GMM模型	系统GMM模型
ln*ofdi*（-1）	-1.0946 (0.2397)	-0.8551** (0.0256)	0.6199** (0.0107)	0.8911*** (0.0000)	0.4189*** (0.0034)	0.6292*** (0.0000)
ln*e*	1.8778 (0.6619)	3.5280 (0.1368)	-0.1331 (0.9206)	0.0636 (0.9495)	-1.6539* (0.0811)	-1.2907 (0.1379)
ln*e*（-1）	5.5837** (0.0405)	0.1111 (0.9728)	-0.0766 (0.9302)	-0.0852 (0.9312)	1.3530 (0.1367)	1.3726 (0.1431)
ln*v*	-0.1206** (0.0434)	-0.0011 (0.9891)	-0.0397 (0.3353)	-0.0372 (0.3831)	-0.0105 (0.7654)	-0.0242 (0.4859)
ln*rw*	-15.7348** (0.0342)	-12.0785*** (0.0000)	-8.6634** (0.0152)	0.1992 (0.7440)	-2.0587*** (0.0062)	-1.6397*** (0.0061)
ln*open*	5.0279 (0.1912)	3.1554*** (0.0001)	0.7128 (0.4656)	-0.4170 (0.5204)	0.9270** (0.0138)	0.7524* (0.0810)
ln*cy*			-7.1212** (0.0205)	0.6280 (0.3903)	-0.1229 (0.8796)	-0.6783* (0.0766)
ln*fy*			7.2919** (0.0467)	0.0752 (0.7755)	0.7632 (0.2361)	0.9394* (0.0730)
c		-11.5320 (0.3603)	35.5180* (0.0566)	-8.1579 (0.5112)	-5.1380 (0.5244)	
N	81	91	223	252	301	339
AR（2）*p*值	0.7723	0.5949	0.4319	0.3458	0.2831	0.2357
Sargan *p*值	1.0000	1.0000	0.5020	0.8078	0.4930	0.6020

注：*、**、***分别表示在10%、5%、1%的水平下显著。

表 7-3 针对分样本数据进行实证分析，不难得出以下几点。

第一，关于人民币汇率水平的影响。在第一组样本中，ln*e* 系数为正但均不显著。而 ln*e*（-1）的系数在差分 GMM 模型中通过了 5%的显著性水平检验，取值 5.5837，说明上一期人民币升值有利于中国对“21 世纪海上丝绸之路”沿线国家投资，在人民币升值预期的作用下，投资者会推迟投资，以便降低投资成本，获得更多利润。人民币升值对中国对“21 世纪海上丝绸之路”沿线国家的投资存在滞后效应，这说明中国向“21 世纪海上丝绸之路”沿线国家的投资更多的是“成本导向型”而非“市场导向型”。在第二组样本中，无论是差分 GMM 模型还是系统 GMM 模型，人民币汇率水平 ln*e* 和 ln*e*（-1）的系数取值相对很小且不显著，意味着中国对欧盟国家的投资并未受到人民币汇率的显著影响。对于第三组样本，在差分 GMM 模型中，ln*e* 的系数显著取值为负，说明当期人民币升值不利于中国对其他 27 个国家和地区投资。在两种估计结果中，ln*e*（-1）的系数为正，但是这种影响并不显著。

第二，关于人民币汇率波动的影响。在欧盟国家、其他 27 个国家和地区样本中，人民币汇率波动 ln*v* 的系数均为负，说明人民币汇率波动增加不利于中国对这些国家投资，但是这种影响不显著。对于“21 世纪海上丝绸之路”沿线国家样本，在差分 GMM 模型中，ln*v* 系数在 5%的显著性水平下显著，取值为负，说明人民币汇率波动的增加会给中国对“21 世纪海上丝绸之路”沿线国家的投资带来不利影响。

第三，关于劳动力成本的影响。不同样本中，ln*rw* 的系数均统计显著，值也较大，分样本的回归结果进一步说明了与汇率等其他因素相比，东道国劳动力成本是影响中国对外直接投资的重要因素，东道国劳动力成本上升会对中国对外投资产生负面影响，中国对“一带一路”沿线国家的投资更多的是“成本导向型”而不是“市场导向型”。另外，相比于欧盟国家、其他 27 个国家和地区，“21 世纪海上丝绸之路”沿线国家样本中 ln*rw* 的系数更大，说明中国对“21 世纪海上丝绸之路”沿线各国的投资受劳动力成本的影响更大，中国对“21 世纪海上丝绸之路”沿线各国的投资中“成本导向型”的比重更高，中国对“21 世纪海上丝绸之路”沿线各国的投资对东道国的劳动力成本非常敏感。

第四，东道国收入水平 lnfy 的影响[①]。总体上看，东道国收入水平的提高有利于中国对外直接投资。通过对欧盟的实证分析发现，其收入水平的提高有利于中国对欧盟国家的投资，这说明中国对欧盟国家的投资更多偏向于“市场导向型”。

第五，关于对外开放度的影响。由“21 世纪海上丝绸之路”沿线国家、其他 27 个国家和地区的估计结果可知，东道国开放度的提高有利于中国对这些国家和地区直接投资的增加。由欧盟的估计结果可知，由于欧盟的对外开放度已经很高，欧盟的对外开放度不是影响中国对欧盟各国投资的重要因素。

三　结论与启示

（一）结论

本章通过对 79 个国家和地区 2002~2015 年的面板数据分别进行全样本和分组样本的实证分析，得出以下结论。

1. 就总体而言

（1）当期人民币升值不利于中国对全样本国家和地区的投资，上一期人民币升值有利于中国对全样本国家和地区的投资。与人民币汇率水平变动的影响相比，人民币汇率水平的波动对中国对外直接投资没有显著影响。

（2）“21 世纪海上丝绸之路”倡议的实施有利于中国对“21 世纪海上丝绸之路”沿线各国的直接投资，但欧盟组织对中国对欧盟成员国的直接投资产生消极影响。因此，是否为经济体内部成员国会对中国向东道国的直接投资产生影响。

（3）相比于汇率等其他因素，东道国劳动力成本上升会对中国的投资产生较大的负面影响。另外，全样本国家和地区收入水平和对外开放度的

---

① 在第一组即中国对“21 世纪海上丝绸之路”沿线国家样本的回归模型中未考虑收入水平变量 cy 和 fy，原因如下：第一，中国对“21 世纪海上丝绸之路”沿线国家的投资更多的是“成本导向型”而非“市场导向型”，收入水平不是影响中国对“21 世纪海上丝绸之路”沿线国家投资的重要因素；第二，当在模型中引入收入水平变量后，会导致模型中所有变量均不显著。

提高均有利于中国对外的投资，而且这种影响显著。

（4）中国对全样本国家和地区的投资更多的是“成本导向型”而非“市场导向型”。

2. 就地区角度而言

（1）人民币升值对中国对欧盟国家的投资不存在显著影响，但有利于中国对“21世纪海上丝绸之路”沿线国家的投资。人民币汇率波动对中国对欧盟国家、其他27个国家和地区的投资没有显著效应，但在差分GMM模型中，“21世纪海上丝绸之路”沿线国家 $\ln v$ 的系数显著，取值为-0.1206，因此会对中国向这些国家的投资产生负效应。

（2）本章基于“21世纪海上丝绸之路”沿线国家和欧盟国家的分样本分析进一步说明了中国提出了“21世纪海上丝绸之路”倡议后，人民币升值将更有利于中国对东道国的投资，反之则不同。

（3）相较于汇率等其他因素，分样本分析进一步说明了东道国劳动力成本上升会对中国对外直接投资产生较大的不利影响。但是，相比于欧盟国家、其他27个国家和地区，中国对“21世纪海上丝绸之路”沿线各国的投资受劳动力成本的影响更大。另外，东道国收入水平和对外开放度的提高均有利于中国的对外直接投资，相比于欧盟国家，“21世纪海上丝绸之路”沿线国家、其他27个国家和地区开放度的提高更有利于中国对这些国家和地区的投资增加。

（4）相比于中国对欧盟国家的投资，中国对“21世纪海上丝绸之路”沿线国家的投资的“成本导向型”特征更明显，中国对“21世纪海上丝绸之路”沿线各国的投资对东道国的劳动力成本非常敏感。

（二）启示

第一，进一步完善人民币汇率形成机制，建立以市场供求为基础、参考一篮子货币来调节的人民币汇率形成机制。在扎实推进该项工作的过程中，注意降低人民币汇率的波动幅度，力争达到均衡合理的水平，将由人民币汇率波动性所带来的对东道国直接投资的负面影响降到最低。

第二，引导企业“走出去”，优化产品结构、发展多样化投资方式。鼓励企业由“成本导向型”投资向非“成本导向型”投资转变，逐步摆脱科技含量低、劳动密集型投资模式。从而在最大程度上降低东道国劳动力成本上升给中国跨国公司投资造成的不利影响，进一步提高中国企业的市场竞争力。

第三，深化合作包容、共同繁荣的合作理念。调动有关国家以及国际组织的积极性，汇集各方力量参与。借助自身优势，协助相关沿线国家和国际组织建设基础设施、发展经济等。在先易后难的基础上，逐步推进各个国家经济、文化、科技等方面的共同发展，造福“一带一路”沿线国家和人民。

第八章　中国与“海丝”沿线国家的能源合作

第一节　中国与“海丝”沿线国家能源合作现状及领域

能源是现代社会重要的物质基础，堪称人类社会发展的血液，与我们的国计民生息息相关。2013年10月，中国国家主席习近平先后提出共建“丝绸之路经济带”和“21世纪海上丝绸之路”倡议，2015年3月中国政府发布《推动共建丝绸之路经济带和21世纪海上丝绸之路的愿景与行动》，对“丝绸之路经济带”和“21世纪海上丝绸之路”的建设进行诠释和解读，得到了国际社会的重视和认可。

然而任何人类活动都无法离开能源，“丝绸之路经济带”和“21世纪海上丝绸之路”的建设中，与各个国家之间的能源合作问题更是不可或缺的组成部分，也是“一带一路”建设中重要的物质基础。缘于此，中国国家发展和改革委员会和国家能源局共同制定并发布了《推动丝绸之路经济带和21世纪海上丝绸之路能源合作愿景与行动》，以期从“一带一路”视角下在能源合作领域找到新的合作模式，促使各国之间的能源安全、贸易等进入全新的发展阶段。

一 中国的能源使用和生产状况

（一）能源经济三种要素之间的矛盾

能源助力全球的经济发展和人类文明，在人们享受科技进步、文化繁荣等一系列人类文明的成果之时，也遭遇能源短缺危机、能源安全和环境污染等问题。这一问题是全球性的，但对于飞速发展中的中国来说，尤为重要。

能源经济的基本要素包括资源、科技和资本。但这三种要素在同一地区难以平衡匹配，拥有先进技术的国家往往并不一定存在可供开发的资源和资本，相反，一些具有大量资源的国家，有可能没有勘探和开采的技术条件和设备或者没有开采的资本；拥有大量资本的国家，也有可能没有开采的技术水平和可供开采的能源资源。这就是所谓的能源经济要素之间的矛盾，并且世界上很难有一个国家完全具备以上三种要素，换句话说，也就是能源经济要素之间的矛盾普遍存在。只有在世界范围内广泛开展能源合作才能体现相对优势，达到互利共赢的局面。表8-1显示了世界主要国家和地区的石油经济三大要素的对比情况。

表8-1 世界主要国家和地区石油经济三大要素情况

项目	美国、日本、欧洲	中国	OPEC	俄罗斯
石油资源	☆	☆	★	★
石油资本	★	☆→★	☆	☆
石油科技	★	☆	☆	★

注：“☆”表示“基本欠缺”，“★”表示“基本拥有”。

资料来源：舒先林《“21世纪海上丝绸之路”与中国能源外交》，《国际展望》2015年第5期。

从表8-1可以看出，中国在石油资源、石油科技和石油资本方面都不具有特别的优势。美国、欧洲和日本等发达国家，在石油资本和石油科技方面超越中国；近邻俄罗斯也在石油资源和石油科技方面领先中国；而OPEC虽然在石油科技和石油资本方面处于劣势，但其拥有丰富的石油资源。中国在石油资源、石油资本和石油科技这三大要素中，只有石油资本这一项出现了一定的好转。因此，中国必须重视这一问题，以“21 世纪海上丝绸之路”建设为契机，在互联互通的经济格局中，通过与“21 世纪海上丝绸之路”沿线国家各方面的合作，解决上述能源供给、安全等问题，促进区域能源资本、资源和技术的流动，实现能源领域的全面发展。

（二）能源供需失衡

中国的能源蕴藏量位居世界前列，但是目前中国已取代美国，成为世界能源消费第一大国。随着中国经济的高速发展，中国的能源生产和能源消费均呈现迅猛的增长势头，但是在增长过程中，能源消费和能源生产之间的缺口出现增大的趋势。

从中国能源储备状况来看，中国自然资源总量排世界第七位，能源资源总量位居世界第三。从世界范围来看，煤炭储量排名前五的国家依次为美国、中国、澳大利亚、印度和德国。中国虽然位居第二，但是相比位居第一的美国，中国的煤炭储量不足美国的一半。就储采比而言，其他四国的储采比均在 210 年以上，而中国如果保持现有开采强度，储采比将不足 100 年。除煤炭外，中国的石油和天然气的资源储量分别为 930 亿吨和 38 万亿立方米。中国的石油和天然气的储采比更加不容乐观，现已探明的石油和天然气储量仅占资源量的 20% 和 6% 左右，仅能维持几十年的开采。虽然中国幅员辽阔，但是我们要清醒地认识到中国的常规能源资源并不丰富、人均能源资源相对不足的问题，而这些问题也已经成为中国经济和社会可持续发展的一个障碍。下面通过数据资料，具体分析中国能源供需关系之间的问题，见表 8-2。

表 8-2 显示了 1978~2015 年中国的能源生产总量和消费总量。不难发现中国能源生产的供需关系十分紧张。从中国历年能源供需状况来看：中国一次能源生产总量连续五年居世界第一，能源自给率保持在 90% 以上。改革开放初期，中国能源的生产大于消费，保持着供大于求的供给关系。其中供过于求最大的年份是 1985 年，供需之间有 8864 万吨标准煤的剩余。而供大于求的格局从 1992 年开始发生变化，从 1992 年至 2015 年，中国能源消费量始终大于能源生产量，并且这一缺口有逐渐扩大的趋势。将两者的时间序列关系用折线图进行展示，供需矛盾一目了然，见图 8-1。

表 8-2 中国能源生产和消费总量

单位：万吨标准煤

年 份	生产总量	消费总量	供需差	年 份	生产总量	消费总量	供需差
1978	62770	57144	5626	2002	150656	159431	-8775
1980	63735	60275	3460	2003	171906	183792	-11886
1985	85546	76682	8864	2004	196648	213456	-16808
1990	103922	98703	5219	2005	216219	235997	-19778
1991	104844	103783	1061	2006	232167	258676	-26509
1992	107256	109170	-1914	2007	247279	280508	-33229
1993	111059	115993	-4934	2008	260552	291448	-30896
1994	118729	122737	-4008	2009	274619	306647	-32028
1995	129034	131176	-2142	2010	296916	324939	-28023
1996	133032	135192	-2160	2011	340178	387043	-46865
1997	133460	135909	-2449	2012	351041	402138	-51097
1998	129834	136184	-6350	2013	358784	416913	-58129
1999	131935	140569	-8634	2014	361866	425806	-63940
2000	135048	145531	-10483	2015	362000	430000	-68000
2001	143875	150406	-6531				

资料来源：笔者根据中华人民共和国国家统计局编的 2016 年度《中国统计年鉴》的数据制作而成。

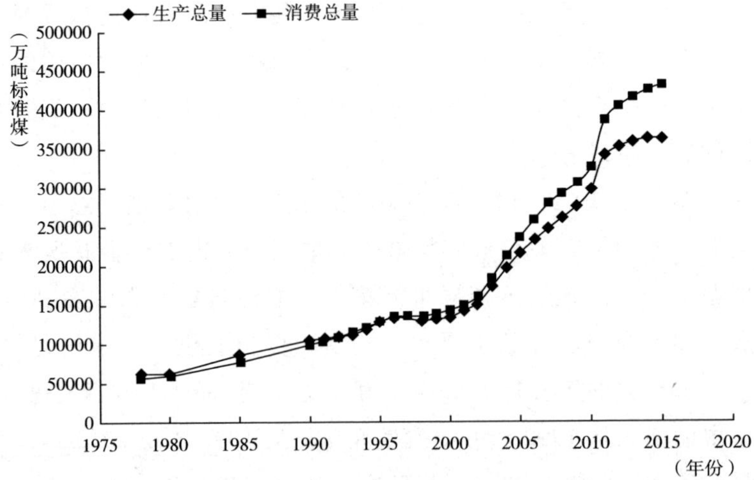

图 8-1 中国能源生产和消费总量之间的供需矛盾

资料来源：笔者根据中华人民共和国国家统计局编的 2016 年度《中国统计年鉴》的数据制作而成。

（三）能源结构欠佳、利用率低下

在中国能源消费总量快速增长的同时，能源结构调整却出现滞后。中国拥有世界第二的煤炭储量，因此长期以来，中国都以煤炭为能源消费的主要来源，并且在可再生资源的开发和利用方面存在明显滞后，导致可再生资源的使用程度偏低。中国探明的煤炭资源占煤炭、石油、天然气、水能和核能等一次能源总量的90%以上，煤炭在中国能源生产与消费中的支配地位很难在短期内改变。世界能源消费结构已经逐渐由煤炭为主向石油、天然气为主转变，但中国受能源储备特征等诸多因素的影响，依然保持着以煤炭为主的能源消费形态。下面对2015年中国能源生产和消费结构进行分析。

由图8-2和图8-3可以看出，无论是从生产还是消费的角度，煤炭在中国能源总量中长期占据首位，其次分别是石油和天然气，但后两者始终不占主导地位。这一现象充分说明，作为世界煤炭消费第一大国的中国在能源结构的调整方面仍需要大力推动和改革。随着全球能源危机的出现，“能源效率”（Energy Efficiency）一词在当今国际社会被频频提及。“能源效率”的概念是在20世纪70年代提出的，从提出以来，这个问题始终没有脱离人们的视线，反而越来越成为国际社会和学术界普遍关注的热点问

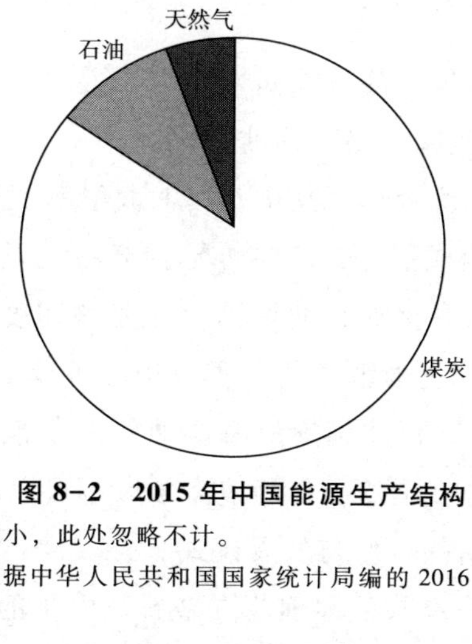

图8-2　2015年中国能源生产结构

注：其他能源占比小，此处忽略不计。

资料来源：笔者根据中华人民共和国国家统计局编的2016年度《中国统计年鉴》的数据制作而成。

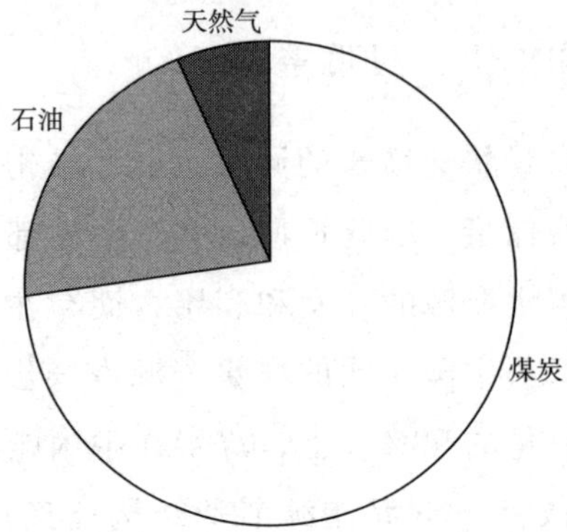

图 8-3　2015 年中国能源消费结构

注：其他能源占比小，此处忽略不计。

资料来源：笔者根据中华人民共和国国家统计局编的 2016 年度《中国统计年鉴》的数据制作而成。

题。由于能源的重要性和紧缺性，提高能源利用效率和落实节能减排工作也逐渐被公认为是缓解能源供求矛盾和解决环境污染问题的重要途径。因此，提高能源效率已经成为全世界经济发展、社会稳定和能源可持续利用的内在要求。

二　中国与“海丝”沿线国家的合作现状

（一）中国能源进口总体情况

鉴于能源在经济发展中的特殊属性和重要性，中国与“丝绸之路经济带”和“21 世纪海上丝绸之路”沿线国家在“一带一路”倡议提出之前，就一直积极开展各种能源合作。其中，“21 世纪海上丝绸之路”作为“一带一路”倡议的海上组成部分，将在传承古老海上丝绸之路的基础上，用新的精神和态度将东盟、南亚、波斯湾、红海和印度洋等地进行联通。能源外交，是“21 世纪海上丝绸之路”倡议中不可或缺的组成部分，中国与“21 世纪海上丝绸之路”沿线国家的海洋油气和新能源的共同开发、能源基础设施的建设和能源安全的合作等诸多领域都可以在“21 世纪海上丝绸之路”倡议下，寻找新的合作与发展模式。

从“丝绸之路经济带”的地理范围来看，中国的能源进口主要基于两个走向的管道，分别是位于中国西北地区的中哈油气管线，以及位于中国东北地区的中俄油气管线。从“21 世纪海上丝绸之路”的地理范围来看，有西南方向的中缅油气管线，还有中东、东南亚、拉丁美洲和非洲 4 条航线，这 4 条航线是中国目前能源进口的主要途径，可见在“21 世纪海上丝绸之路”中能源问题显得更加重要。

为了更详细地说明中国历年的进口情况，表 8-3 给出中国石油进口主要来源国及进口量的数据。由于资料有限，表 8-3 仅记录 2004~2014 年中国石油进口主要来源国中 4 个国家的相关数据，其中属于“21 世纪海上丝绸之路”沿线国家的有 3 个，分别为沙特阿拉伯、伊朗和阿曼。属于“丝绸之路经济带”沿线国家的有一个，为俄罗斯。

表 8-3　中国石油进口主要来源国及进口量

单位：万吨

年份	沙特阿拉伯	伊朗	阿曼	俄罗斯
2004	1724	1323	804	1077
2005	2218	1427	926	1278
2006	2397	1677	1634	1596
2007	2633	2053	1083	1452
2008	3637	2123	1318	1164
2009	4195	2314	1366	1530
2010	4464	2131	1458	1524
2011	5027	2775	1163	1972
2012	5391	2192	1957	2432
2013	5032	1526	1871	1756
2014	4967	2746	2974	3311

资料来源：高金瑞《中国与“一带一路”沿线国家能源合作研究》，硕士学位论文，河北大学，2016。

在所列举的 4 个国家中，中国从沙特阿拉伯进口的石油最多，从 2004 年的 1724 万吨增长到 2014 年的 4967 万吨，其中 2012 年的进口量最多，达到 5391 万吨。其次是俄罗斯，由 2004 年的 1077 万吨增长到 2014 年的 3311 万吨。中国从伊朗和阿曼进口的石油虽然不如前两个国家多，但其增长速度也是十分显著的，中国从伊朗进口的石油从 2004 年的 1323 万吨增长至2014年的2746万吨，中国从阿曼进口的石油从2004年的804万吨增长到2014年的2974万吨。历年的时间序列趋势情况见图8-4。

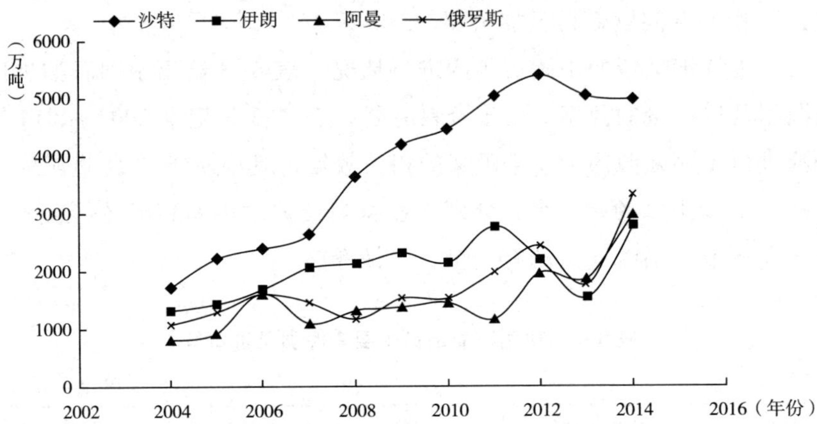

图8-4　中国从石油进口主要来源国进口石油数量的时间序列趋势

图8-4反映的是中国从石油进口主要来源国进口石油数量的时间序列趋势。从供给量可以看出，中国从沙特阿拉伯进口石油的增长速度最快，尤其是2006~2012年，随后保持高位平稳。俄罗斯、伊朗和阿曼的数据则相互交织，从均值上看，中国从俄罗斯进口的石油数量在这4个国家中排名第二，但在某些年份俄罗斯的数据出现较伊朗和阿曼低的情况。无论这4个国家的数据曲线形态有何差异，但其总体趋势均呈现波动式的上升状态。说明中国和这些拥有丰富油气资源的国家具有稳定的供给关系，并且供给量在不断增加。

（二）中国与中东地区的能源合作情况

由上一小节的分析可知，中东地区是中国石油进口的主要来源地之一，故在此对中国与中东地区的能源合作进行分析。所谓中东地区，从地理位置上讲是亚洲西部和非洲东北部地区，包括沙特阿拉伯、伊朗、阿曼、阿联酋等13个国家。它联系着亚、欧、非三大洲，是“21世纪海上丝绸之路”上的重要交通枢纽。并且，这里拥有世界最丰富的油气资源，在石油输出国组织（OPEC）中占有重要席位。

中东地区向来是中国最重要也是最大的石油进口贸易伙伴，从中东地区进口的石油占中国石油进口总量的60%左右，且在过去的10多年当中，沙特阿拉伯始终是中国最大的石油进口国，从沙特阿拉伯进口的石油几乎占中国石油进口总量的20%。在传统的石油贸易往来方面，中国和中东地区一直保持着较为稳定的关系。从企业的角度来看，中国在中东地区的石油投资，也是中国对外投资的一个组成部分。中国的几大石油公司产业链中的最大项目都集中在中东地区的伊拉克和伊朗。它们与这两个国家的企业分别签署了开发大型油田的服务合同。中国石油天然气集团有限公司也牢牢抓住机会，在伊拉克的石油工业中找到了自己的着力点，成为伊拉克最大的外资企业。

从国家宏观经济政策的角度来看，中国国家主席习近平十分重视中国与中东地区的能源合作问题，在习近平出访沙特阿拉伯、埃及和伊朗的时候，分别与上述国家就开展多样化的能源合作签订有关文件。在沙特阿拉伯方面，2017年3月，中国国家主席习近平和沙特国王萨勒曼会面，并共同发表联合声明。这意味着，中国和沙特阿拉伯在石油领域的合作水平将有所提升，进一步巩固了中国石油的供应市场。此外，沙特阿拉伯和中国都希望通过共同努力，落实和建立中国-海湾合作委员会自由贸易区。这充分说明“丝绸之路经济带”和“21世纪海上丝绸之路”倡议有利于中国同中东地区能源贸易的开展。沙特阿拉伯作为“21世纪海上丝绸之路”上中国重要的全球合作伙伴，此举将进一步促进双方在能源等领域的多样化合作。作为中东地区石油重要产地的伊朗，也是中国主要的石油进口来源国之一，但由于近些年伊朗内部局势不稳定，中国同伊朗的能源合作项目进展缓慢，但中国依然表示愿意在能源等领域同伊朗进行合作，并将合作长期化、全面化。

（三）中国与泛东盟地区的能源合作情况

中国-东盟自由贸易区（CAFTA）是世界三大区域经济合作区之一，其他两个分别是欧盟和北美自由贸易区。中国-东盟自贸区与欧盟和北美自由贸易区的不同之处在于其成员国大部分是发展中国家，并且具有世界上最多的人口。中国与东盟10国的对话最早可以追溯到1991年，但2010年1月1日才成立中国-东盟自贸区。东盟的10个国家分别是马来西亚、印度尼西亚、泰国、菲律宾、新加坡、文莱、越南、老挝、缅甸和柬埔寨。中国-东盟自贸区建立以来，中国与东盟各国在各个方面都展开了交流合作，能源贸易是中国-东盟自贸区的合作重点之一。

东盟是中国在全球范围内建立的4个能源重点开发区之一，双方要在长期的能源贸易基础上，开展多样化的能源合作。包括油气贸易、石油与天然气的勘探、能源的投资、能源设施建设、能源通道安全、能源的共同开发和维护等诸多项目。在电力方面，中国相关电力集团和建设单位在东南亚国家展开自己的项目，并给越南、泰国、老挝等东南亚国家提供电力输送。除了传统的能源合作方式，中国和东南亚国家积极开展新的能源合作模式，在能源运输通道的建设、安全和维护方面进一步加强合作。部分合作机制已经建立并启动，包括：中国与印尼的天然气合作、油气基础设施建设；中国与新加坡的油气管道建设和维护；中国与泰国之间的太阳能发电、生物发电等清洁能源合作和石油开采工作；中国与越南、缅甸、东帝汶和柬埔寨等国的合作和技术支持。

上述是中国与东南亚国家的能源合作情况。中国除了与东盟相关国家开展一系列的能源合作之外，还同南亚国家进行积极合作。印度作为人口众多且具有发展活力的巨大经济体，对能源有着迫切的需求。中国和印度在能源多样化的开拓方面，具有类似的需求，因此，中国和印度之间的能源合作十分微妙，既是能源需求中的竞争对手，又是能源开发和勘探中的合作伙伴。目前中印两国的能源合作以第三地的共同勘探和开采为主，并联合收购部分石油资源。此外，中印两国在能源安全领域也具有合作潜力，中国的能源运输通道相对单一并且存在不安全因素，而印度在石油运输的必经之路——印度洋具有一定的军事威慑力，但其在能源管道的建设方面能力不足，需要中国的技术支持。因此，中国和印度可以在能源领域继续挖掘合作潜力，达到互惠共赢的目的，印度沙普管道工程建设就是一个很好的合作案例。“中巴经济走廊”是“丝绸之路经济带”和“21世纪海上丝绸之路”的交汇点，具有重要的地理位置，同时也是“21世纪海上丝绸之路”建设中的重大项目之一。能源是“中巴经济走廊”中不可或缺的要素，为此中国国家能源局针对现实情况，提出面向海外能源合作的全新模式，即“规划—协议—项目”和“产业+金融”。在中巴双方能源主管部门的推动下，各项能源运送管道、核电站、水电站的建设如火如荼地展开。经过中国能源与电力企业的努力，目前中国在巴基斯坦的各项能源投资初具雏形，基本解决了当地能源短缺等问题。针对南亚的其他国家，如孟加拉国、斯里兰卡和马尔代夫等，中国根据各个国家的特点，与其展开必要的合作，并为后续的深入合作建立了良好的开端。

第二节　中国“海丝”沿线地区能源效率研究

一　“21世纪海上丝绸之路”与自贸区

2015年3月28日，国家发改委、商务部、外交部联合发布《推动共建丝绸之路经济带和21世纪海上丝绸之路的愿景与行动》（以下简称《愿景与行动》），在该文件中，明确了有关“一带一路”沿线的省份，共计18个，并把西部的新疆和位处东南沿海的福建，分别定为“丝绸之路经济带”和“21世纪海上丝绸之路”的核心区。其中与“21世纪海上丝绸之路”相关的地区为：上海、浙江、福建、广东和海南这5个东南沿海省市。《愿景与行动》对广西的定位是，“一带一路”的重要门户，重点突出广西壮族自治区与东盟国家之间陆海相邻的地缘优势，构建辐射东盟10国的国际通道，加快北部湾建设，打造新的支点。笔者认为根据广西独特的地理位置和与东盟的国际通道建设，应该将其纳入“21世纪海上丝绸之路”沿线省份。

无独有偶，就在《愿景与行动》提出前四天，即2015年3月24日，中共中央政治局召开会议审议通过了中国（广东）自由贸易试验区、中国（天津）自由贸易试验区、中国（福建）自由贸易试验区总体方案。这是继2013年8月中国在上海成立第一个自贸区之后的又一举措。中国经济发展已经进入“新常态”，4个自贸区对中国经济的区域辐射能力和对外交流合作均产生重大影响。中国4个自贸区处于不同地理位置，各有其特色。上海自贸区对内辐射长江经济带，并放眼全球，力争打造国际金融中心；广东自贸区对内面向港澳、珠三角等地区，对外面向中国-东盟自贸区；天津自贸区作为唯一一个位于中国北方的自贸区，对内服务于京津冀经济一体化，对外与日韩等东北亚地区相互呼应；福建自贸区与台湾隔海相望，重点对接台海自由经济区，对外打造“21世纪海上丝绸之路”建设重镇。由此可见，自贸区建设和“21世纪海上丝绸之路”战略平台的搭建，存在内部的深刻联系，如何发挥自贸区优势，做好与“21世纪海上丝绸之路”倡议的对接和配合，也是上述地区需要积极考虑的问题之一。

中国“21世纪海上丝绸之路”沿线地区和自贸区作为新一轮对外开放的利器，对中国进一步改革开放起到深化与倒逼作用，它们各自肩负着区域经济发展、打通国际互联互通平台的历史使命。但无论选择怎样的发展途径与模式，经济发展离不开对能源尤其是电力能源的消耗与使用，更无法彻底摆脱经济发展与环境污染的两难问题。能源是人类活动的物质基础，是现代社会的血液，而电力能源更是经济发展的基石和人民生活的物质保障。现阶段，中国能源消耗与二氧化碳排放量居世界首位，包括中国“21世纪海上丝绸之路”沿线地区和自贸区在内的东部经济发达地区是能源消耗与二氧化碳排放的主要地带。如何提高能源效率、改善生态环境、调整能源与环境承载力不足的情况，是摆在这些地区面前的共同问题。

因此，本章研究中国“21世纪海上丝绸之路”沿线地区和自贸区的绿色能源效率及其影响因素问题。回顾历史，是为了更好地展望未来，考察这些地区10多年来的绿色能源效率及其影响因素，有利于其自身横向与纵向比较，从而找到一条更加优化的经济、能源、环境相互协调的发展道路，为“21世纪海上丝绸之路”的发展提供有利支撑。

二　有关效率测度的理论模型及创新

（一）文献梳理

本章以量化分析为主要手段，考察中国“21世纪海上丝绸之路”沿线地区和4大自贸区绿色能源效率及其影响因素，以期对上述区域环境约束下的绿色能源效率问题提供一些有力的方法支撑和决策参考。自贸区一般分为两种：自由贸易试验区（Free Trade Zone，FTZ）和自由贸易区（Free Trade Area，FTA）。前者指在一国或者地区境内，单方设立监管和优惠政策的特殊经济区域。后者指两个或两个以上的经济体所达成的消除贸易壁垒的区域经济一体化组织。本章所探讨的自贸区则属于前者。关于自贸区的研究，大多数学者着眼于 FTA 方面，而在 FTZ 研究领域，尤其是中国 FTZ 的研究，相对缺乏定量分析。

在能源效率测度方面，Hu 和 Wang 在定义了全要素能源效率之后，采用 DEA 模型对中国省际能源效率进行测算。[①] 在此基础上，Wei 等、李世祥等、Nouri 等以及 Zhao 等也根据此方法从区域或产业角度进行能源效率测算。[②] 但随着能源消耗所带来的环境污染问题越发严重，近些年有关绿色能源效率的测度问题成为研究主流。魏梅等、张伟等、师博等、冯博等都将某些必要的环境污染物纳入投入产出指标体系，在能源消耗与环境污染的双重视角下，对区域或行业能源效率进行考察。[③] 在能源效率影响因素分析方面，邱斌等使用基于 DEA 的 Malmquist 指数方法分析了中国制造业全要素生产率并利用制造业内资部门 2000~2005 年的行业层面板数据考察了 FDI 水平关联和前后关联对全要素生产率及其分解变量的影响。[④] 龚健健、沈可挺以高耗能产业为研究对象，通过分析中国 30 个省份 1998~2008 年高耗能产业的区域分布及污染排放状况，利用动态面板数据对影响中国及三大区域高耗能产业污染排放的因素进

---

① J. L. Hu, S. C. Wang, “Total-factor Energy Efficiency of Regions in China,” *Energy Policy*, 34, (2006): 3206-3217.

② Y. M. Wei, H. Liao, Y. Fan, “An Empirical Analysis of Energy Efficiency in China’s Iron and Steel Sector,” *Energy*, 32, (2007): 2262-2270. 李世祥、成金华：《中国能源效率评价及其影响因素分析》，《统计研究》2008 年第 10 期；J. Nouri, F. H. Lotfi, H. Borgheipour, F. Atabi, S. M. Sadeghzadeh, Z. Moghaddas, “An Analysis of the Implementation of Energy Efficiency Measures in the Vegetable Oil Industry of Iran: A Data Envelopment Analysis Approach,” *Journal of Cleaner Production*, 52, (2013): 84 - 93. X. L. Zhao, R. Yang, Q. Ma, “China’s Total Factor Energy Efficiency of Provincial Industrial Sectors,” *Energy*, 65, (2014): 52-61.

③ 魏梅、曹福明、金荣：《生产中碳排放效率长期决定及其收敛性分析》，《数量经济技术经济研究》2010 年第 9 期；张伟、吴文元：《基于环境绩效的长三角都市圈全要素能源效率研究》，《经济研究》2011 年第 10 期；师博、沈坤荣：《政府干预、经济集聚与能源效率》，《管理世界》2013 年第 10 期；冯博、王雪青：《中国建筑业能源经济效率与能源环境效率研究——基于 SBM 模型和面板 Tobit 模型的两阶段分析》，《北京理工大学学报》（社会科学版）2015 年第 1 期。

④ 邱斌、杨帅、辛培江：《技术溢出渠道与中国制造业生产率增长研究：基于面板数据的分析》，《世界经济》2008 年第 8 期。

行了回归分析。[①] 陈超凡运用方向性距离函数及ML生产率指数测算了资源环境约束下的工业绿色全要素生产率，进而通过SYS-GMM动态面板模型研究工业绿色全要素生产率的影响因素。[②]

有关能源效率测度的文献大多采用传统DEA模型，由于该方法属于自评测算体系并未考虑各个决策单元之间的博弈关系，且存在测度结果相对偏大的问题，故基于该方法所进行的测度研究会引发一系列有关效率测度的缺陷。此外，SBM模型在考虑环境约束的绿色能源效率测度问题中使用广泛，但这种方法在出现较多决策单元时，会产生无法对每个决策单元进行充分排序的问题，不利于决策单元之间的相互比较分析。本章针对上述问题，提出生态-博弈交叉效率模型（eco-GCDEA），该模型在考虑生态环境的基础上将决策单元的博弈关系纳入线性规划，克服传统DEA模型在测算和排序方面的不足，使模型更加合理。在影响因素测度方面，较为普遍的研究成果都是针对“短面板”（大N小T）数据展开，鲜有学者处理长面板问题。由于本章研究对象属于长面板问题，所以采用偏差校正LSDV（bias corrected LSDV）法来估计动态面板模型。此方法是对处理长面板数据的能源效率影响因素问题的有效补充，同时也为针对小型区域的影响因素分析提供了一种方法借鉴。

（二）效率测度模型

数据包络分析方法（Data Envelopment Analysis Approach）于1978年由Charnes等人提出，该方法使用方便、测算性能优良，因此被广泛使用，其中应用最广泛的就是CCR模型。但传统的CCR模型自身存在一些测度缺陷，易造成被决策单元权重系数向量的极端性从而脱离现实含义等问题。基于此，Doyle等提出交叉效率测度模型用来修正这一问题。[③] 在此基础上，Liang等提出考虑博弈关系的博弈交叉效率模型，[④] 该模型是对传统模

---

① 龚健健、沈可挺：《中国高耗能产业及其环境污染的区域分布——基于省际动态面板数据的分析》，《数量经济技术经济研究》2011年第2期。

② 陈超凡：《中国工业绿色全要素生产率及其影响因素——基于ML生产率指数及动态面板模型的实证研究》，《统计研究》2016年第3期。

③ J. Doyle, R. Green, "Efficiency and Cross Efficiency in DEA: Derivations, Meanings and the Uses," *Journal of the Operational Research Society*, 45, (1994): 567-578.

④ L. Liang, J. Wu, W. D. Cook, J. Zhu, "The DEA Game Cross-Efficiency Model and Its Nash Equilibrium," *Operations Research*, 56, (2008): 1278-1288.

型的进一步改进，在纳入决策单元博弈关系的同时避免了交叉效率模型二次目标的选择问题。但以上模型均是基于期望产出下的效率测度模型，随着能源消费过程中负外部性影响加剧，在投入产出矩阵中必然需要加入对环境污染的考核指标。因此，本章在博弈交叉效率模型的基础上，提出生态-博弈交叉效率模型，对中国“21 世纪海上丝绸之路”沿线地区和 4 大自贸区环境约束下的绿色能源效率进行实证分析。

假设有 n 个决策单元 DMU_j，$j=1$，…，n，每个决策单元有 m 项投入和 s 项产出。x_{ij}（$i=1$，…，m）和 y_{rj}（$r=1$，…，s）表示 DMU_j 的投入和产出向量。通过 CCR 模型求出决策单元的最优权重（ω_{1d}^*，…，ω_{md}^*，μ_{1d}^*，…，μ_{sd}^*），基于 CCR 模型算出 DMU_d 的相对效率值，公式如下：

$$
\begin{aligned}
Max \quad & \sum_{r=1}^{s} \mu_{rd} y_{rd} = E_{dd} \\
s.t. \quad & \sum_{i=1}^{m} \omega_{id} x_{ij} - \sum_{r=1}^{s} \mu_{rd} y_{rj} \geqslant 0, j = 1, \cdots, n \\
& \sum_{i=1}^{m} \omega_{id} x_{id} = 1 \\
& \omega_{id} \geqslant 0, i = 1, 2, \cdots, m \\
& \mu_{rd} \geqslant 0, r = 1, 2, \cdots, s
\end{aligned}
\tag{8-1}
$$

其中，ω_{id}、μ_{jd}为 x_{ij}、y_{rj}的权重，E_{dd}为 DMU_d 最优解。该模型的最大弊端在于其基于“自评”体系对决策单元进行评价，容易造成得分值的夸大，使决策单元之间的排序问题得不到充分解决。但对于各个参与评价的决策单元之间进行客观、科学的排序有利于它们之间的相互比较，从而给生产决策和经济管理等方面提供有力的智力支持。因此，对这一问题的研究具有重要的意义。在此定义 DMU_j（$j=1$，…，n）利用 DMU_d 的权重计算出的交叉效率值表达式为：

$$
E_{dj} = \sum_{r=1}^{s} \mu_{rd}^* y_{rj} / \sum_{i=1}^{m} \omega_{id}^* x_{ij}, d, j = 1, \cdots, n \tag{8-2}
$$

式（8-2）的交叉效率值可以用交叉效率矩阵（Cross-efficiency Matric）表示，见表 8-4。

表 8-4 交叉效率矩阵

评价单元	被评价单元				
	1	2	3	…	n
1	E_{11}	E_{12}	E_{13}	…	E_{1n}
2	E_{21}	E_{22}	E_{23}	…	E_{2n}
3	E_{31}	E_{32}	E_{33}	…	E_{3n}
⋮	⋮	⋮	⋮	⋮	⋮
n	E_{n1}	E_{n2}	E_{n3}	…	E_{nn}
交叉效率	$\overline{E}_1$	$\overline{E}_2$	$\overline{E}_3$	…	$\overline{E}_n$

表 8-4 中对角线元素显然为 CCR 模型的最优解；非对角线上的元素为交叉效率值；由此定义 DMU_j（$j=1$，…，n）的（平均）交叉效率值为：

$$\overline{E}_j = \frac{1}{n}\sum_{d=1}^{n} E_{dj} \tag{8-3}$$

在此基础上，定义 DMU_j 利用 DMU_d 的权重所得博弈交叉效率值的表达式为：

$$\alpha_{dj} = \sum_{r=1}^{s}\mu_{rj}^{d}y_{rj} / \sum_{i=1}^{m}\omega_{ij}^{d}x_{ij}d, j = 1,\cdots,n \tag{8-4}$$

式（8-4）的值可以用下面的线性规划法[①]求出：

$$\begin{aligned}
&Max \quad \sum_{r=1}^{s}\mu_{rj}^{d}y_{rj} \\
&s.t. \quad \sum_{i=1}^{m}\omega_{ij}^{d}x_{ij} - \sum_{r=1}^{s}\mu_{rj}^{d}y_{rj} \geqslant 0, j = 1,\cdots,n \\
&\qquad \sum_{i=1}^{m}\omega_{ij}^{d}x_{id} = 1 \\
&\qquad \alpha_d \times \sum_{i=1}^{m}\omega_{ij}^{d}x_{id} - \sum_{r=1}^{s}\mu_{rj}^{d}y_{rj} \leqslant 0 \\
&\qquad \omega_{ij}^{d} \geqslant 0, i = 1,2,\cdots,m \\
&\qquad \mu_{rj}^{d} \geqslant 0, r = 1,2,\cdots,s
\end{aligned} \tag{8-5}$$

① 王婷婷、朱建平：《环境约束下电力行业能源效率研究》，《中国人口·资源与环境》2015 年第 3 期。

其中，μ_{rj}^{d}和ω_{ij}^{d}是模型的可行权重。$\alpha_d \leqslant 1$为模型参数，其初始值定义为传统交叉效率值，后续取值可通过迭代算法求得。因此，定义$\overline{\alpha_j} = \frac{1}{n}\sum_{d=1}^{n}\alpha_{dj}$为$DMU_j$的博弈交叉效率值。

CCR 模型会出现没有唯一解的情况。为了解决这一问题，Dolye 和 Green 提出了利众型策略（Benevolent Cross-evaluation）和排他型策略（Aggressive Cross-evaluation）的二次目标选择方法。利众型策略顾名思义就是在最优解情况下以保持自身效率值不变为原则，选择使其他决策单元效率值最大的解。其数学表达式如下：

$$
\begin{aligned}
& Max \quad \widetilde{E}_{dj}(x_d, y_d) = \sum_{r=1}^{s}\mu_r y_{rj} \\
& s.t \quad \sum_{i=1}^{m}\omega_i x_{il} - \sum_{r=1}^{s}\mu_r y_{rl} \geqslant 0, l = 1, \cdots, n \\
& \qquad \sum_{r=1}^{m}\omega_i x_{id} = 1 \\
& \qquad \sum_{i=1}^{m}\omega_i x_{id} - E_{dd}(x_d, y_d)\sum_{r=1}^{s}\mu_r y_{rd} = 0 \\
& \qquad \omega_i \geqslant 0, i = 1, 2, \cdots, m \\
& \qquad \mu_r \geqslant 0, r = 1, 2, \cdots, s
\end{aligned}
\tag{8-6}
$$

排他型策略则采用完全相反的思维方式，在保持自身效率值不变的情况下，选择使其他决策单元效率值最小的解。其数学表达式如下：

$$
\begin{aligned}
& \text{Min} \quad \hat{E}_{dj}(x_d, y_d) = \sum_{r=1}^{s}\mu_r y_{rj} \\
& s.t \quad \sum_{i=1}^{m}\omega_i x_{il} - \sum_{r=1}^{s}\mu_r y_{rl} \geqslant 0, l = 1, \cdots, n \\
& \qquad \sum_{r=1}^{m}\omega_i x_{id} = 1 \\
& \qquad \sum_{i=1}^{m}\omega_i x_{id} - E_{dd}(x_d, y_d)\sum_{r=1}^{s}\mu_r y_{rd} = 0 \\
& \qquad \omega_i \geqslant 0, i = 1, 2, \cdots, m \\
& \qquad \mu_r \geqslant 0, r = 1, 2, \cdots, s
\end{aligned}
\tag{8-7}
$$

二次目标选择方法解决了传统 CCR 模型解的不唯一性问题，但又给第二次目标策略的选择提供了人为操作的空间，具有一定的主观性。因此，本章提出包含非期望产出的生态-博弈交叉效率模型，不但可以有效解决上述问题，还为"坏"产出指标纳入评价指标体系提供了可能性。因此，新模型的优势有以下几点，首先，避免了传统模型测量的夸大和失真问题；其次，解决了二次目标选择所带来的主观性和计算复杂度较高的问题；最后，把非期望产出纳入评价指标体系，使其评价体系更加完备。

综上，eco-GCDEA 模型可通过以下步骤实现：（1）构建综合指标。首先，采用功效系数法把环境综合指数 d_{ij}^{*} 压缩到［0，1］区间；其次，将其作用于期望产出指标，从而形成体现能源消费与生态环境影响程度的综合指标向量；最后，将新指标重新纳入投入产出矩阵，代入 eco-GCDEA 模型进行求解。（2）eco-GCDEA 模型算法实现。① 根据上述原理，算法实现共分为三步，如下。

第一步，通过传统交叉效率模型确定参数的初始值，记为 $\alpha_{d}^{0}=E_{j}t=0$；

第二步，决策单元 DMU_{j}，对 DMU_{d}（$d=1, \cdots, n$）把初始值 α_{d}^{0} 代入模型（8-1）进行求解，并计算 DMU_{j} 关于 DMU_{d} 的博弈交叉效率，$\alpha_{dj}^{0}=\sum_{r=1}^{s}\mu_{rj}^{d}y_{rj}/\sum_{i=1}^{m}\omega_{ij}^{d}x_{ij}d$，$j=1, \cdots, n$，由此得出 DMU_{j} 的博弈交叉效率值，记为 $\alpha_{j}^{1}=\frac{1}{n}\sum_{d=1}^{n}\alpha_{dj}^{0}$，推广到一般情形，则有 $\alpha_{j}^{t}=\frac{1}{n}\sum_{d=1}^{n}\alpha_{dj}^{t-1}$；

第三步，重复第二步循环此过程，当 $|\alpha_{j}^{t}-\alpha_{j}^{t-1}|<\varepsilon$ 时，终止迭代，此时的 α_{j}^{t} 就是 eco-GCDEA 模型所要求出的效率值。

（三）影响因素模型

为了进一步了解能源效率的影响因素，根据本章研究对象的能源消费数据特点并参考其他能源效率研究文献，在此引入动态面板模型来分析相关地区绿色能源效率的影响因素，其数学表达式如下：

① 王婷婷、朱建平：《碳约束下的中国省际电能终端消费——效率测度及影响因素研究》，《数理统计与管理》2018年第2期。

$$y_{it}=\alpha y_{it-1}+\beta X_{it}+\varepsilon_{it}$$
$$\varepsilon_{it}=\mu_{it}+\nu_{it} \tag{8-8}$$

其中，i、t 分别代表省份和年度，y_{it} 为被解释变量，X_{it} 是解释变量（影响因素），β 是未知参数；u_{it}、ε_{it} 分别为不可观察的各个省份的个体差异和随机扰动项，ν_{it} 服从 $N(0, \sigma_{\nu}^2)$，可以具有截面单元的异质性和相关性。

值得注意的是，由于本章所要解决的实际问题是数据集为小 N 大 T 的长面板型数据，若用传统的差分 GMM 模型、系统 GMM 模型会出现较大的偏差，故选取 bc-LSDV（偏差校正 LSDV）法，该方法在处理长面板问题上明显优于传统 GMM 方法。其基本思想是，首先使用 LSDV 法估计动态面板模型，得到估计参数 $\hat{\beta}_{LSDV}$；其次估计 LSDV 法的偏差；最后将 LSDV 系数估计值减去此偏差，得到 LSDV 的一致估计。本章的回归计算由 STATA 软件完成。

三　实证分析与结论

（一）实证分析

1. 指标选取与数据来源

本章实证分析部分着眼于两大区域：“21 世纪海上丝绸之路”涉及的省份共包含上海、浙江、福建、广东、海南和广西；自贸区涵盖的省份共包含天津、上海、福建、广东。不难发现自贸区中有 3 个地区同属于中国“海丝”沿线省份，分别为上海、福建和广东，这些地区都是“21 世纪海上丝绸之路”倡议中的核心地区。本章实证分析的技术方法是基于 eco-GCDEA 模型的绿色能源效率测度和基于 bc-LSDV 动态面板模型的效率影响因素分析两部分，因此指标选取也从这两个方面展开。

绿色能源效率测度矩阵的投入产出指标。

产出指标 2 个，分别如下。

（1）地区实际 GDP，即各地区生产总值数据，此为期望产出。

（2）碳排量，即各地区二氧化碳排放量，根据国家发改委能源研究所和国外相关权威机构发布的碳排放系数，采用国际主流的方法进行估算，此为非期望产出。

投入指标有3个，分别如下。

(1) 资本投入，即资本存量。

(2) 劳动力投入，利用地区就业人员等相关数据资料，采用教育年限法进行计算。

(3) 能源投入，即各地区能源消耗总量，单位是万吨标准煤（个别缺失数据采用线性插值进行补充）。

影响因素的指标。被解释变量是绿色能源效率，它是基于 eco-GCDEA 模型的效率得分值。解释变量分别如下。

(1) 环境规制，即污染治理运行成本与工业总产值之比。

(2) 能源消费结构，即地区电力消费量占地区能源消耗总量的比重。

(3) 对外开放程度，即地区进出口总额与地区生产总值之比。

(4) 制度因素，即国有工业产值与地区工业产值之比。

笔者在选取指标的过程中，一方面紧紧抓住问题研究之所在，另一方面力争科学与完备。在数据可供搜集的范围内，形成相对全面客观的指标体系，考察年段为2002~2015年。数据来源于历年《中国统计年鉴》《中国工业经济统计年鉴》《中国能源统计年鉴》《中国环境统计年鉴》和中经网统计数据库等。

2. 绿色能源效率测度

根据上述算法对环境约束下的中国“海丝”沿线6个省份、4个自贸区和全国的绿色能源效率进行 eco-GCDEA 模型实证分析，得出上述区域2002~2015年的绿色能源效率平均得分，为了更清晰地展示结果，将结果扩大100倍。为了比较“海丝”沿线省份、4个自贸区和全国的绿色能源效率的发展走势异同，将“海丝”沿线6个省份、4个自贸区测度结果加以平均，从而得出两条绿色能源效率得分曲线，并与全国均值进行对比分析，结果见图8-5。

如图8-5所示，2002~2015年“海丝”沿线6个省份和4个自贸区的绿色能源效率平均得分明显高于全国平均水平，始终处于70分之上，而全国绿色能源效率平均得分在65~73分。显然，无论是“海丝”沿线6个省份还是4个自贸区的绿色能源效率平均得分相比全国平均水平都具有明显的优势。就“海丝”沿线6个省份和4个自贸区而言，二者的绿色能源效

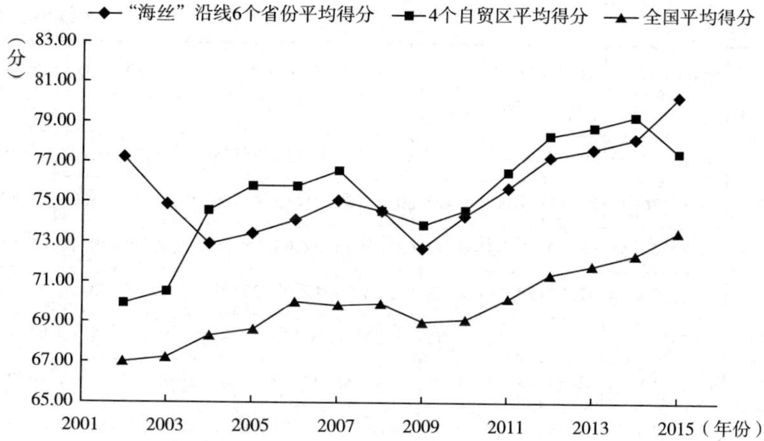

图 8-5 2002~2015 年“海丝”沿线 6 个省份、4 个自贸区和全国的绿色能源效率平均得分

资料来源：根据 eco-GCDEA 模型计算整理。

率平均得分表现出交替上升的趋势。2015 年“海丝”沿线 6 个省份的得分处于上升趋势而 4 个自贸区的得分处于下降趋势。

从与全国的差距情况进行分析，“海丝”沿线 6 个省份和 4 个自贸区的得分较全国均值都具备显著优势，差异相当。在此以自贸区为例进行与全国差异的分析。2002 年，两者的差距最大，达到 9.5 分，而 2008 年差距最小，为 5.37 分，在此不排除全球金融危机对 4 个自贸区的冲击影响，此后差距又出现反弹并趋于稳定。通过这一分析，说明“海丝”沿线 6 个省份和 4 个自贸区在绿色能源效率平均得分方面普遍优于全国平均水平，能源消费与生态环境的可持续发展程度相对较高，并且这一优势短时间内无法取代。从三者的发展轨迹来看，2004 年之后“海丝”沿线 6 个省份、4 个自贸区与全国的绿色能源效率平均得分的横向走势基本相同，总体呈上升状态，2004~2008 年上升趋势不显著（甚至在 2008 年出现下降），而 2009~2014 年涨幅较大。

以上是分别对“海丝”沿线 6 个省份和 4 个自贸区总体情况进行考察，下面则是对“海丝”沿线 6 个省份、4 个自贸区各自发展情况的分析与比较，见表 8-5。（由于列表宽度的问题，起止时间为 2004~2015 年。）

表 8-5　2004~2015 年"海丝"沿线 6 个省份、4 个自贸区的绿色能源效率得分

单位：分

	2004年	2005年	2006年	2007年	2008年	2009年	2010年	2011年	2012年	2013年	2014年	2015年	均值
天津	58.13	60.65	60.90	60.09	57.57	54.78	52.84	54.95	58.16	59.06	60.03	61.36	58.21
上海	73.59	76.38	76.47	79.82	78.92	80.88	84.21	85.62	86.99	87.83	88.05	90.12	82.41
福建	68.72	69.41	68.09	68.97	65.48	63.43	65.22	68.08	69.97	69.98	70.11	74.81	68.52
广东	98.08	96.74	97.75	97.16	96.49	96.28	96.19	97.23	98.01	98.17	98.96	99.63	97.56
浙江	71.51	72.2	73.07	75.36	74.77	73.79	78.55	79.53	80.82	82.11	82.89	84.69	77.44
海南	60.18	61.84	64.11	64.61	67.32	65.80	66.45	67.76	68.95	68.93	69.21	70.92	66.34
广西	65.52	63.94	65.16	64.57	64.46	56.20	55.12	55.98	58.87	59.15	59.97	61.37	60.86
"海丝"沿线 6 个省份平均得分	72.93	73.42	74.11	75.08	74.57	72.73	74.29	75.70	77.27	77.70	78.20	80.26	75.52
4 个自贸区平均得分	74.63	75.80	75.80	76.51	74.62	73.84	74.62	76.47	78.28	78.76	79.29	77.56	76.35
全国平均得分	67.62	67.95	69.37	69.16	69.25	68.33	68.43	69.45	70.71	71.11	71.65	72.83	69.66

资料来源：根据 eco-GCDEA 模型计算整理。

表 8-5 反映了 2004~2015 年"海丝"沿线 6 个省份、4 个自贸区的绿色能源效率测度结果。比较测算得分不难发现，从 4 个自贸区和"海丝"沿线 6 个省份的整体而言，广东的效率表现最优，测评结果均在 90 分以上，在 2004~2015 年始终保持领先，而天津则处于末位。上海的效率排名一直保持第二，仅次于广东，且与广东的差距逐步缩小，2004 年上海和广东的差距为 24.49 分，2015 年这个差距已经缩小为 9.51 分。福建绿色能源效率得分略有起伏，与上海的差距从 2004 年的 4.87 分扩大到 2012 年的 17.02 分。在 4 个自贸区和"海丝"沿线 6 个省份中，天津的绿色能源效率得分值一直处于末位，其发展趋势与福建相似，2004~2007 年保持平稳，2008~2011 年出现下降，但自 2011 年之后又呈现上升趋势。因此，2004~2015 年 4 个自贸区的绿色能源效率横向发展路径可以总结为：广东

一枝独秀，上海奋力追赶，福建保持平稳，天津末位依旧。在“海丝”沿线6个省份中，绿色能源效率得分最高的依然是广东，得分均值为97.56分；其次是上海，得分均值为82.41分；再次是浙江，得分均值为77.44分；表现较差的是海南和广西，得分均值分别为66.34分和60.86分；福建居中，得分均值为68.52分。

广东处于领先的地位，说明其在处理能源消耗所带来的环境污染问题方面具有一定的优势。上海是4个自贸区中改善与提高步伐最显著的地区，未来有望赶超广东。福建在能源消耗与生态保护方面有一定的优势，但需要更多政策倾斜，才有望摆脱发展中出现的波动与不稳定现象。天津始终处于绿色能源效率得分最低的位次，作为唯一一个位于中国北方的自贸区，由于自然环境相对南方较为恶劣，加之又是雾霾频发区域，更应该高度重视日益增加的能源消耗及其所带来的污染物排放等问题。而广西和海南属于经济发展相对薄弱的地区，应该借助“21世纪海上丝绸之路”发展的东风，实现产业升级和转型，提高能源利用效率，为“21世纪海上丝绸之路”的国际化进程贡献力量。

3. 影响因素分析

以上实证部分分别对“海丝”沿线6个省份、4个自贸区的绿色能源效率情况进行了分析，发现两者的曲线形态大致相当。考虑到这两大区域之间的重合度较高，因此在进行影响因素分析时，仅选取一个地区作为代表。在此选取4个自贸区的数据进行影响因素分析。具体操作过程就是在得出4个自贸区绿色能源效率得分之后，进一步通过bc-LSDV方法估计动态面板模型，模型参数见表8-6。

表8-6　模型参数

变量	代码	定义	预期符号
绿色能源效率	EE	基于eco-GCDEA模型的绿色能源效率得分	+
环境规制	ER	污染治理运行成本与工业总产值之比	+
能源消费结构	ECS	地区电力消费量占地区能源消耗总量的比重	+
对外开放程度	OU	地区进出口总额与地区生产总值之比	+
制度因素	SV	国有工业产值与地区工业产值的比重	+

据上述指标，利用 4 个自贸区 2002～2015 年的面板数据构建如下模型：

$$EE_{it}=\alpha_1 EE_{it-1}+\beta_1 ER_{it}+\beta_2 ECS_{it}+\beta_3 OU_{it}+\beta_4 SV_{it}+u_{it}+\varepsilon_{it} \tag{8-9}$$

通过 STATA 软件得出参数估计结果（变量初始值使用 Blundell-Bond 系统 GMM 估计量，$\hat{\beta}_{LSDV}$ 的标准误差采用自助法重复抽样 50 次得到），见表 8-7。

表 8-7 参数估计

解释变量	估计参数	标准差	z	p 值
L1.	0.7693554	0.024824	30.99	0
ER	-0.1542066	0.016227	-9.5	0
ECS	0.3783805	0.015029	25.18	0
OU	0.2410811	0.089127	2.7	0.007
SV	0.2217832	0.399617	5.55	0

由表 8-7 可知，p 值均小于 5%的置信水平，说明模型系数显著。其中环境规制的符号为负值，与预期不符。其他系数估计结果均为正，与预期符号一致。在模型估计有效的基础上，进一步考察模型各个参数的回归结果。

（1）绿色能源效率的滞后项 EE_{it-1}（L1.）。不难发现在 bc-LSDV 算法中，绿色能源效率滞后项的系数相对其他系数而言具有较强的正向显著性。这意味着绿色能源效率与其滞后期之间具有“传递效应”，前期绿色能源效率的表现会对现期造成显著影响，从而形成“绿色推动效应”。因此，各地区应重视绿色能源效率的提高，从而将能源效率与自然资源的协调发展带入良性循环轨道。

（2）环境规制。根据参数估计结果不难发现，环境规制对自贸区绿色能源效率的影响为负，这与预期并不相符，但恰恰反映了地区政策在环境规制方面的不足。环境规制作为社会性规制的一种，是平衡“负外部性”的一种重要手段，其最终目的是保护生态环境与企业生产效益的最大化。

但每一个地区、行业乃至微观企业，都存在其自身的特点，所适用的环境规制模式具有差异性。只有制订的环境规制方案符合该地区、行业发展的自身条件，才能达到节能减排的目的。因此，各地在环境规制方面，应该避免出现“一刀切”的规制方式，否则会造成一些负面影响。

（3）能源消费结构。能源消费结构对自贸区绿色能源效率存在较强的正相关关系，说明电力消耗比例越大，能源效率损失越小。中国能源消费结构长期偏重煤炭资源，导致对环境造成严重的破坏和污染。而电力能源是一种相对高效和清洁的二次能源，增加电力能源等其他清洁能源的消费比重，调整和优化以煤炭为主的能源消费结构，将有效提高能源使用效率。

（4）对外开放程度。对外开放程度的参数估计值约为 0.241，说明其对绿色能源效率的改善起到了积极的作用。对外开放程度高有利于引进国外先进的管理经验、技术和投资。随着中国自贸区试点工作的进一步推进，对外开放程度的进一步优化，将有利于吸引高端制造业、新兴技术产业等有利于绿色转型的企业入驻，而劳动密集型的低端制造业等则有望逐步退出自贸区，移至中国欠发达地区甚至直接迁入低收入国家。就总体而言，自贸区应进一步发挥地域与政策优势，让对外开放的正面效应充分发挥。

（5）制度因素。回归结果表明制度因素对绿色能源效率的影响是正面的。国有经济占比每增加 1%，绿色能源效率约增加 0.2218%。在低碳经济发展浪潮和资源环境约束的双重背景之下，国有企业的改革不断深化，其市场活力逐步显现、市场竞争力水平有所提升，使生产效率进一步释放。因此，国有企业在绿色能源效率的改善过程中，起到了良好的带动作用。

（二）结论与启示

本节以环境约束下的“海丝”沿线 6 个省份和 4 个自贸区的绿色能源效率评价为研究主线，采用考虑环境约束及决策单元博弈关系的 eco-GCDEA 模型，对上海、广东、福建、天津、浙江、海南和广西等地 2002~2015 年绿色能源效率进行量化考核，并在此基础上利用 bc-LSDV 动态面板模型进行绿色能源效率影响因素分析。

在绿色能源效率测度分析中，得出以下结论：（1）广东的绿色能源效率得分显著高于其他地区，并在考察年段始终保持领先水平，因此广东应进一步发挥自身在能源利用方面的优势，转变发展结构，更新能源使用、污染物分解等环保技术，进一步带动其他地区能源利用效率的提高，并与发展势头较好的上海展开交流合作，促进共同发展与协作。（2）上海发展势头较好，在考察年段始终保持上升趋势，在未来 5 年有望成为与广东并驾齐驱的能源效率标杆地区。因此，上海要借助“21 世纪海上丝绸之路”倡议和自贸区建设的东风，继续保持强劲的上升势头，进一步提高能源效率、保护生态环境，让更充分的能源使用、更优质的生态环境成为上海“面向全球、共同发展”的坚强基石。（3）福建作为促进两岸经贸合作的前沿阵地，应充分重视能源效率与环境污染。不能因为拥有得天独厚的自然资源而忽视在能源开发和利用过程中对生态环境的破坏和污染问题。在推动“21 世纪海上丝绸之路”与自贸区建设的历史背景下，福建要抓住历史机遇，下决心解决好能源消费所带来的环境污染问题，为今后的低碳经济发展提供物质保障。（4）天津的能源效率表现较其他 3 个省份来说相对薄弱，一直处于落后状态。作为中国北方唯一的自贸区，相对薄弱的生态系统、频繁发作的雾霾天气等是天津自贸区建设过程中无法回避的客观现实。因此，在自贸区建设与发展过程中，天津更应该重视能源消费与环境污染问题，争取与其他地区缩小差距，在促进自贸区经济建设的同时，优化生态环境建设。

在影响因素分析中，得出以下启示：（1）绿色能源效率的前期效率值对现期能源效率的影响最为显著。说明绿色能源效率具有传递性，前期能源效率的良好表现会对现期能源效率产生良好的推动效应。可见，绿色能源效率的改善对后期能源效率的提高、生态环境的保护具有很大的影响。因此，要重视绿色能源效率发展，进一步巩固和扩大绿色能源效率的“传递效应”，将自贸区绿色能源效率的改进带入更加优化的良性发展轨道。（2）能源消费结构、对外开放程度和制度因素都不同程度地对绿色能源效率产生正向影响。因此，中国要进一步改善能源消费长期倚重煤炭的能源消费结构；在对外开放中进一步吸收国外先进管理理念，引进高新技术产业投资；继续深化国有企业改革和工业结构调整，让上述正向因素在绿色能源效率提升方面提供有力支撑。（3）环境规制对绿色能源效率的影响负相关，这一结果与预期不符。说明环境规制政策的制定仍存在一定问题，没有充分发挥出环境规制的效力。环境规制政策作为处理经济负外部性的手段，它的制定和实施都具有较强的针对性，应符合地区或行业的发展情况。因此，有关部门在环境规制政策制定方面应运用多元化的思路，避免出现“一刀切”，力争充分发挥环境规制在绿色能源效率提升中的作用。

第三节　中国与“海丝”沿线国家能源合作领域和模式

一　能源合作领域

海洋占据地球表面积的2/3，是人类得以繁衍生息、远航交流的主要途径和物质载体。在浩浩荡荡的海洋深处，蕴藏着人类所需的各种丰富资源，包括深海油气、热液矿床以及天然气水合物等，其中石油资源的储藏量极为丰富。随着人类社会的发展，人类对各种资源的消耗数量日益增多，陆上资源已经无法满足人类日益增长的能源需求。此时，海洋资源成为人们关注的焦点。因此，在共建“21世纪海上丝绸之路”倡议之下，中国如何与“海丝”沿线国家一起有效地开发利用海洋能源，实现优势互补，是“21世纪海上丝绸之路”建设当中的重要环节。

由上面的实证分析可知，中国国内与“21世纪海上丝绸之路”相关的省份的能源效率利用情况相对全国平均水平来说，具有一定的技术优势，但我们也要清醒认识到中国这些地区与欧美发达国家之间的差距。在拓展能源多方合作的基础上，中国要完善自身的技术条件，使能源的开采、使用过程都具有更高的效率。这不但有利于中国能源技术的提高和对相对落后国家的技术输出，也有利于企业在国内的发展和“走出去”战略在海外市场的完善和稳定。

（一）石油和天然气

中国具有辽阔的海域和丰富的海上油气资源，在中国海域范围内，发现有多个油气盆地，地质条件较好，据估算，中国海洋石油资源的储备总量占全国总体石油储备量的 10%~14%，[①] 中国海洋资源的勘探、开发前景相对比较明朗。但在当今世界，发达国家已经不仅仅局限于在本国领土领海范围内进行资源开发，在一些公共海域也进行资源的勘探和开采活动，例如法国、韩国等已经开始行动。可见，国家之间的能源争夺愈演愈烈，需要在竞争中提高自己的能源开采权和话语权。

因此，中国在能源领域，尤其是海洋能源方面，应该积极探索，借助共建“丝绸之路经济带”和“21 世纪海上丝绸之路”倡议，找到与“21 世纪海上丝绸之路”沿线各国之间的能源合作模式，确保能源安全和多样化合作。早在共建“21 世纪海上丝绸之路”倡议提出之前，中国就已经开始着手和许多国家开展油气方面的合作，但合作的范围和形式比较基础和传统，仅限于传统的能源贸易方面。在当今时代之下，中国还应进一步扩大合作的方式，拓展油气上下游产业的业务。具体包括石油的勘探、开采、冶炼，以及石油运输和航线安全等各个生产链条上的全面合作。

中国应该结合自身的优势和“海丝”沿线国家的能源储备和开采情况等特征，采取不同的能源合作模式。中国与“海丝”沿线国家当中经济发展程度不高、缺乏资金和技术支持的国家的合作模式应该以海下油气资源的勘探和开发为主，向它们提供必要的资金和技术支持，与这些国家开展能源开发等方面的合作。油气的生产离不开运输，因此油气管道建设和海上航线的安全问题也是能源合作中的重要问题，其中管道运输更加适合内陆地区，而海洋运输具有相对灵活、成本低等特点，两者可以相互补充。对于“21 世纪海上丝绸之路”而言，航道安全问题更为突出。在航海贸易十分发达的今天，全球 70%左右的贸易量通过海运的方式进行，尤其对于能源资源，包括石油、煤炭等大宗商品，海洋运输是其主要的方式。因此，在海上恐怖主义频发的今天，确保航道安全的重要性丝毫不亚于与能源原产地的合作开发。借助“21 世纪海上丝绸之路”建设和维护海上货物运输体系，不仅能为能源运输提供保障，也能给其他商贸往来提供良好的交通环境。

此外，中东地区拥有十分丰富的资源，中国一直是中东地区各个国家

① 张凤成：《中国海洋油气产业发展战略研究》，《海洋开发与管理》2007 年第 2 期。

能源贸易的主要合作伙伴，中国在进一步稳固与中东地区国家的传统贸易的同时，要努力提高自身的技术优势，力争通过提供先进的油气开采、生产技术，与中东地区的国家进行能源合作，扩大和巩固油气资源上、中、下游的产业链。

同时，中国加大了从印尼、马来西亚、泰国与文莱等国的天然气进口力度。如印尼同意从2009年初起，在未来25年内，通过其西巴布亚省东固工厂每年向中国供应260万吨液化天然气。总之，中国与“海丝”沿线国家的油气能源合作和贸易将会随着“21世纪海上丝绸之路”建设的推进，而不断深化。

（二）煤炭和矿藏

中国的煤炭储量丰富，位居世界第二，中国已探明的煤炭储量占煤炭、石油、天然气、水能等一次能源总储量的90%以上。在能源消费中，中国煤炭消费所占比例较大。长期以来，中国以煤炭为能源消费的主要来源，在可再生资源的开发和利用方面明显滞后，导致可再生资源的使用程度偏低。世界能源消费已经由以煤炭为主向以石油、天然气为主的结构进行转变，但中国由于受能源储备特征等诸多因素的影响，依然保持着以煤炭为主的能源消费结构。煤炭属于不清洁能源，因此在消费过程中，会产生大量废气和污染物，对生态环境造成了严重的污染。

表8-8　中国的能源生产和消费结构

单位：%

年份	占能源生产总量的比重			占能源消费总量的比重		
	煤炭	石油	天然气	煤炭	石油	天然气
1978	70.3	23.7	2.9	70.7	22.7	3.2
1980	69.4	23.8	3.0	72.2	20.7	3.1
1985	72.8	20.9	2.0	75.8	17.1	2.2
1990	74.2	19.0	2.0	76.2	16.6	2.1
1991	74.1	19.2	2.0	76.1	17.1	2.0
1992	74.3	18.9	2.0	75.7	17.5	1.9
1993	74.0	18.7	2.0	74.7	18.2	1.9

续表

年份	占能源生产总量的比重			占能源消费总量的比重		
	煤炭	石油	天然气	煤炭	石油	天然气
1994	74.6	17.6	1.9	75.0	17.4	1.9
1995	75.3	16.6	1.9	74.6	17.5	1.8
1996	75.0	16.9	2.0	73.5	18.7	1.8
1997	74.3	17.2	2.1	71.4	20.4	1.8
1998	73.3	17.7	2.2	70.9	20.8	1.8
1999	73.9	17.3	2.5	70.6	21.5	2.0
2000	73.2	17.2	2.7	69.2	22.2	2.2
2001	73.0	16.3	2.8	68.3	21.8	2.4
2002	73.5	15.8	2.9	68.0	22.3	2.4
2003	76.2	14.1	2.7	69.8	21.2	2.5
2004	77.1	12.8	2.8	69.5	21.3	2.5
2005	77.6	12.0	3.0	70.8	19.8	2.6
2006	77.8	11.3	3.4	71.1	19.3	2.9
2007	77.7	10.8	3.7	71.1	18.8	3.3
2008	76.8	10.5	4.1	70.3	18.3	3.7
2009	77.3	9.9	4.1	70.4	17.9	3.9
2010	76.5	9.8	4.3	68.0	19.0	4.4
2011	77.8	8.5	4.1	70.2	16.8	4.6
2012	76.2	8.5	4.1	68.5	17.0	4.8
2013	75.4	8.4	4.4	67.4	17.1	5.3
2014	73.6	8.4	4.7	65.6	17.4	5.7
2015	72.1	8.5	4.9	64.0	18.1	5.9

资料来源：《中国能源统计年鉴》《中国统计年鉴 2016》。

由表 8-8 可以看出，无论是从生产还是消费的角度，煤炭在中国能源总量中长期占据首位。1978 年煤炭的生产量占能源生产总量的 70.3%，煤炭消费量占能源消费总量的 70.7%。直至 2015 年，这一比例并没有太大的改动，煤炭的生产量占能源生产总量的 72.1%，煤炭消费量占能源消费总量的 64.0%。虽然，石油和天然气的生产和消费量所占比重也有一定的提升，但依然不占主导地位。这一现象充分说明作为世界煤炭消费第一大国的中国在能源结构调整方面，仍需要大力推动和改革。

以上是中国煤炭资源的结构特征，虽然中国是煤炭储备大国，但仍然有进口需求，这符合中国长期的能源可持续发展战略。因此，在“21世纪海上丝绸之路”背景下，中国仍然需要同相关国家开展煤炭资源的合作，这也符合“海丝”沿线国家自身的能源需求。事实上，2002年11月《中国-东盟全面经济合作框架协议》签署以来，中国与东盟国家能源方面的合作也同经贸一起进入新的时代。从广东口岸的统计数据来看，自东盟国家进口的煤炭资源已经占该口岸煤炭进口量的首位，东盟国家已经成为中国煤炭进口的最大来源地之一。此外，中国从越南进口的煤炭数量也不容小觑，占中国煤炭进口总量的10%左右。随着“21世纪海上丝绸之路”倡议的不断深化落实，煤炭等资源的合作将进入新局面。中国与“海丝”沿线各国之间的合作领域将会进一步扩大，比如在煤炭的开采、煤炭的冶炼、煤制天然气和煤炭的深加工方面，都会涉及更广泛的合作。

（三）新能源和清洁能源

新能源与传统的能源形式相对应，煤炭、石油、天然气、水能等称为常规能源，因此新能源又被称为非常规能源，包括太阳能、风能、生物质能、海洋能、地热能和核聚变能等。新能源的特点是可以重复使用，对生态环境的污染较小，可以满足人类日益增长的能源需求，确保经济发展。由上一小节的分析可知，中国在能源消费结构上对煤炭能源的消费依赖程度十分严重，并且难以在短期内解决这个问题。但煤炭由于不清洁属性，已经造成了中国国内严重的环境污染问题。对于新能源的开发和使用，尤其是对清洁能源的利用，成为中国长期能源战略中的一个亮点。

总体来说，中国在新能源方面的研究起步并不算早，但发展迅速，技术的领先优势和产业化程度都在进一步提升。中国幅员辽阔，不同形式的地质情况使中国具有开发新能源的优势。随着中国在新能源领域研究的进一步加深，中国对新能源的开发和建设也逐步加速，取得了一定成效。相信在中国这样广阔的能源需求市场，对新能源的需求将不断增加，这些因素都将促使中国快速进入新能源市场并提高自身技术水平。就目前而言，中国在新能源领域相对成熟的产业包括太阳能产业、风能和生物质能产业。其中风能发展最为迅速，主要集中在中国西北地区和云贵高原，规模在世界范围内排在前列。太阳能在中国属于重点产业，在政府的大力推动下，在近些年也得到飞速发展，尤其在中国西北等太阳能相对集中的地区，已经形成规模化产业。经过努力，中国在太阳能集热器制造方面已具有领先优势，并成为世界最大的太阳能需求市场。生物质能在中国有广泛的应用基础，中国作为农业大国，沼气的开发和利用相对普遍，目前中国在生物质能方面的技术也在不断地完善和发展。

新能源的发展是大势所趋，因此在“海丝”沿线，中国和其他国家在新能源方面的合作需求也逐渐增加。中国充分发挥自身在太阳能领域的领先优势，向“海丝”沿线国家（如菲律宾、马来西亚和老挝等）出口太阳能集热器设备。中国的这些设备也曾经远销欧美等发达国家市场。此外，作为农业大国，中国对秸秆等随处可见的生物质能资源如何进行更好地利用也具有丰富经验。而有关沼气转化等生物质能方面的技术，也受到“海丝”沿线国家的青睐。

二　能源合作模式

当今世界的国际局势复杂多变，能源之间的争夺和竞争愈演愈烈，在应对气候变化方面又给传统能源的使用带来了更高的成本。这加速了新能源和能源技术的革命，虽然目前全球的能源供需格局和关系总体趋于平稳，但各国面临的能源发展问题依然十分严峻。尤其是海上能源的开发、利用以及海上能源运输通道的安全等问题，都与“21世纪海上丝绸之路”的发展息息相关。因此，中国要加强与“海丝”沿线国家的能源贸易合作，打造能源利益共同体，提高海上能源运输通道的安全水平，并在此基础上，进行能源基础设施建设，实现能源交易市场的繁荣、能源生产市场的技术互补，从而促进各个国家之间的绿色经济发展，满足“海丝”沿线国家的能源技术需求和能源产品需求。

（一）政府间的合作模式

在全球化的浪潮下，中国能源产业的发展与整个世界的能源产业发展格局高度相关。因此，中国应该积极推进与其他国家的能源合作、促进

“海丝”沿线国家之间能源产业的协调发展。作为一个能源生产和消费大国，中国也应当在国际范围内有所担当，承担必要的责任和义务，为“海丝”沿线国家乃至全世界的能源合作与发展贡献自己的力量。由于“21世纪海上丝绸之路”倡议涉及国家较多，能源的开发和合作问题相对复杂，甚至有一些国家还与中国存在领土争端。因此，中国政府在进行长远布局和总体规划的过程中，要根据各国不断变化的经济、政治形势，采取有针对性的交流和合作方式。其合作模式需要从以下几个层面展开。

政府之间要加强政治互信。中国和“海丝”沿线国家的能源合作尤其是能源安全方面的合作已经从制度层面进行规范并实现操作。但在实际过程中，依然存在能源输送通道的安全威胁、能源出口的限制等问题。不可否认的是，“海丝”沿线许多国家在向国外出口大量能源的问题上存在一定顾虑，这充分说明各国政府之间应该进一步加强政治互信。中国政府应在经济、文化等各个领域展开与“海丝”沿线国家的沟通，从各方面传递政治友好互信的信号，为广泛的能源合作营造良好的政治环境。

加强由政府牵头的多边对话机制。能源问题牵扯一个国家的能源安全、经济发展和国际能源竞争力，相对敏感，因此中国需要与各国建立多边对话机制，会上不定期地对“海丝”沿线国家的能源政策、国内政治环境进行分析和讨论。在此基础上，鼓励各国分享有关能源的信息与技术。针对各国不同的能源特征和经济发展程度，中国与各国签订合作协议，使多边的合作方式更加规范，并且具有可持续性。

中国在能源合作方面的原则有五点。第一，坚持开放包容。欢迎“海丝”沿线各国参与能源交流合作。在合作过程中，尽量搁置争议，共同发展。第二，坚持互利共赢。在合作过程中，关切各方的意愿和优势，充分激发各个国家的优势，实现利益共享。第三，坚持市场运作。以市场为主导，遵守国际规范，发挥市场的资源配置作用。第四，坚持安全发展。重视国际能源运输航道的安全和生产地的安全，增加互信，提高抵御风险的能力。第五，坚持绿色发展。重视能源开采和利用中的生态问题，提高能源的使用效率，并大力推广清洁能源。

（二）能源企业间的合作模式

近些年，中国对外直接投资一直处于增长态势。建设“21世纪海上丝绸之路”为中国企业提供了更多“走出去”的发展契机，随着共建“21世纪海上丝绸之路”倡议的进一步发展，将会有更多的企业参与到“21世纪海上丝绸之路”的建设中来。其中能源企业“走出去”的发展规划，又是各个行业中相对瞩目的一个环节。中国政府提倡中国企业“走出去”，就是推动中国企业参与国际化，将国内优质要素输送到国际市场，接受市场的检验并完成国际化进程。进入21世纪以来，中国企业勇于创新，大胆“走出去”，在这期间经历了很多重要的时间节点，如图8-6所示。

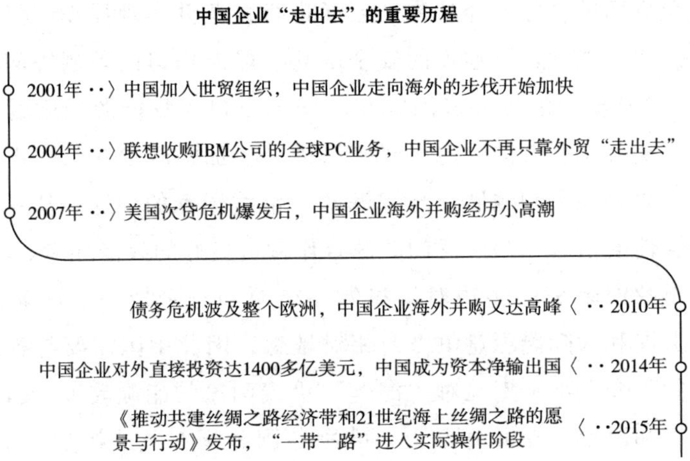

图8-6　中国企业“走出去”的重要时间节点

资料来源：《中国国际安全研究报告（2016）》，新华网。

在2015年中国发布《愿景与行动》之后，中国企业借助“一带一路”的东风，再次以极大的热情参与到国际市场当中。能源企业是“海丝”沿线各个国家能源合作与技术交流的主要载体。“海丝”沿线国家之间的企业往来，不但有利于企业自身的国际化进程，同时也有利于各个国家在能源贸易、安全和生产过程中的发展。由于“海丝”沿线国家众多，情况不一，各国企业要打破传统的合作方式，拓宽思路，开创新的合作模式，从而形成良好的竞争合作关系，互利共赢，惠及沿线国家，服务于经济发展大局。

中国企业与“海丝”沿线国家企业的合作，一方面要进一步深化传统投资领域的能源合作，另一方面要开创新的能源合作模式。在传统的能源合作方面，有租让合同模式和产量分成模式等。前者的特点是合同制保证了出租的时间和稳定性，资源国的风险较低，合同方拥有资源的处置权；后者是根据协议进行产量分成，合同方拥有一定的资源支配权，资源方也参与项目开发并具有所有权和经营权。广东某公司已经和缅甸的两家公司分别开展合作，共建大规模炼油厂和成品油的销售网络。中石油在泰国也获取了开发部分石油区块的项目。此外，浙江某集团在文莱也建设了比较大型的石油化工类企业。

可见中国企业与“海丝”沿线国家企业的合作，在传统能源投资方面进展顺利。在新能源等其他能源合作领域，中国企业与“海丝”沿线国家企业也开展了有益的尝试。在电力能源方面，中国电力企业经过改革开放40多年的发展，具有先进的技术，积累了丰富的管理经验，能够为“海丝”沿线国家在电力能源方面提供有效的技术支持。中国一些实力雄厚的电力企业已经进军东南亚地区，使该地区的电力基础设施建设和电网建设进度都得到极大的提升。此外，“海丝”沿线国家的清洁能源优势巨大，不仅具有前景可观的开发潜力，并且具有与之相匹配的市场需求。因此，与“海丝”沿线国家的新能源合作也是中国新能源企业“走出去”的有利时机。中国企业在东南亚和南亚地区进行的太阳能技术研发与合作项目已经开展了数年。在“21世纪海上丝绸之路”倡议刚提出的2013年，中国新能源企业的太阳能光伏等新兴技术受到泰国方面的青睐。可见，在“21世纪海上丝绸之路”建设不断深化的过程中，中国能源企业大有可为。

（三）能源金融合作

资本为经济的发展提供了重要的舞台。一个国家或地区的发展，离不开资本，它被视为经济发展的推动力量之一。尤其对发展中国家而言，国内生产总值不高、缺乏必要的资本运转，给经济发展带来一定程度的约束。因此，要充分认识到资本在促进地区经济发展方面的重要作用。互联互通、合作共赢、共谋发展已经成为“21世纪海上丝绸之路”沿线国家的主要诉求，资本的作用则更加不能忽视。

由于“海丝”沿线国家基本是发展中国家，资本实力相对薄弱，基础设施建设不到位。如何解决这些国家迫切的资金需求，实现资本的流动和注入，带动各个国家的经济发展是一个重要的课题。这一课题在能源领域依然存在，因此积极开展能源金融合作，是能源贸易合作中的必要环节。能源金融的参与度一方面决定了能源开采、运输等方面的基础设施建设的投入力度和广度，另一方面也决定了中国在能源贸易合作中的地位和话语权。中国应该积极发挥亚投行的优势，并尽可能地在多国之间建立能源金融方面的对接与合作机构，从而为能源合作提供必要的资金支持。在能源合作项目中，寻找多边金融支持平台，包括投资基金、商业银行等金融机构，力争让能源产业和金融资本的融合度更高。此外，也要注重金融安全和风险防控，在投资平台搭建、信用评级等方面开展合作，建立“21世纪海上丝绸之路”能源项目的金融资本协调体系，评估投融资风险，防范各类可能出现的风险。

结　语

本书在非结构化数据和结构化数据的分析框架下，综合多学科的研究方法对涉及“海上丝绸之路”的科技论文研究主题、新闻热点关注等非结构化文本数据进行分析，并对贸易、汇率、对外直接投资、能源使用效率等具有较高关注度的宏观经济层面的经济热点问题进行理论探索和实证研究。在非结构化数据方面，考虑到传统的“海上丝绸之路”问题的研究主要集中在文字性的定性分析和结构化数据的定量模型分析上，形式较为单一。本书结合“海上丝绸之路”研究中文本数据资源的丰富性和重要性，以及新闻数据的时效性和广泛性，将针对非结构化数据的文本数据分析技术手段引入对“海上丝绸之路”问题的研究当中。可以从海量文本中找到文章潜在的模式和主题，并为后续结构化数据的分析方向提供一些参考，为“海上丝绸之路”问题的研究提供新的研究视角和技术手段。在结构化数据分析层面，本书采用较为先进的计量经济学技术手段，分别采用基于 GCD 距离函数的贸易引力模型研究中国“海上丝绸之路”所涉及的 6 个省份与其他国家之间的贸易情况；并基于拓展的引力模型对中国与“海丝”沿线国家的贸易潜力进行分析；采用动态面板模型，着眼于“一带一路”沿线国家，以及欧盟和“海丝”沿线国家，共计 79 个国家和地区，研究汇率波动对中国对外直接投资的影响；采用含有“非期望产出”的博弈交叉效率模型，分析中国“海丝”沿线 6 个省份和 4 个自贸区的绿色能源效率问题。并根据中国能源消费和使用特点、沿线省份的绿色能源效率情况，研究中国与“海丝”沿线国家的能源合作。本书的研究目的，一方面，旨在为决策部门提供一些具有参考性的结论，为“海上丝绸之路”相关的经贸、能源、环境和经济领域的研究提供有益的补充；另一方面，将非结构化数据研究引入“海上丝绸之路”的研究当中，为该领域研究仅停留在定性文字和定量数据层面的单一化问题进行有效补充，并提供大数据时代下新的研究视野和技术方向。此外，本书在计量经济模型和研究角度上进行部分改进，在引力模型方面，首先着眼于中国国内相关省份与“海丝”沿线国家之间的贸易潜力，基于GCD距离函数进行总体和个例分析；其次在研究中国与“海丝”沿线国家的贸易畅通问题时，结合双方特点对传统引力模型进行4个方面的拓展。在动态面板模型方面，本书力争扩大研究范围，搜集更多数据信息，并纳入对欧盟的对比分析，纳入模型的国家和地区达到79个；在能源效率测算方面，本书提出考虑“非期望产出”的博弈交叉能源效率模型，将环境污染因素考虑其中，并纳入对中国4个自贸区的分析对比。上述模型改进后均得到更加科学、精确的结果。

对以上各章节研究成果进行回顾，本书的主要结论与内容总结如下。

（1）在全面阐述“21世纪海上丝绸之路”倡议提出的时代背景和意义的基础上，分析“海丝”沿线国家和中国国内地区的基本情况，并对中国国内以“海上丝绸之路”为主题的论文进行深入的研究和梳理，找到目前中国国内针对“海上丝绸之路”问题研究的集中范围和存在的不足。

（2）处理非结构化数据。一方面，针对CNKI数据采集平台上的以“海上丝绸之路”为主题的科技论文进行文本数据分析。在对科技文献的文本分析中，首先进行文献发表情况的总体量化分析，包括“海上丝绸之路”主题文献的时间序列趋势分布，以及在2013年“21世纪海上丝绸之路”倡议提出前后的科研成果对比；并对相关研究机构的分布进行地理热力图的可视化展示。其次，进一步明确文本挖掘流程，在获取数据之后对数据分别进行清洗与降维、文本-词项矩阵建模、特征提取等操作。最后，针对已经经过预处理的语料，进行词频分析、词云图的可视化展示，以及LDA主题模型的潜在主题识别等工作。

另一方面，针对新闻文本数据进行分析。首先，对国内外的新闻事件进行简单梳理，并基于词条信息构建关注度指标，从而反映“一带一路”“海上丝绸之路”的关注度情况和两者之间的联系。其次，研究新闻数据的获取和处理技术手段，包括网络爬虫、可视化词云以及主题分析等。最后，针对“海上丝绸之路”文本数据进行文本数据分析，得出高频词、新闻主题等核心内容。

（3）处理结构化数据。首先，基于贸易引力模型，分别从中观的省份视角和宏观的国家视角，对中国“海丝”沿线6个省份与“海丝”沿线国家的贸易引力问题进行分析；并从“海丝”沿线国家层面，通过拓展的贸易引力模型对中国与“海丝”沿线国家的贸易畅通情况展开研究；把EM算法和分位数思想引入贸易引力模型，跳出“海丝”沿线国家的研究视角局限，从全球贸易的角度，选取23个发达国家和22个“一带一路”沿线国家，共45个国家的数据对贸易问题进行研究。上述研究对“一带一路”倡议中的贸易畅通问题做了相对科学的计量分析，从而得出较可信的研究结论。

其次，基于动态面板模型，通过各种数据搜集渠道对数据进行搜集。得到“一带一路”沿线国家、欧盟等共计79个国家和地区的多指标面板数据。在分析过程中，对全样本，即“一带一路”及非“一带一路”沿线中的部分欧盟国家的数据进行总体分析。对分样本，即“海丝”沿线、欧盟等国家的数据进行分样本分析，考察汇率波动对中国OFDI的影响。研究表明：人民币升值对中国OFDI的影响存在滞后效应，当期影响与上一期的影响存在差异，人民币汇率波动对中国OFDI没有显著影响；中国建设“21世纪海上丝绸之路”利于母国的OFDI；相比于汇率，东道国劳动力成本上升会对中国的OFDI产生较大的不利影响，而东道国收入水平和对外开放度的提高均有利于中国的OFDI。最终根据实证结果，提出有关“一带一路”倡议的政策启示。

最后，鉴于能源消费对环境污染造成的重大影响，把能源消费过程中所产生的“非期望产出”纳入考核指标，构建包含“非期望产出”的博弈交叉能源效率模型。并采用这一模型对中国“海丝”沿线6个省份的能源消费、环境污染进行测度，并在此过程中展开与中国国内4个自贸区的比较研究，发现中国“海丝”沿线6个省份能源消费的特征和能源利用效率情况。研究表明：中国“海丝”沿线6个省份和4个自贸区在能源利用和生态环境协调发展程度方面具有全国领先优势；上海和广东的绿色能源效率得分较高，福建的绿色能源效率得分居中，趋势具有较强的波动性，天津的绿色能源效率得分最低；绿色能源效率具有推动效应，其前期表现对现期有显著影响。此外，能源消费结构、对外开放程度和制度因素均对绿色能源效率产生一定的正向影响，而环境规制与绿色能源效率具有负相关关系。根据上述结论，依次展开中国与“海丝”沿线国家的能源合作问题的探索和研究。

本书在非结构化数据和结构化数据的框架下，对“21世纪海上丝绸之路”倡议中部分重大问题进行了相对系统的量化研究，具有相对新颖的研究视角和较先进的技术手段。但受水平所限，本书依然存在许多不足和有待改进的地方，主要表现在以下几点。

第一，在非结构化数据处理方面，目前的研究和分析仅停留在CNKI数据库中的科技文献和新闻门户网站的新闻数据。此类文本数据虽然兼顾了文本的深刻性、专业性、时效性、广泛性，但缺乏针对文本的评论性文字，比如微博等社交媒体的短文本数据。根据大众针对某一新闻事件的评论语料，可以进一步进行情感分析、趋势预测等。这样就可以拓展文本分析的技术手段和内容，使分析更加具有深度。这也是笔者今后研究的方向之一。

第二，在包含“非期望产出”的博弈交叉效率（eco-GCDEA）模型方面，本书在博弈交叉效率模型的基础上，将“非期望产出”纳入其中。该思维方法是对传统DEA模型的一种拓展，并在实践中取得了较好的效果。但是这种方法具有较强的针对性，仅考虑了适用于一种“期望产出”和一种（抑或综合成一种）“非期望产出”的情形，而没有讨论在多种“期望产出”情形下，如何构建综合指标、构建多少个综合指标等诸如此类的问题。因此，应该在这种思想方法的指导下，逐步完善综合指标评价体系的测评方法，提出一种具有普适性的综合指标eco-GCDEA模型。

第三，由于数据选取方面的局限性，在研究各个子模块问题中各个国家和地区不能统一口径。由于“海上丝绸之路”倡议牵涉众多国家和地区，根据不同的研究目的和方案，需要采集各个地区不同类型的数据。这对数据采集工作提出了不小的挑战。由于部分数据搜集困难，笔者难以针对各个子模块问题的研究统一“海丝”沿线国家的研究范畴。本书内容均围绕研究问题，尽可能地对研究对象的数据进行搜集，但难免出现部分国家的疏漏和章节之间对“海丝”沿线国家的研究范围不一致问题。相信随着“21世纪海上丝绸之路”倡议的推广，针对各个国家的数据在规模、范围和时间方面都会出现全面提升，能够为今后“21世纪海上丝绸之路”的量化研究提供丰富的结构化数据支撑。在可以预见的未来，大数据时代下的统计数据将日臻完善和全面，能够大幅提升研究对象的选择范围和时间区间，这样更有利于研究方法的施展，其结论也会更具有说服力。

参考文献

陈超凡:《中国工业绿色全要素生产率及其影响因素——基于 ML 生产率指数及动态面板模型的实证研究》,《统计研究》2016 年第 3 期。

程豪、易丹辉:《基于分位回归的偏最小二乘算法的应用》,《统计与决策》2019 年第 2 期。

费为银、何丹丹、张伟:《跳扩散下汇率变动的外商直接投资问题研究》,《系统工程理论与实践》2015 年第 2 期。

符淼、余朕:《中国与 21 世纪海上丝绸之路沿线国家贸易量的影响因素研究》,《时代金融》2016 年第 35 期。

郭志芳、林季红:《汇率不确定性与对外直接投资——基于日本对亚洲 8 国直接投资的实证分析》,《亚太经济》2013 年第 4 期。

姜书竹、张旭昆:《东盟贸易效应的引力模型》,《数量经济技术经济研究》2013 年第 10 期。

金鑫:《非结构化数据查询处理与优化》,硕士学位论文,浙江大学,2015。

冷伏海、白如江、祝清松:《面向科技文献的混合语义信息抽取方法研究》,《图书情报工作》2013 年第 11 期。

李世祥、成金华:《中国能源效率评价及其影响因素分析》,《统计研究》2008 年第 10 期。

李艳芳、李波:《中国与"海上丝绸之路"沿线区域/国家的贸易联系和贸易潜力分析》,《南亚研究季刊》2015 年第 3 期。

廖泽芳、宁凌:《21 世纪海上丝绸之路之中国与东盟贸易畅通——基于引力模型的实证考察》,《经济问题》2015 年第 12 期。

刘勘、周丽红、陈譞：《基于关键词的科技文献聚类研究》，《图书情报工作》2012 年第 4 期。

刘小云：《网络爬虫技术在云平台上的研究与实现》，硕士学位论文，电子科技大学，2016。

马学俊、何晓群：《基于 Monte Carlo 模拟比较 K 近邻和局部线性分位数回归》，《数学的实践与认识》2014 年第 17 期。

毛日昇、郑建明：《人民币实际汇率不确定性与外商直接投资择机进入》，《金融研究》2011 年第 5 期。

茆诗松、王静龙、濮晓龙：《高等数理统计》，高等教育出版社，2006。

潘镇：《制度质量、制度距离与双边贸易》，《中国工业经济》2006 年第 7 期。

沈志宏、刘筱敏、郭学兵、张晓林、黎建辉：《关联数据发布流程与关键问题研究》，《中国图书馆学报》2012 年第 11 期。

舒先林：《“21 世纪海上丝绸之路”与中国能源外交》，《国际展望》2015 年第 5 期。

田晖、蒋辰春：《国家文化距离对中国对外贸易的影响——基于 31 个国家和地区贸易数据的引力模型分析》，《国际贸易问题》2012 年第 3 期。

万里鹏：《非结构化到结构化数据转换的研究与实现》，硕士学位论文，西南交通大学，2013。

汪洁、全毅：《21 世纪海上丝绸之路贸易便利化研究》，《国际商务》（对外经济贸易大学学报）2015 年第 6 期。

王鹏：《基于引力模型的内地与香港双边贸易流量研究》，《经济经纬》2008 年第 1 期。

王瑞、王丽萍：《我国农产品贸易流量现状与影响因素：基于引力模型的实证研究》，《国际贸易问题》2012 年第 4 期。

魏龙、潘安：《制度水平、出口潜力与稀土贸易摩擦——基于贸易引力模型的实证分析》，《世界经济研究》2014 年第 10 期。

魏梅、曹福明、金荣：《生产中碳排放效率长期决定及其收敛性分析》，《数量经济技术经济研究》2010 年第 9 期。

晏振、田茂再：《删失线性分位回归模型的 MCEM 估计及应用》，《系统科学与数学》2016 年第 2 期。

杨中国、李洪奇、朱丽萍、刘蕾：《基于语义模式和引用分布的科技文献信息抽取》，《山东大学学报》（理学版）2015年第3期。

殷杰、郑向敏、董斌彬：《21世纪海上丝绸之路沿线国家旅游贸易：潜力、效率及其影响因素》，《东南亚纵横》2015年第11期。

曾惠芳、朱慧明、李素芳、虞克明：《基于MH算法的贝叶斯分位自回归模型》，《湖南大学学报》（自然科学版）2010年第2期。

张伯伟、田朔：《汇率波动对出口贸易的非线性影响——基于国别面板数据的研究》，《国际贸易问题》2014年第6期。

张萌、张宗毅：《我国农机产品出口贸易流量及潜力——基于引力模型的实证分析》，《国际贸易问题》2015年第6期。

朱建平、刘晓葳、欧阳汉：《〈统计研究〉的历史阶段性回顾与特征分析》，《统计研究》2014年第9期。

A. Suliman, K. Elmawazini, and M. Z. Shariff, "Exchange Rates and Foreign Direct Investment: Evidence for Sub-saharan Africa," *Journal of Developing Areas*, 49, (2014): 204-226.

A. V. Deardorff, "Determinants of Bilateral Trade: Does Gravity Work in a Neoclassical World?", National Beaurean of Economic Research, 1995: 7-32.

C. Carrere, "Revisiting the Effects of Regional Trade Agreements on Trade Agreements on Trade Flows with Proper Specification of the Gravity Model," *European Economic Review*, 50, (2006): 233-247.

C. P. Chung, and T. J. Voon, "China's Maritime Silk Road Initiative: Political-economic Calculations of Southeast Asian States", *Asian Survey*, 57, (2017): 416-449.

D. M. Blei, A. Y. Ng, and M. I. Jordan, "Latent Dirichlet Allocation", *The Journal of Machine Learning Research*, 11, (2003): 993-1022.

F. B. Viegas, and M. Wattenberg. "TIMELINES: Tag Clouds and the Case for Vernacular Visualization," *Interactions*, 15, (2008): 49-52.

F. Sebastiani, "Machine Learning in Automated Text Categorization," *ACM Computer Surveys*, 34, (2002): 1-47.

H. C. Wu, and R. W. P. Luk, "Interpreting TF-IDF Term Weights as

Making Relevance Decisions," *ACM Transactions on Information Systems*, 26, (2008): 1-37.

H. Görg, and K. Wakelin, "The Impact of Exchange Rate Variability on US Direct Investment," *International Review of Economics and Finance*, 18, (2005): 31-37.

I. Dragomir, S. Galin, and Y. Yoto, "Estimating Bulgaria's Trade Borders with the EU An Application of the Empirical Gravity Model of Trade," School of Economics Working paper, 2017.

J. L. Hu, and S. C. Wang, "Total-factor Energy Efficiency of Regions in China," *Energy Policy*, 34, (2006): 3206-3217.

J. M. F. Blanchard, and C. Flint, "The Geopolitics of China's Maritime Silk Road Initiative," *Geopolitics*, 22, (2017): 223-245.

J. Nouri, F. H. Lotfi, H. Borgheipour, F. Atabi, S. M. Sadeghzadeh, and Z. Moghaddas, "An Analysis of The Implementation of Energy Efficiency Measures in the Vegetable Oil Industry of Iran: A Data Envelopment Analysis Approach," *Journal of Cleaner Production*, 52, (2013): 84-93.

K. Walsh, "Trade in Services: Does Gravity Hold?", *A Gravity Model Approach to Estimating Barriers to Economic Review*, 50, (2006): 223-247.

K. Yu, and J. Zhang, "A Three-Parameter Asymmetric Laplace Distribution and Its Extension", *Communications in Statistics-Theory and Methods*, 34, (2005): 1867-1879.

L. Didier, "Economic Diplomacy: The 'one-China policy' Effect on Trade", *China Economic Review*, 48, (2018).

P. Egger, and M. Pfaffermayr, "The Proper Panel Econometric Specification of the Gravity Equation: Three-way Model with Bilateral Interaction Effects", *Empirical Economics*, 28, (2003): 571-580.

P. H. Egger, and K. E. Staub, "GLM Estimation of Trade Gravity Models with Fixed Effects", *Empirical Economics*, 50, (2016): 137-175.

P. Y. Zhao, N. S. Tang, and D. P. Jiang, "Efficient Inverse Probability Weighting Method for Quantile Regression with Nonignorable Missing Data," *Statistics*, 2, (2017): 363-386.

S. C. Deerwester, S. T. Dumais, T. K. Landauer, G. W. Furnas, and R. A. Harshman, "Indexing by Latent Semantic Analysis," *JASIS*, 41, (1990): 391-407.

S. J. Evenett, and W. Keller, "On Theories Explaining the Success of the Gravity Equation," *Journal of Political Economy*, 110, (2002): 281-316.

T. L. Griffiths, M. Steyvers, and J. B. Tenenbaum, "Topics in Semantic Representation," *Psychological Review*, 114, (2007): 211-244.

W. H. Zhao, and H. Lian, "Local Asymptotics for Nonparametric Quantile Regression with Regression Splines", *Statistics and Probability Letters*, 117, (2016): 209-215.

X. L. Zhao, R. Yang, and Q. Ma, "China's Total Factor Energy Efficiency of Provincial Industrial Sectors", *Energy*, 65, (2014): 52-61.

X. Zhang, "Chinese Capitalism and the Maritime Silk Road: A World-Systems Perspective," *Geopolitics*, 22, (2017): 310-331.

Y. M. Wei, H. Liao, and Y. Fan. "An Empirical Analysis of Energy Efficiency in China's Iron and Steel Sector", *Energy*, 32, (2007): 2262-2270.

图书在版编目(CIP)数据

统计学视角下的“21世纪海上丝绸之路”/王婷婷著. -- 北京：社会科学文献出版社，2022.8（2024.8重印）

（21世纪海上丝绸之路研究丛书）

ISBN 978-7-5228-0187-2

Ⅰ.①统… Ⅱ.①王… Ⅲ.①海上运输-丝绸之路-研究 Ⅳ.①K203

中国版本图书馆CIP数据核字（2022）第099308号

21世纪海上丝绸之路研究丛书

统计学视角下的“21世纪海上丝绸之路”

著　　者／王婷婷

出 版 人／冀祥德
责任编辑／黄金平
责任印制／王京美

出　　版／社会科学文献出版社·文化传媒分社（010）59367004
　　　　　地址：北京市北三环中路甲29号院华龙大厦　邮编：100029
　　　　　网址：www.ssap.com.cn
发　　行／社会科学文献出版社（010）59367028
印　　装／唐山玺诚印务有限公司

规　　格／开 本：787mm×1092mm　1/16
　　　　　印 张：15.75　字 数：259千字
版　　次／2022年8月第1版　2024年8月第2次印刷
书　　号／ISBN 978-7-5228-0187-2
定　　价／98.00元

读者服务电话：4008918866